本书为王安全教授主持的 2010 年国家社科基金一般项目："西部农村地区教师政策问题"（10BSH009）阶段性研究成果

宁夏大学优秀学术著作出版基金资助

社 会 学 丛 书

A Study of the 50-Year Evolution
of the Structure of Rural Teachers in a County of Western China

西部农村地区教师结构变迁研究
——以M县为例

王安全 著

中国社会科学出版社

图书在版编目(CIP)数据

西部农村地区教师结构变迁研究 / 王安全著 . —北京：中国社会科学
出版社，2014.5
ISBN 978-7-5161-4332-2

Ⅰ.①西… Ⅱ.①王… Ⅲ.①农村学校—教师队伍—结构调整—
研究—宁夏 Ⅳ.①G451.2

中国版本图书馆 CIP 数据核字（2014）第 112477 号

出 版 人	赵剑英	
责任编辑	冯春凤	
责任校对	林福国	
责任印制	王炳图	

出　　版	中国社会科学出版社	
社　　址	北京鼓楼西大街甲 158 号 （邮编 100720）	
网　　址	http://www.csspw.cn	
	中文域名：中国社科网　010 - 64070619	
发 行 部	010 - 84083685	
门 市 部	010 - 84029450	
经　　销	新华书店及其他书店	

印　　刷	北京君升印刷有限公司	
装　　订	廊坊市广阳区广增装订厂	
版　　次	2014 年 5 月第 1 版	
印　　次	2014 年 5 月第 1 次印刷	

开　　本	710×1000　1/16	
印　　张	18.25	
插　　页	2	
字　　数	305 千字	
定　　价	56.00 元	

凡购买中国社会科学出版社图书,如有质量问题请与本社联系调换
电话:010 - 64009791

摘　要

　　教师结构变迁可以满足学校教育教学发展的需要，可以满足学生发展的需要，同时可以满足教师个体及其群体发展的需要。因此，教师结构变迁具有教育教学发展的工具价值、学生发展的社会价值、工具价值以及教师自身发展价值。但是，教师结构变迁未必能取得其应然的功能效果。本书运用文献资料法、田野调查统计、访谈、历史比较和推理计算等方法，通过对一个西部县农村教师地缘、学历、性别、专业、身份、年龄结构50多年发展变化情况的研究发现，受政治、经济、文化、教育、人口，特别是相关政策以及社会环境、自然因素影响，西部农村地区外省、外县籍教师比例总体在持续减小，本地教师数量及比重总体在持续增大；中专学历教师总体是西部农村地区小学教师学历的历史主流，但近十多年其小学专科、本科教师比重总体在持续增加。本专科学历中学教师比重在计划经济时代比较高，高等教育大众化以后，专科特别是本科学历中学教师比重有继续上升趋势。

　　在社会动荡和单纯追求教育数量快速发展时期，公立中小学正式教师比重呈下降趋势。小学正式教师比例下降幅度大、下降趋向明显，中学正式教师比例下降幅度相对小。改革开放和教育进入稳定发展阶段以后，中小学正式、非正式教师比例呈相反的发展方向。义务教育阶段农村女教师增长速度比男教师快，而高中阶段男教师增长速度比女教师快。但不论中学还是小学教育阶段，男教师总量和比例在任何时期都超过了女教师，而男女教师性别比总体呈降低和减小趋向。目前农村地区男女教师性别比达到了历史最小值。高中教师的师范专业化程度高于初中教师，初中教师师范专业化程度高于小学教师。20世纪90年代前，师范专业毕业的小学教师比例呈下降趋势，而其非师范专业毕业的小学教师比例呈相反的发展趋向。2000 年前，农村中学师范专业毕业的教师比重一直呈上升趋势，其非师范专业毕业教师比重呈现下降趋向；2000 年后，中学师范专业毕业教师比重呈相反的发展趋向。在教师年龄结构方面：（1）小学教师队伍中 25 岁以下教师所占比例长期不稳定，但该年龄段小学教师比例长期高于初中教师，初中教师比值长期高于高中教师。（2）小学教师队伍中 26—35 岁青年教师所占比重一直比较稳定，而该年龄段中学教师所占比例长期不稳定；小学、高中 36—45 岁中年骨干教师在教师总数中所占比例一直不稳定，但除个别年代外，该年龄段初中教师发展总体平稳。（3）小学教师队伍中 40 岁以上教师所占比例在 20 世纪 80 年代前、初中教师队伍中 40 岁以上教师所占比重在 2000 年前持续下滑，至此之后则开始持续增长，而高中教师队伍中 40 岁以上教师所占比重一直保持了增长态势。（4）小学教师队伍中 50 岁以上教师所占比例始终在增加，初中教师队伍中 50 岁以上教师所占比例在 20 世纪 90 年代前持续减少、以后又持续增加，高中教师队伍中 50 岁以上在教师所占比例一直在下降。表明西部农村地区小学教师老龄化趋势明显，初中教师老龄化只是近一二十年的事情，高中教师中年化趋向明显，但老龄化速度在下降。

其中，有些农村教师结构呈现向前发展、改善的特点，有些教师结构呈现出倒退状况；有些农村教师结构呈现出积极的正向功能，有些农村教师结构呈现出负向功能。但总体而言，外省、外县籍教师的正向功能总体在减弱，本地、本县籍教师的功能在逐步增强。教师学历发展的正向功能在增加，但教师学历提升的负向功能一直也存在。一个时期、一个教育阶段教师队伍师范专业化的正向功能在增加，而另一个时期、另一个教育阶段教师队伍非师范专业化的负向功能也在增加。女教师数量、比例上的功能在增强，男教师数量、比重上的功能在减小。改革开放前，非正式教师的功能总体在逐渐增强，正式教师的功能在逐渐下降；改革开放后，正式教师的功能总体在逐渐增强，非正式教师的功能在逐渐下降。但随着师范专业毕业生进入非正式教师行列，非正式教师的正向功能总体在增加。教师年龄结构方面，小学 25 周岁以下和 50 岁以上教师因比重上的优势所起的作用一直大于中学教师，35 岁以下小学教师因比例稳定一直能发挥稳定功能，40 岁以上高中教师也一直能发挥稳定作用，但 50 岁以上高中教师所发挥的作用一直在下降。因此，一个时期、一个教育阶段的一种教师结构变化具有其积极合理的一面，另一个时期、另一个教育阶段的另一种教师结构变化也可能存在消极的不合理性。为促进西部农村教师结构的正向、合理化发展，本书根据西部农村教师结构发展特点预测了其发展趋势，并针对农村教师地缘、学历、专业、性别、年龄、身份结构变化效果制定了教师学历、性别、年龄结构标准，在此基础上提出了改善农村教师结构的政治、经济、文化、人口，以及教师教育政策的建议与方式。

关键词：西部地区；农村教师；教师结构

Abstract

A Study of the 50—Year Evolution of the
structure of Rural Teachers in a County of Western China

The evolution of the structure of teachers meets not only the development of school teaching and learning, but also the need of students' healthy growth and the improvement of the individual teacher and all the teaching staff as well. Therefore, the evolution of the structure of teachers in a region reflects the merit of its education and teaching, which can be seen in the following aspects: the instrumental value of the education, social value of students' growth and teachers' self improvement. This dissertation undertakes multidimensional methodology in the study, focusing respectively on the literature analysis, country survey, interviews, historical comparison and statistical projection. However, after a careful study of the evolution of the structure of teachers in the past 50 years in a rural county in Western China, such as the changes of teachers' geographical background, education background, and the structure of genders, majors, identities, and age, the dissertation attempts to illustrate that the number of local teachers has been on the rise while the number of the teachers immigrated from other provinces and counties has decreased continually. All of these changes are due to the politics, economy, culture, population, education policies as well as social environment, natural factors of the region. The proportion of the teachers with technical and bachelor degree in middle school are influenced highly by high – degreed teachers in a rural region. The proportion of the teachers with technical degree, especially the teachers with bachelor degree, increases since higher education becomes popular.

The proportion of the regular teachers in public junior and primary school declines totally during the period of social turbulence and the era of blindly seeking for educational quantity. What's more, the proportion of the regular teachers in primary school declines greatly. To some extent, the proportion of the regular teachers declines a little. The education develops steadily since the practice of the reform and opening policy. The proportion of the regular teachers in junior and primary school tends to increase in general. The proportion of the regular teachers in primary school increases extendedly. The proportion of the regular teachers in junior school increases slightly and changes a little. On the contrary, the proportion of rural irregular teachers in public junior and primary school increases greatly before the practice of the reform and opening policy. However, the proportion of the rural irregular teachers in primary school increases greatly. The proportion of the irregular teachers increases a little. After the practice of the reform and opening policy, the proportion of irregular teachers in public junior and primary school tends to decline entirely. However, the proportion of the irregular teachers in public primary school declines extendedly while the proportion of the irregular teachers in junior school declines slightly.

The quantity of women teacher is larger than men teacher during the compulsory education period. However, the quantity of men teacher is larger than that of women teachers' during senior high school period. During the high school period and that of the primary school, the quantity of men teacher is larger than that of women teachers' at anytime. Nevertheless, the proportion of teachers' gender is declining. The proportion of teachers' gender is at lowest level then. From the aspect of major structure, the extent of teacher – training specialized in high school teaching is higher than that of junior school. The extent of teacher – training specialized in junior school teaching is higher than that of primary school. In order to support the development of the education, some primary school teachers with teacher – training degree are introduced into junior school in 1990s. The proportion of the primary school teachers with teacher – training degree declines. On the other hand, the proportion of the primary school teachers without teacher – training degree increases. The proportion of the rural junior school teachers with teacher – training degree tends to increase and that of the teachers without teacher – training degree tends to decline before 2000. The proportion of junior school teachers with teacher – training begins to decline because of the influence of the educational policies and the proportion of the teachers without teacher – training starts to increase after 2000. As for the structure of the teachers regarding the age, （1）the proportion of the primary school teachers under the age 25 is instable for a long time. It is affected by teachers' working time. The proportion of primary school teachers under the age 25 is higher than that of junior school teachers'. The proportion of junior school teacher is higher than that of high school teachers'. （2）The proportion of youth teachers in primary school aged between 26 and 35 is fairly stable. However, the proportion of junior school teachers is instable for a long time in this period. The proportion of good teachers aged between 36 and 45 in primary school and high school is instable for a long time. In addition, junior school teachers develop stably in this period. （3）The proportion of primary school teachers beyond the age 40 increases before 1980s. The proportion of junior school teachers declines before 2000. The proportion of primary school teachers beyond the age 40 declines after 1980s. The proportion of junior school teachers increases continually after 2000. The proportion of high school teachers aged beyond the age 40 keeps increasing. （4）The proportion of primary school teachers beyond the age 50 is increasing all along. The proportion of junior school teachers beyond the age 50 declines before 1990s. However, it increases continually after 1990s. The proportion of high school teachers beyond the age 50 is increasing all along. These indicate that primary school teachers in the rural areas of Western China tend to be aging, junior school teachers tend to be aging for twenty years, and the high school teachers are almost all in the middle age.

Thestructure of the teachers in rural areas of Western China shows the characteristics on the further development and improvement. However, some teachers' structure are backing up; some compositions of rural teachers show the positive function on the development of education, students' growth, and teachers' development; some composition of rural teachers show non – function, even passive function. In summary, the positive function of the teachers from other provinces and other counties are weakening entirely. The function of native teachers is increasing. The positive function of the teachers' degree development is increasing. However, the passive function of improving degree still exists. The positive function of specialized teachers is increasing in a period and on an educational stage. Moreover, the passive function of non – specialized teachers is increasing in another period and on another educational stage. The quantity and proportion of women teacher is increasing while quantity and proportion of men teacher is declining. The function of irregular teachers increases step by step while the function of regular teachers declines gradually before the practice of reform and opening policy. The function of irregular teachers increases step by step and the function of regular teachers declines gradually after the practice of reform and opening policy. The function of regular teachers increases generally with the adding of the irregular teachers. Talking from the age structure, youth, middle – age and aged teachers have their own advantages and disadvantages in different periods and different educational stages. Thus, the changes of teachers' composition have their own reason on the development of education, students' growth and teachers' development in a learning period or stage. Another teachers' structure develops unreasonably in another period and educational stage. Therefore, in order to create good and rational system for the development of rural teachers in western China, the author suggests several levels on educational background, gender and age for primary and junior school teachers in the dissertation. The author also predicts the direction of the development of the teachers' structure in rural areas of western China. Based on these factors, the author suggests some basic methods to improve the structure of teachers in rural regions of western China.

Key words: regions in Western China; teachers in rural regions; the structure of teacher

目　录

图表目录

导　论

第一节　研究背景、缘由、目的与意义

一　问题提出的背景和缘由

西部地区一般是指我国中部以西地区，包括宁夏、新疆、西藏、广西、内蒙古五个民族自治区和甘肃、青海、云南、贵州、四川、陕西、重庆七个省市，共计 12 个省、自治区、直辖市。[①] 也可以泛指西部部分地区或多数地区，这也是本书多数分析中的指谓。西部地区是多民族地区。全国 55 个少数民族、约 8000 万人口中，90% 以上分布在西部地区，少数民族人口占西部人口总数 33% 以上。西部地区面积约 700 万平方公里，占全国土地面积的 73%；人口 3.4 亿，占全国人口的 30%。[②] 因此，相对于东部地区而言，西部地域面积十分广阔，但西部地区经济、文化和社会水平总体滞后。西部地区的人们普遍不甘寂寞，但总体上封闭保守。因此，西部地区是一个充满了矛盾和困惑的地区，也是一个充满了生机和希望的地区。无论从行政划分、地理位置、地域面积、自然资源，还是民族成分来说，西部地区在我国具有十分重要的战略地位，做好西部地区工作十分重要。为此，中共中央在 20 世纪 50 年代至 70 年代先后两次出台西部开发政策，1999 年提出并实施了西部大开发的第三次战略，十年后的现在又出台了开发西部的一系列新举措。50 多年来，国家西部政策的制定、贯彻、执行对西部地区各项事业的发展起到了积极的推动作用，但许

---

① 梁克荫：《西部地区农村教育现状问题及其对策研究》，《民办教育研究》2005 年第 4 期。

② 艾云航：《关于西部地区的经济开发问题》，《社科纵横》1991 年第 5 期。

多政策措施只起到了一时性作用，并没有从根本上解决西部人口和西部社会的发展问题。而且在解决一些问题的同时，又出现了另一些新问题。

发展西部经济社会的关键是发展西部教育。但由于种种原因，在我国教育现代化进程中，西部各省区的教育发展一直步履蹒跚、进展滞缓。及至抗日战争爆发，随着文教西迁运动和一大批优秀知识分子的到来，西部地区才借助中央稳定有效的教育政策、吸收外来资源、调动地方人士兴学热情、吸引普通民众向学热情，西部地区教育事业出现了历史转机而获得持续多年的长足发展。① 新中国成立前后，由于战争、经济等原因，西部教育又走向了缓慢发展的历史。50 年代后期，国家出台了支援西部老、少、边、穷地区建设政策措施，六七十年代又出台"支援三线建设"政策，对大批优秀教师西迁，促进西部教育、特别是西部农村教育发展起到了突出作用。80 年代随着改革开放政策实施和新知识分子政策的落实，一批才华横溢的西部农村教师流向了城市、流向了东部地区。90 年代以后，随着市场经济驱动和国家干部档案身份管理制度的取消，更多大量的知识分子、优秀教师流向了城市和东部地区。在这期间，尽管国家一再出台政策，支持西部地区各级各类教育事业发展，但并没有从根本上扭转教育滞后问题。因此，分析西部、西部农村教育变迁历史，有成绩、有令人欣慰的时候，也有许多发人深思的问题和困惑。而西部教育发展不足主要体现在农村地区、农村贫困地区和边疆少数民族地区教育的发展上。

张文华通过对我国西部地区教育现状和特点的分析，指出观念陈旧、教育经费不足、教育体制改革滞后、自然条件恶劣等方面是西部教育发展滞后的主要原因。因此，提出通过更新观念、增加投入、改革教育体制，建立人才发展机制等途径促进西部教育发展。② 吴德刚在分析西部地区教育发展落后原因时提出，地区间经济发展不平衡是造成教育发展落后的直接原因，自然环境恶劣是影响教育发展落后的重要客观原因，传统不良生活习惯和滞后文化观念是教育落后的潜在原因，教育政策科学、不合理和教育思想观念滞后是造成教育发展落后的现实原因。为说明经济在教育发

---

① 余子侠、冉春：《近代西部地区教育变迁发展的历史反思》，《河北师范大学学报》（教育科学版）2007 年第 3 期。

② 张文华：《西部地区教育发展滞后成因分析》，《中南民族大学学报》（人文社会科学版）2005 年第 1 期。

展中的重要性，他援引恩格斯的话说：一切社会变迁和政治变革的终极原因不应当在人们的头脑中寻找，而应当在人们对永恒真理和正义的日益增进的认识中去寻找；不应当在有关时代的哲学中去寻找，而应当在有关时代的经济学中去寻找。① 褚宏启认为，西部教育的迟发展阶段有其利弊，西部教育的发展应以效率为先，兼顾公平，教育传统与教育现代化都有适应现代社会发展的积极因素。② 劳凯声、滕星教授认为，发展西部教育必须形成西部区域性、民族性特点。③ 梁克荫特别强调了农村教育在我国西部地区整个教育体系中占有重要的地位，提出加快西部地区农村教育发展对于整个西部教育发展和实施西部大开发战略的重要意义。④

我们认为开发西部地区、发展西部地区和西部农村地区教育不能仅仅停留在政策口号上，也不能仅仅停留在教育现状的普适性调查或对现实问题的解释上。不同学者对西部地区、西部农村地区教育发展的分析无疑都有合理性，但真正从根本上发展和解决西部地区教育以及西部农村地区教育，需要从西部地区和西部农村地区教育历史演绎的逻辑中去寻找，特别需要从西部农村地区教师队伍结构的变迁中去寻找。因为教育质量变化的核心反映在教师组织结构的变化中。因此，以一个西部农村县为例，分析和研究西部农村教师队伍结构 50 多年变迁的过程与特点，变迁的方式方法，探求和发现西部农村不同时期教师队伍结构的功能及其合理与非合理性原因，总结和探求引起农村教师队伍结构变化的因素及趋向，寻求控制教师队伍结构变化的办法成为本研究的起因。

二　研究目的

（1）探索和总结西部某县教师队伍结构变化的性质特点、变化的形式、变化的方式方法、变化的路径和轨迹，揭示西部农村教师结构变化的

---

① 吴德刚：《西部教育》，中共中央党校出版社 2001 年版，第 9—12 页。

② 褚宏启：《西部教育现代化应注意的若干问题》，《中央民族大学学报》（哲学社会科学版）2002 年第 2 期。

③ 劳凯声：《西部教育的发展必须有西部的特点》，西部开发与教育发展博士论坛，民族出版社 2001 年版，第 45 页。

④ 梁克荫：《西部地区农村教育现状问题及其对策研究》，《民办教育研究》2005 年第 4 期。

特点、规律和发展趋势，为形成西部农村科学合理的教师队伍结构提供依据。

（2）透析西部农村教师结构及其变迁的功能影响，探求和发现西部农村不同时期不同教师队伍结构及其变化的合理性与非合理性原因，总结历史经验教训，为推动西部以及农村教师队伍结构整体的合理化发展提供依据。

（3）总结和探求引起西部农村教师队伍结构变化的真正动因（包括政治、经济、文化中的外在因素以及教师教育中的内在因素），探讨不同因素对教师队伍结构变迁产生的不同影响，寻找控制教师队伍群体结构变迁的手段，为制定政策、抑制消极因素、发展积极因素、形成合理的教师结构和教师结构的正向功能提供依据。

（4）提出和制定教师学历、性别、年龄等结构标准，为控制教师队伍结构变迁提供依据。同时，也可以弥补教师队伍结构整体性、长期性变化研究上的空缺，为将来进一步做好相关研究奠定基础。

三　研究意义

（一）理论意义

研究西部一个县教师队伍结构变迁的问题，也可以提炼和透析整个西部农村教师队伍结构乃至整个中国中小学教师队伍变迁的特点与轨迹，进而揭示教师结构变化的基本规律，丰富和发展教师、农村教师队伍结构—功能理论，丰富和发展教师、农村教师队伍结构变迁理论。教师群体由哪些具体的群体类型组成，各群体类型之间的相互关系如何，什么样的群体结构比较合理，什么样的群体结构不合理，什么样的教师群体结构能发挥最大教师功能效益，这些看似实践问题，其实是重要的理论问题。而以往的这方面研究明显不足，有待发展。

（二）实践意义

（1）通过西部一个农村县教师队伍结构50年变化的个案研究，以点带面、透视整个西部农村教师群体结构演变的普遍特点与轨迹，对于指导西部其他地区农村教师队伍建设有重要借鉴意义。因为数十年来，西部地区普遍是在国家西部政策、国家边疆民族政策的统一惠顾下发展的。西部地区区别于东部地区的显著特征是它经济发展的滞后性及其贫困性。而本研究调查的一个西部国家级贫困县教师群体结构变化情况，能映射西部农村教师地缘结构、专业结构、性别结构、学历结构、身份结构演变的一般轨迹，也能反映出其他结构变迁的共同特点。因此，本研究结论对西部农村类似地区教师队伍建设具有普适性价值。

（2）研究一个西部县教师结构数十年变迁的特点和轨迹，对于预测西部农村教师结构发展趋势，有目的、有计划地做好西部农村教师队伍建设有重要指导意义。任何社会群体发展都有其自身演变的内在逻辑，教师队伍群体结构变迁的逻辑体现在其自身的历史进程中。而通过一个西部县农村教师队伍群体结构50多年变化的分析、总结，可以透视出西部农村教师队伍结构总体的发展趋向，这对进一步有目的、有计划、有效地做好西部农村地区教师队伍建设无疑有重要意义。

（3）探求西部某县农村教师队伍结构及其变迁的功能效果，分析西部农村教师队伍结构及其变迁的合理性与非合理性，说明不同时期、不同教育阶段农村教师队伍结构的合理性与非合理性原因，对学习和借鉴历史上成功的教师队伍结构发展经验，吸取教师队伍结构变革中的经验教训，推动西部农村教师队伍群体结构持续性、合理化发展有重要参考价值。群体结构研究的一个重要方面是探讨其结构形成的合理性、其结构解构演变的合理性问题。任何群体结构的发展都不可能始终合理或不合理。因此，需要探讨什么状况下合理，什么状况下不合理，从而为有目的、有意识地创造合理的条件，促进教师队伍合理发展提供依据。

（4）通过研究探讨引起农村教师队伍结构变化的内外因素（内在的教师队伍结构矛盾和外在政治、经济、文化中的具体因素），分析不同因素对教师队伍结构变迁产生的不同影响，为制定政策、抑制消极因素、发展积极因素提供依据。

第二节　研究现状

一　农村教师结构现状研究

就农村地区教师队伍建设问题，部分学者如田慧生等人从教师学历和教师身份问题等方面进行了研究。他们普遍认为我国农村教师学历达标与能力达标存在较大落差。从学历结构及其效果看，我国中小学教师第一学历合格率本来就低，农村教师第一学历合格率则更低。尽管经过近年来大规模的学历补偿教育和在职培训，农村教师学历达标率有大幅度提高。但由于师资培训质量不高和其他多方面因素影响，不少教师实际教学能力和整体素质并没有得到同步提高。从身份结构及其效果看，农村教师中民转公教师多、代课教师多、层层拔高使用的多，教师整体水平难以保证。因此，他们提出要进一步提高农村教师实际教学能力，加快体制创新，建立符合当前农村教育发展实际的教师工资发放和人事管理制度。① 这些对农村教师结构核心方面和核心问题进行的现实探讨，对解决农村教师结构问题提供了重要基石。但这些研究说明的是农村教师的普遍性问题，且缺乏理论背后的理论分析，研究的深度、广度和针对性不够强。

而多数学者从教师数量、质量结构上分析了当前农村教师组织结构中存在的问题，并提出了解决问题的办法。如庞丽娟、韩小雨认为，当前我国农村义务教育教师队伍存在流失严重、数量短缺、整体素质偏低等问题。究其原因，主要是相关政策推行过急，配套制度保障不足，义务教育教师的法律地位、待遇缺乏明确规定，教师教育经费投入不足。因此，为有效解决农村义务教育阶段教师队伍建设和发展中的问题，他们提出应采取有效措施，实行教育公务员制度，健全财政投入保障机制，完善教师队伍建设与管理体制、构建农村教师专业发展的支持体系。② 袁桂林教授特别指出，教师教育是培养教师队伍的主战场。教师教育质量决定着教师队伍质量。农村教师教育质量的好坏直接决定我国农村教师队伍和农村教育质量。但作者通过调查发现，我国农村教师教育质量并不乐观，农村教师队伍问题主要表现为两个方面：第一，教师数量呈现结构性短缺；第二，教师队伍整体质量不高。农村教师数量结构性短缺主要指农村教师年龄、性别、学科等方面的不合理性情况，具体表现为某一年龄段、某些学科或某种性别教师数量多，而另一年龄段、另一些学科或另一性别教师数量相对少的情况；以及正式教师不足和代课教师较多等方面。农村教师队伍整体质量不高，主要表现为高层次、高学历和高职称教师比例偏低，一些地

---

① 田慧生：《关于农村教师发展问题的思考》，《教育研究》2003 年第 8 期。
② 庞丽娟、韩小雨：《我国农村义务教育教师队伍建设：问题及其破解》，《教育研究》2006 年第 9 期。

方农村教师职业道德问题突出等。① 究其原因，作者认为农村教育制度出
了问题。作者认为农村教师教育制度的特殊性在于"农村性"。目前，我
国农村教师教育制度存在"离农"倾向、"育"与"训"分离和缺乏灵
活性等问题，而这是一切农村教育问题的关键。因此，作者主张我国农村
教师教育制度改革应坚持"农村"取向，建立开放的农村教师教育制度，
强化免费师范生"务农"责任。② 于伟等人也认为，目前我国农村中小学
教师队伍的整体状况存在着区域数量短缺、学科结构失衡、年龄分布不
均、学历层次偏低和职称比例失当等诸多结构性问题。为此，作者主张通
过加大教育投入，建立倾斜农村的教师人事管理制度来逐步优化其组织结
构。③ 这些研究对农村教师主要问题及出现问题的主要原因进行了全面分
析，并提出了解决问题的办法，对解决西部农村教师结构问题具有重要参
考价值。但这种研究主要停留在教师结构问题的现实分析基础上，不便于
从深层次分析农村教师、西部农村教师结构形成的深层次原因，也不能从
根本上解决问题。

　　唐松林教授通过对农村教师队伍建设情况系统研究以后认为，我国农
村教师发展面临着超编与缺人、人才溢流、人力资本贬值，以及"民转
公"与"代课教师"、"素质提高难"、"劳动效益低、产品无出路"及
"发展投入不足"等问题。④ 超编导致人才溢流，缺人的问题也因此难以
解决；人才溢流与缺人及人力资本贬值等问题形成强烈对照，同时它又与
超编问题因果关联，⑤ 对于这些问题的解决，政府、市场、教师教育机
构、中小学和教师个体等几个方面都必须承担一定的责任与任务，同时必
须遵循"退出规则"、"吸入规则"、"价值规则"和"提高规则"，以达
到有效解决农村教师发展问题、促进农村教师发展的目的。⑥ 这种研究从
制度层面分析了农村教师结构问题及其形成原因，并提出了解决问题的办

---

①　袁桂林：《农村中小学教师问题浅议》，《中国教师》2007 年第 51 卷。
②　袁桂林：《我国农村教师教育制度反思》，《教师教育研究》2009 年第 3 期。
③　于伟：《我国农村义务教育教师队伍的结构问题与对策》，《中国教师》2007 年第 7 期。
④　唐松林：《中国农村教师发展面临的基本问题（二）》，《湖南农业大学学报》（社会科学版）2005 年第 6 期。
⑤　唐松林：《中国农村教师发展面临的基本问题（一）》，《云梦学刊》2005 年第 6 期。
⑥　唐松林：《解决中国农村教师发展问题的理论框架》，《河南师范大学学报》（哲学社会科学版）2006 年第 3 期。

法，对彻底解决农村教师结构问题具有重要参考价值。但作者仅仅分析了引起农村教师结构的个别政策制度问题，无助于全面分析和解决农村教师结构问题。

总之，就农村地区教师队伍建设问题，田慧生、庞丽娟、袁桂林、曲铁华、唐松林等多人分别做了专题研究，并在《教育研究》《教师教育研究》《中小学教师培训》《河南师范大学学报》（哲学社会科学版）等高层次期刊上发表了个人观点。谈松华、郝文武、袁振国、司晓宏、张乐天、邬志辉等学者在研究农村教育问题时，也从不同角度谈了农村教师队伍建设问题。他们普遍认为我国农村教师队伍普遍存在着组织结构失衡问题，因此，必须要深化人事制度改革，不断优化教师资源配置。这些见解在西部地区有一定的适应性，为研究解决西部农村教师队伍结构发展问题提供了总体思路和基本方向。但由于反映问题的普遍性，不能确切地反映出西部农村教师队伍结构发展的特殊性问题，不能具体有效指导西部农村教师队伍发展研究。

二　西部农村教师结构现状研究

就西部农村地区教师结构问题，有些学者从教师学历结构上进行了研究。其中司晓宏、金东海、陈富、杨公安、杨春萍等人运用历史和比较的方式发现，近年来西部地区本科及以上学历教师比例有了大幅度提高，但还有相当一部分教师学历没有达标，农村教师学历结构问题依然突出。[①] 司晓宏等人通过比较统计计算的办法特别指出，2008 年东部地区小学专任教师学历达到标准以上学历的比例为 77.22%，西部地区仅为 71.50%，相差 5.72 个百分点。东部地区初中专任教师学历达到标准以上学历的比例为 66.44%，西部地区仅为 53.95%，相差 12.49 个百分点。而这种差距主要体现在西部农村地区。[②] 金东海等人对西北农村教师学历的调查则发现，2008 年西北农村地区具有本科及本科以上学历的初中教师比例仅为 42.16%，低于 2007 年全国初中教师学历平均水平（47.3%）5.14 个

①　陈富：《西北地区中小学教师队伍结构与质量变化调查研究》，《基础教育研究》2009 年第 4 期。

②　司晓宏、杨令平：《当前我国西部地区农村义务教育形势分析》，《教育研究》2010 年第 8 期。

百分点。① 经过仔细分析以后，杨春萍、杨公安等人认为，城乡二元社会结构是导致我国西部农村地区教师学历结构不合理的根本原因。② 这些研究对西部农村教师学历结构现状做了描述性说明，并通过东西部教师学历结构比较方式，揭示了西部农村地区教师学历差距状况，并对西部农村教师学历结构原因做了分析，具有一定的价值。其研究的不足在于对农村教师学历结构的现实情况分析得并不全面，也没有对西部农村教师学历结构演变进程进行说明，更没有分析不同时期、不同教育阶段，西部农村教师学历结构变化的合理性及其趋势与控制等问题，不能为农村教师学历政策改进提供依据。

（1）从学科结构看，陶西平、袁振国、赵宏杰以及本书作者通过调研发现，西部地区、特别是农村地区教师学科结构极不合理。陶西平、袁振国调研发现，西部农村地区音乐、体育、美术、信息技术教师严重不足。③ 金东海等人调查发现，31.57%的西北农村小学同时没有音乐、美术专任教师。在学科结构不合理的学校，音乐、美术、信息技术课程只能由其他学科教师代上。此外，在藏语、维语地区样本学校缺乏合格的"双语"教师，影响"双语"教学的实施。④ 本书作者通过调查发现，西部民族贫困地区教师学科结构问题更加严重，2005年在西北某省回族人口占90%以上的泾源县，全县七所农村初中共有音乐、美术教师各2人，生物教师1人，没有一名劳动技术教育教师。但由于编制限制，该县当年没有接收一名应届毕业生。赵宏杰也认为，西部地区学科结构不合理，有的学校缺少语文、数学、外语教师，就只能聘用代课教师来充当。⑤ 这些研究在一定程度上支持了陶西平、袁振国等人的研究结论。这些研究的共同观点是农村地区教师学科结构失衡将引发许多问题。普遍认为农村教师学历结构失衡一方面影响农村学校既定课程的开设和当地学生学业结构的平衡发展，另一方面也限制

---

①　金东海等：《西北民族地区农村义务教育阶段学校教师资源配置效率现状调查》，《当代教育与文化》2010年第2期。

②　杨春萍、杨公安：《我国农村教师学历结构问题及对策研究》，《重庆职业技术学院学报》2008年第5期。

③　陶西平、袁振国：《加强统筹协调、促进教育公平》，《教育研究》2010年第7期。

④　王安全：《影响西部农村贫困地区学生就学的师资政策因素》，《中小学教师培训》2008年第1期。

⑤　赵宏杰：《我国西部地区教师教育存在的问题及对策》，《高教论坛》2009年第1期。

了那些有艺术特长和职业技术兴趣的学生的正常发展，造成学生的转学、厌学、辍学心理。但综合以上研究也可以看出，以上研究只说明了西部农村教师学科结构状况特点，说明了教师结构失衡问题状况，而没有充分说明各学科教师结构失衡发展的原因；说明了不同学科教师构成现状，没有说明其学科结构历史状况；说明农村教师学科结构失衡的功能效果，但没有具体分析其存在的合理性与不合理性问题，更没有分析合理与不合理学科教师结构形成机制，也没有从深层次分析不合理学科教师结构形成的具体原因；说明了对不同学科教师失衡发展的控制，但没有说明不同学科教师比重发展趋势，不利于依照学科发展规律对各学科教师数量比重合理协调与控制。同时，这些研究没有说明为什么有些农村地区缺乏语、数、外等主课教师，有些农村地区缺乏音、体、美等副课教师，为什么不能统筹协调形成区域内合理的教师学科结构功能。

（2）从教师来源结构看，有关这方面研究非常少，迄今仅发现一位研究者做了相关研究。该研究以甘肃省为个案，通过对 2000 年、2004 年和 2007 年三个年份甘肃省教师来源结构的统计分析发现，西北农村地区教师来源主要集中在同一个乡镇或同一个县城，缺乏教师来源的多样性。并认为这样难以突破固定地域对教师思想观念的限制，严重影响教师教育思想观念变革及其教学行为转变。[①] 这是近些年在省域内进行的一种大规模、开拓性教师结构研究，弥补了以往农村教师研究中的不足，对这方面的进一步研究也奠定了扎实基础。但这仅仅是一个短时期、局域性研究，未能反映出西部农村教师整体和长久的来源结构问题，不能深刻揭示国家西部教师地缘政策中存在的问题。而且对教师地缘结构形成的影响因素、形成原因，对农村教师地缘结构变化原因、变化合理性、变化趋势以及如何控制等问题未能作出具体分析，不利于深入分析和反思国家西部农村地区支教政策制定的合理性及执行的理想性问题，也无助于国家相关政策的制定和调整。

（3）从教师社会身份结构看，代课教师、支教教师、特岗教师是近几年农村教师问题研究热点。在 2000—2005 年学术期刊网上，有关国内支教教师方面的研究论文仅发现 8 篇，而近五年这方面的研究文章达到了

---

① 陈富：《西北地区中小学教师队伍结构与质量变化调查研究》，《基础教育研究》2009 年第 4 期。

28 篇；2000—2005 年期间，由于特岗教师没有产生，有关特岗教师方面的研究文章也不可能出现。而近五年有关特岗教师方面的研究文章已经发展到 60 余篇；2000—2005 年代课教师方面的学术论文只有 16 篇，近五年相关的研究文章发展到了 138 篇。庞丽娟、韩小雨、谷生华、赵宏杰等多数研究者在分析了特岗、支教、代课教师表征及产生的原因以后认为，由于经济条件差、教师队伍建设不规范，农村地区普遍存在公办教师、特岗教师、支教和代课等不同身份等级的教师，公办教师不足，就只能以代课教师、支教、特岗教师补充，且民办、代课教师数量偏大等问题。2002 年，宁南山区边远乡镇缺编教师占山区教师总量的 16%，有些山区学校存在公办教师不足 20%，代课教师比例偏大等问题。2002 年，宁南山区有 5000 多名代课教师，占山区教师总量的 30%。① 而 "据 2005 年新华社报道，甘肃省农村代课教师占到农村小学教师的 28.2%。在一些人口稠密、经济欠发达地区，代课教师的比例更大。如定西市农村代课教师占农村小学教师的 46.12%，庆阳市是 32.74%，陇南市康县农村代课教师占到了农村教师总数的 38.5%。甘肃康县两河镇共有小学教师 56 人，其中一半为代课教师。西藏察隅县察瓦龙乡全乡教师共 37 人，其中民办、代课教师占到了 70%。庞丽娟、韩小雨新近的调研表明，2006 年初，四川省共有农村代课教师 3 万多人，而有的贫困、偏远县如广安、邻水县各村小代课教师达 40%"②。这些研究揭示了西部农村教师身份结构失衡的普遍事实，也说明了教师身份结构不合理对农村教育的负面影响，但没有看到教师身份结构及其变化的正面功能效果。反映了农村地区教师身份结构的不合理性，但没有表明农村地区多元教师身份结构合理的一面性。因为西部农村地区目前代课教师中，97% 以上的都是学历合格教师，67% 以上的都是工作八年以上的经验型教师，而经验、学历是形成教育教学质量的关键因素。③ 尤其这些研究对教师身份结构演变的过程、特征、变化趋势

---

① 谷生华：《西部农村地区基础教育教师队伍现状调查》，《重庆教育学院学报》2004 年第 4 期。

② 庞丽娟、韩小雨：《我国农村代课教师：现实状况及政策建议》，《教育发展研究》2007 年第 2 期。

③ 王嘉毅、吕国光：《西北少数民族基础教育发展现状与对策研究》，民族出版社 2006 年版，第 62—63 页。

及有效控制方面未进行说明，不利于从根本上解决教师身份的变化和发展问题。

（4）从年龄结构看，陈富、柴江通过西北地区教师年龄结构的调查认为，西部农村地区教师教龄结构不合理，中小学教师教龄过长的问题较为突出，教龄超过30年的教师数量持续居高且有增长趋势。陈富对2000年、2004年和2007年甘肃省农村教师年龄情况调查以后发现，2000年甘肃省教龄在30年以上的教师比例为1.4%，2004年这一比例为2.9%，而到了2007年这一比例却迅速上升到8.1%。[①] 金东海等人对西北地区教师年龄结构调查的结果是，2008年样本小学、初中、九年制学校30岁以下的青年教师所占比例分别为41.55%、38.41%、23.51%。并据此认为，近年西部农村地区新教师数量补充较快，教师队伍趋于年轻化，学校没有形成老、中、青比例结构合理的教师梯队，不便于新老教师的传、帮、带，给学校青年教师教育教学水平提高带来了挑战。[②] 这些研究反映了西北农村教师队伍年龄结构在2000—2007年期间存在老龄化趋向，2008年后则又呈现年轻化倾向，为制定科学合理的农村教师年龄结构政策提供了依据。但文章研究年代跨度不大，2008年与之前的调查地点、对象又不同，不便于从历史层面系统揭示影响农村教师年龄变化的因素，研究也不能说明各种因素在教师年龄结构变化中起到的不同作用，不便于采取针对性措施进行控制。而且该研究也没有说明为什么教师年龄结构在一个地区不同时间段出现截然相反的发展趋向，这需要进一步研究。而任福、刘海燕通过文献研究发现，师资队伍的年龄结构与教师知识、职务、学历、智能等结构存在高度的相关性。并认为从生理角度看，30岁以下年轻人处于职业生涯初期，教学、科研工作缺乏实际锻炼，经验不足。但是，只有这个群体稳定，师资队伍才能正常交替且符合人才成长规律发展。反之，师资队伍会出现结构性断层，进而影响基础教育后劲的发展和质量的提高。50岁以上的教师虽然具有丰富的教学、科研工作经验，可以指导培养青年教师的成长。但是，由于50岁以后教师记忆力减退、知识更新能

---

① 陈富：《西北地区中小学教师队伍结构与质量变化调查研究》，《基础教育研究》2009年第4期。

② 金东海等：《西北民族地区农村义务教育阶段学校教师资源配置效率现状调查》，《当代教育与文化》2010年第2期。

力衰退、思维活动能力迟缓、工作效率开始下降。更重要的是随着时代进步和知识更新速度的加快，高龄化倾向的师资队伍对信息爆炸适应能力相对较弱，进而影响新课程教育教学目标的实现。① 这些见识过于强调年轻教师生理上优势，没有看到其劣势和不足；看到了年轻教师的不足，忽视了老教师的经验作用。更重要的是忽视了中年教师在其中的功能影响，而合理的教师年龄结构应该是"老"、"中"、"青"的有机结合。

（5）从性别结构看，1996 年，刘晓伟对杭州市小学教师性别结构调查发现，20 世纪 90 年代，杭州市小学男女教师比例严重失衡，女教师比重较高，而男教师比例相对较低。作者在进一步研究中发现，造成男女教师失衡的主要原因是传统观念和现实物质利益诱惑。而男女教师比例失衡对男孩子成长、对学生教育教学活动开展都带来了负面影响。② 李星、周建伟等人通过近年研究认为，由于我国各地区教育发展不平衡、师资性别比例结构不合理，农村男女教师比例严重失调。而且男女教师比例差距在逐年扩大，女教师越来越多，男教师越来越少。③ 男女教师比例失衡会出现一些突出问题。潘敏通过文献梳理和个人观察认为，男教师有性格上的弱势、也有许多性格气质上的优势。如果将男女教师性格气质上的优势结合起来，避免其各自弱势出现，可能有助于教育教学活动开展。④ 我们认为，近几年关于教师性别结构的研究同样过多关注了教师性别结构失衡的负面影响，没有看到性别结构失衡的正面效应及其合理性问题，也没有提出合理性教师性别结构标准是什么，不能为行政机构和政府部门控制和操作性别变化提供依据。而且近年的教师性别结构研究过多分析了教师性格气质差异的性别生理原因及其刻板印象，没有看到教师性格气质的非性别生理的一些因素，特别是后天习得与社会环境对教师性格气质的影响，不便于全面理性分析不同性别教师性格气质调整的必要性及其限度。另外，

---

① 任福、刘海燕：《论新课程改革中教师队伍年龄结构的优化》，《中国成人教育》2007 年第 4 期。

② 刘晓伟：《合理配置比例，完善育人环境——杭州小学教师性别结构的调查与分析》，《杭州教育学院学报》1996 年第 1 期。

③ 李星：《教师男女比例失调造成的负面影响》，《云南师范大学学报》（哲学社会科学版）2005 年第 6 期。

④ 潘敏：《男教师的教育优势及弱点分析》，《辽宁师专学报》（社会科学版）2002 年第 1 期。

多数研究者分析了教师性别结构失衡的一些原因，没有看到农村中小学教师性别比例失衡的另外一些重要原因，如农村偏远地区地大人稀，为确保女教师人身安全，当地教育部门一般较少将女教师分配到乡下尤其村级学校去，从而导致其比例失衡。而且以往教师性别结构研究过多关注了城市教师性别结构失衡，特别是城市中小学女教师多的问题。较少看到农村教师性别结构失衡，特别是农村中小学男教师多、女教师少的问题。没有将城乡结合起来论述教师性别结构的控制与调整方式，不能从根本上或者外在条件上为解决城市教师性别结构失衡问题提供对策，也不能为解决农村教师性别比例失调提供解决方案。

（6）从职称结构看，我国中小学教师职称结构总体呈现上少下多、高职称教师短缺的特点。"2007 年我国西部小学教师群体中，具有小教高级职称的教师比例不足 15%，中学教师群体中具有中教高级职称的教师比例均不足 1%。西北地区教师职称整体偏低，尤其是具有高职称的中学教师数量少之又少。"[①] 2008 年样本学校具有高级职称的小学教师比例为零，初中为 6.62%，九年制学校为 4.32%；而同期全国普通小学、初中专任教师中具有高级职务的比例分别为 0.6% 和 8.8%。样本小学无高级职称教师，样本初中具有高级职称的教师比例比全国平均水平低 2.18 个百分点。样本九年制学校具有高级职称的教师比例虽然高于全国小学平均水平，但是比全国初中平均水平低 4.48 个百分点。[②] 朱俊杰认为，造成中小学教师职务比例偏低的根本原因是职务限额指标少。首次职务聘任普遍采用指标控制、层层下达、块块控制的办法。中小学、特别是农村学校处于职称指标分配过程的最末端，能得到的高、中级职务指标已所剩无几。[③] 这些见解是深刻的，但仅仅分析了高职称缺乏的一个原因，没有说出其他原因，这种见识无疑具有片面性。

（7）从知识结构看，孙刚成、乔刚调查发现，西部农村地区教师存在着教育学科知识不够、通识类知识欠缺、实践性知识不完备和信息技术

---

① 陈富：《西北地区中小学教师队伍结构与质量变化调查研究》，《基础教育研究》2009 年第 4 期。

② 金东海等：《西北民族地区农村义务教育阶段学校教师资源配置效率现状调查》，《当代教育与文化》2010 年第 2 期。

③ 朱俊杰：《中小学教师职务结构初探》，《教育研究》1997 年第 2 期。

知识匮乏等问题，致使这些教师的教育理念滞后、教学方法不得当、教学效果不够好。[①] 但作者也只发现了教师知识结构不足的一个方面，没有发现其他方面的缺陷，且对原因分析也不充分，从而得不出具体有效解决问题的对策。

总体来说，就西部地区、特别是西北农村地区教师结构问题，朱永新、王嘉毅、赵宏杰、谷生华、陈富等多位学者通过大量调查做了具体的现状研究，并认为我国西部农村地区教师来源结构、年龄结构、职称结构、学历结构以及学科等结构在不同方面有不同特点。但总体呈现出来源结构单一、年龄老化、学科失衡、学历不高、职称上高职称少、低职称多，以及各方面表现都不尽合理等特点。对于教师结构不合理原因，部分学者认为是政策制度因素，部分学者认为是经济因素，部分研究者认为是自然环境影响。也有一部分研究者如常宝宁、吕国光认为，西部农村地区教师队伍结构不合理的深层次原因是教师流失情况严重。而导致农村教师流失的因素是多样的，其中最根本的原因是教师的职业倦怠，主要因素是教师的自身因素、工作压力和教师的职业情感。[②] 应该说以上各种研究观点都有其合理的一面，也有其不足之处。因为以上每方面研究在选取地点、时间跨度或准确性等方面都有局限性。将各方面研究结论统筹结合起来，对全面认识和深刻把握西部农村教师结构问题有很大价值。

三　农村教师队伍结构变化研究

就农村教师队伍结构发展变化问题，有的人专门调研了 2000 年至 2007 年西部农村教师学历、年龄、职称、社会身份结构变化特点，并指出与 2004 年农村本科学历教师占 12.6% 相比较，2007 年西部农村地区具有本科学历的教师比例达到了 26%，有了很大提高；教师身份结构中公办教师比例也由 2000 年的 80.2% 发展到 2004 年至 2007 年期间的 89%，但农村教师社会身份构成却依然保持着 2000 年前公办、支教、返聘、代课、特岗等多元身份；教龄超过 30 年的教师数量持续居高，且还有增长

---

①　孙刚成、乔刚：《谈西部农村学校教师知识结构的失衡与优化》，《教育探索》2010 年第 2 期。

②　常宝宁、吕国光：《西北贫困地区中小学教师流失意向调查研究——以甘肃省为个案》，《教育科学》2006 年第 6 期。

趋势。2000 年教龄在 30 年以上的西部农村教师比例为 1.4%，2004 年这一比例为 2.9%，而到了 2007 年这一比例却迅速上升到 8.1%。而教龄 35 年以上教师比例在 2004 年为 0.9%，2007 年却上升为 1.4%。可见，教师教龄过长和老教师比例持续增长现象已经是西部农村教师队伍中一个较为严重的问题。[①] 这些结论为进一步进行我国农村教师研究提供了方法论和实证依据，但其研究时段过短，研究的结构要素也过少，不利于深入、全面把握教师组织变迁问题、原因、过程特点及发展趋势，也不利于提出解决问题的具体有效对策。

有一些学者如韦宝宁、蔡金花、罗宾森那（Robinsona）分析了中国教师身份从国家干部到专业技术人员，从民办教师到代课教师的更替过程、更替原因和更替的具体措施方式、更替的快慢等问题，并结合当前清理农村代课教师问题，提出农村代课教师问题不仅是教育系统的内部问题，更是社会问题。短期内清退代课教师只是治标之策。认为治本的办法是从制度上提升农村教师的社会经济地位，提高农村教师待遇，真正让农村教师成为阳光下吸引人的职业。[②] 更有一些学者如李强从"档案身份"视角和普适意义上分析了教师组织身份变化快慢原因，认为改革开放以前的档案身份管理制度，使多数人几乎终生在一个单位就业，改革开放以后档案身份变得不那么重要了，没有档案就业成为司空见惯的现象。为农村教师跨县、跨省区流动工作成为现实，也为农村多元教师身份创造了条件。[③] 孙玲从历史角度探寻了教师身份的延续性，延续性中的非延续性以及非延续性所产生的危机，进而对变革和发展中教师政治、经济、文化、专业身份进行了深层次反思，以期唤醒对教师身份的记忆，在思想上重新赋予教师身份以生命。[④] 胡金平则分析了学校组织类型从官场型到剧场型

---

① 陈富：《西北地区中小学教师队伍结构与质量变化调查研究》，《基础教育研究》2009 年第 4 期。

② 韦宝宁、蔡金花：《制度变迁中的教师问题》，载劳凯声《中国教育改革 30 年》（政策与法律卷），北京师范大学出版集团 2009 年版，第 99—111 页；Bernadette Robinsona, Wen wu Yi, "The role and status of non - governmental ('daike') teachers in Chinas rural education", International Journal of Educational Development, No. 28, 2008, pp. 35 – 54.

③ 李强：《中国社会变迁 30 年》，社会科学文献出版社 2008 年版，第 20 页。

④ 孙玲：《教师身份的历史变迁——变革中的深层反思》，《天津师范大学学报》（基础教育版）2010 年第 1 期。

再到单位型的转变历史，认为教师身份也因此经历了从学官到学人再到干部的变迁过程。① 这些研究对系统分析和研究教师身份变迁原因无疑是非常重要的，但这仅仅是教师身份变迁方面的一般性、普适性研究，不能具体、准确反映出西部农村教师组织身份变迁的具体情况。

另外一些学者如马戎、李建东、邓见兰、刘晖、周辉对教师地位变迁问题进行了研究。刘晖认为改革开放30多年来，教师组织地位发生了三个转变，即政治地位由"边缘"到"中心"，经济地位由"无产"到"有产"，行业地位由"职业"到"专业"。② 邓见兰通过教师经济地位变化分析指出，尽管不同时期中小学教师经济地位不同，但总体上中小学教师经济地位一直不高，这是中小学教师专业化程度不高的根本原因。③ 周辉从教师组织的法律关系层面论述了队伍结构变迁问题，认为教师法律地位的提升是其结构变化的重要因素。④ 马戎、李建东等人认为，尽管自清末以来不同地方存在着不同的经济发展水平，存在着不同的民族和文化差异，存在着不同的教育发展水平，乡村社会经历了不同的政治、经济和社会变迁，但教育发展过程呈现出高度的一致性：现代学校教育在乡村的发展主要是政府推动的结果。⑤ 以上分析分别从教师政治、经济、专业等方面论述了教师地位变迁的特点、原因及效果，对于针对性改善教师地位具有重要借鉴意义。但各种研究论证并没有充分说明教师地位变化如何引起了教师队伍结构变化，对教师结构改善起不到根本性价值。

有一部分学者如马立等人全面总结了农村教师队伍结构变化趋势，认为随着农村教育事业的发展，农村中小学教师队伍建设的突出矛盾正由过去的数量性矛盾向结构性与质量性矛盾转变。在层次结构上，农村小学教师继续减少，初中教师基本稳定，高中教师出现短缺；年龄结构上，农村教师年龄分布总体呈现年轻态势，小学教师显现老龄化倾向；在学历职称

① 胡金平：《从学校组织类型的变化看我国教师身份的变迁》，《高等教育研究》2007年第11期。

② 刘晖：《改革开放30年教师职业地位的变迁》，《中国教师》2008年第11期。

③ 邓见兰、朱家德、宋宜梅：《从中小学教师经济地位的变迁谈教师专业化》，《教师教育研究》2006年第8期。

④ 周辉：《教师队伍建设稳定性与安全性的基本法律问题——教师地位变迁引发的思考》，《现代教育管理》2009年第5期。

⑤ 马戎、龙山：《中国农村教育问题研究》，福建教育出版社2000年版，第219页。

结构上，农村中小学教师学历、职称构成偏低，教师素质仍需提高；在性别结构上，农村女教师数量持续低于男教师，女教师构成随着学校层次提升呈现递减趋向。[①] 有些学者如李江生从教师队伍结构的一个方面研究了中小学教师队伍结构变化趋势。并提出自 2000 年以来，中小学教师职称结构发展的趋势是中小学教师职务结构比例由传统指标限额控制模式走向结构比例控制方式。职改指标限额控制与结构比例控制是两种不同的机制：指标限额是从上而下、层层下达的职称结构模式，是计划经济体制的做法，是让岗位适应指标的职称结构方式；结构比例是由下而上形成的职称结构方式，它是科学设岗的反映，归根结底体现了市场经济条件下教育对专业技术人员配置的要求。指标限额控制的依据是现有教师队伍的学历、资历，是人的主观条件，因人设职；结构比例强调岗位的客观条件，因岗择人。指标限额着眼于过去，较多顾及人的待遇，带有还账性质；结构比例则面向未来，依照教育事业发展的蓝图，按照工作任务的需要设置不同的专业技术岗位，制定相应的岗位职责，让人去适应它，着眼于人的素质提高。指标限额控制转向结构比例控制，一方面使教育系统内部的岗位意识和竞争意识得到强化，另一方面促使教育管理部门改变管理方式，做到微观上放活、宏观上控制，发挥学校在职称评审中的主导作用。[②] 但这种研究也是中小学教师队伍结构某方面普适性趋势的展示，不能说明组织结构各方面，特别是西部农村地区教师组织发展趋向，且这些研究不能反映教师组织近年来或者将来的发展趋势，需要将来进一步研究。

还有一部分人如王斌发、李来柱等对教师的追求变迁做了研究。他们认为在社会主义市场经济大潮的猛烈冲击下，作为人类灵魂工程师的教师，其思想意识、道德行为和价值观念发生了深刻的变化，呈现出突出职业追求、淡化事业追求，突出个人追求、淡化社会追求，突出人才追求、淡化人格追求，突出功利追求、淡化功名追求的变化态势。为此，研究者提出必须对当代教师进行价值观念的全面重建，做到物质追求与精神追求、个人利益与集体利益、自我价值与社会价值的统一。尽管这种分析不

① 马立等：《全国中小学教师队伍建设现状、预测与对策研究》，人民教育出版社 2006 年版，第 41—45 页。

② 李江生：《结构比例：中小学教师职称改革的趋势》，《山西教育》1999 年第 3 期。

可能全面准确地反映出西部农村教师结构变化的各种理由，但研究者对市场经济条件下人生追求变化分析，对研究和把握新时期西部农村教师地缘结构、性别结构、身份结构、专业结构变化的一些缘由有重要参考价值，对研究和控制新时期农村教师组织结构变迁方式也有重要参考价值。①

　　总之，就教师队伍结构发展变化问题，罗宾森那、李强、陈德珍、韦宝宁、蔡金花、邓见兰、刘晖、周辉等多人在《基础教育研究》《天津师范大学学报》（基础教育版）《高等教育研究》《教师教育研究》《现代教育管理》等国内外重要期刊上发文或以专著方式，从教师社会身份、教师社会地位、教师追求等角度进行了研究，罗宾森那等人对西部农村地区民办与代课教师演变进行了深入研究，为进一步深入系统地进行该组织结构变迁问题研究奠定了基础。但这些都是对农村教师组织结构近 30 年以来、特别是近十年以来的研究，对农村地区教师队伍结构变迁做具体性、长期性，特别是 50 多年变化研究的内容尚无发现，对农村教师户籍、性别、学历、专业结构长期变化的系统性研究也没有发现，对西部农村教师结构深入、全面、系统性研究内容更少。这不利于总结教师结构变迁的规律，也不利于总结教师结构变迁的经验教训，依照历史演变的逻辑，促进教师组织结构，特别是农村教师组织结构的合理发展。

四　教师队伍结构功能研究进展

　　就教师队伍结构的功能影响问题，有些研究者从教师作用的发挥方面进行了探究。如刘欣等人通过对湖北省长阳县的调查认为，教师队伍的基本结构可以在很大程度上反映出教师群体的整体素质，其结构的合理与否直接影响着教师队伍整体作用的发挥②。而教师队伍年龄结构不仅影响新教师的补给和教师队伍的更新速度，还影响教师教学经验的更新情况③；

---

　　①　李来柱：《教师人生追求的变迁及其价值观的重建》，《山西社会主义学院学报》2007 年第 3 期；王斌发：《教师追求的变迁》，《中小学管理》1997 年第 4 期。

　　②　刘欣、姚琳：《试论农村贫困地区教师队伍建设——以湖北省长阳县为个案》，《华中师范大学学报》（人文社会科学版）2006 年第 4 期。

　　③　［美］马里斯·特雷莎·西尼斯卡尔科：《世界教师队伍统计概览》，冯继平、郝丽平译，华东师范大学出版社 2007 年版，第 7 页。

有些学者如李星、周建伟等人从教师结构的学生发展功能方面进行了研究。他们研究后普遍认为，教师性别之比的失调对学生性格形成和思维发展都会产生明显的不良影响。中小学教师性别结构失衡发展不仅会给学生个性心理、性别角色、创新能力培养等方面造成负面影响，更为重要的是也会对国家和社会发展造成不良影响。[1] 有的人如李红等人从教师结构的教学质量功能等方面进行了研究。通过调查后他们认为，不同教师队伍结构对教学效果有不同影响。教师职务结构对教学效果有显著影响，职称结构对教学效果也有一定影响，而学历和年龄结构对教学效果无显著影响。[2] 有的人如杨春萍、杨公安从教师结构的素质教育功能层面对教师结构功能进行了研究。他们调查后认为我国农村地区教师学历结构不合理，表现为高学历专任教师比重低，低学历代课教师比重高，不能有效满足素质教育的发展要求，也难以为新农村建设培养新型的高素质人才。[3] 有些研究者如李均等人从教育公平角度对教师结构功能进行了研究。他们研究后认为，教师资源配置结构性失衡严重影响了我国教育公平的实现和教育事业的可持续发展，是新世纪我国教育现代化进程中亟待解决的难题。并认为在我国城乡差距、地区差距长期存在的客观情况下，合理的教育制度选择将是有效解决这一难题的关键所在。[4]

总之，就教师队伍结构的功能影响问题，李红、李星、李均、杨春萍、刘欣等人都做了许多研究，并认为教师队伍结构失衡对学生身心发展、教学质量提高、素质教育开展以及教育和社会的公平与正义都会产生重要影响。这些结论基本反映了教师队伍组织结构教育教学功能，很少论

---

① 李星：《教师男女比例失调造成的负面影响》，《云南师范大学学报》（哲学社会科学版）2005 年第 6 期；周建伟：《中小学教师性别结构失衡成因及其对策》，《教学与管理》2007 年第 6 期；李红：《教师队伍的结构与教学效果相关性研究》，《医学教育》2001 年第 5 期；杨春萍、杨公安：《我国农村教师学历结构问题及对策研究》，《重庆职业技术学院学报》2008 年第 5 期；李均：《我国教师资源配置结构性失衡现象考察——兼论当前农村教师队伍建设的制度选择》，《深圳大学学报》（人文社会科学版）2008 年第 1 期。

② 李红：《教师队伍的结构与教学效果相关性研究》，《医学教育》2001 年第 5 期。

③ 杨春萍、杨公安：《我国农村教师学历结构问题及对策研究》，《重庆职业技术学院学报》2008 年第 5 期。

④ 李均：《我国教师资源配置结构性失衡现象考察——兼论当前农村教师队伍建设的制度选择》，《深圳大学学报》（人文社会科学版）2008 年第 1 期。

及教师组织结构的教师自身等其他功能；研究了教师组织结构的目的性功能影响，没有对教师各方面结构功能进行全面分析论证，尤其很少有人分析这些功能是如何产生的，以及在各个方面发挥了多大影响，更没有发现关于西部农村教师队伍结构特殊功能方面的文章。因此，有必要进一步进行相关研究。

五　教师队伍结构优化与发展趋向研究

就教师队伍结构优化方式问题，不同学者提出了不同方式，归纳起来主要有三种。一种从管理学角度、从宏观层面提出了教师队伍结构的优化方式。该办法认为，实行目标管理和"矩阵制式"结构是解决教师队伍结构的合理方式。为此，殷焕武等人提出根据教师队伍发展规划的总目标，运用数学模型理论，建立优化教师队伍结构的目标管理系统，寻求一种使教师队伍达到规划目标的数量化控制方法和措施，促使教师队伍结构逐步科学化。[①] 周新力认为，实行"矩阵制式"教师队伍结构是解决师资短缺，有效解决教师资源合理配置问题，进而实现师资管理优化，提高教育质量和效益的根本途径。"矩阵制式"教师组织管理结构是一种"二元化"的组织管理体系。它通常由纵横两套系统组成：一套是以学科课程划分的纵向职能系统，另一套是按各院系划分的横向专业系统。与一般意义的矩阵结构所不同的是，每一个专业系统内仍按职能制结构设置职能管理部门。因此，也可以把它进一步称为职能——矩阵式结构。[②] 从理论上看，这种方式有利于从宏观上、从方法论上促成教师队伍结构的调整。但如何将这种措施应用和落实在西部农村教师结构的优化上，还有待进一步研究。

第二种方式在分析农村地区和西部农村地区教师队伍现状基础上，总体提出了优化农村教师队伍结构的基本思路。如司晓宏、陈鹏教授提出，应明确义务教育阶段教师的公务员身份，确保教师合理流动；建立西部教师特殊津贴制度，特殊津贴的额度至少达到全国教师工资平均水

---

① 殷焕武等：《一种优化教师队伍结构的目标管理系统方法》，《北京科技大学学报》1997年第3期。

② 周新力：《师资短缺与"矩阵制"教师组织结构》，《现代大学教育》2005年第5期。

平的 50% 以上；重新核定西部学校，特别是西部农村学校岗位编制标准。他们同时认为，在人力资源配置上只有设计和完善好制度，才能促进和保障优秀教师到西部从教，也才能保障西部农村教师队伍结构的合理化发展。他们还特别强调指出，在现代社会人的经济理性普遍彰显的背景下，只有将西部从教人员收入提高到令人羡慕的地步，才能真正优化西部农村教师队伍结构，促进人才资源向西部流动。[①] 而民盟中央的一些委员则认为，教师工资占农村教育投入比例过大是导致城乡教师比例失调和西部农村教师短缺、教师队伍不稳定的直接原因。因此，他们建议凡县级义务教育财政负担能力低于义务教育最低经费需求部分，全额由省级政府支付；凡省级财政无力负担的义务教育经费供需差额由中央补助解决。在教师编制上要向农村地区倾斜，而且教师编制数量要在国家规定的基础上适当增大。尽快制定推进农村义务教育发展的激励机制，实现农村教师待遇优于城镇教师。[②] 于伟等人认为，目前我国西部农村中小学教师队伍的整体状况存在着区域数量短缺、学科结构失衡、年龄分布不均、学历层次偏低和职称比例失当等诸多结构性问题。为此，需要通过加大农村教育投入，建立倾斜农村的教师人事管理制度、改革农村教师的培养体制和加强对农村教师的培训等途径来优化农村教师队伍结构，提高农村教师整体素质。[③] 罗兴才、王坤认为，优化农村中小学教师队伍配置，关键要解开学生就近入学与师资单纯按学生数量配备的矛盾，优质师资调得进与留不住的矛盾，在岗教师素质不高与素质好的人员不能上岗的三个矛盾。[④] 柴江针对西部农村地区非公办教师过多，农村教师队伍老龄化严重，教师培训的参与度较高，但时间较短，教师教研活动参与率较高，但频率低，教师整体工资水平不高且仍

---

　　① 司晓宏：《优化教育资源配置，促进西部农村义务教育优质发展》，《教育研究》2009年第 6 期；陈鹏：《义务教育教师均衡配置的法理探源与法律重构》，《陕西师范大学学报》（哲学社会科学版）2010 年第 1 期。

　　② 史晓龙：《民盟中央：西部农村师资分担体制需完善》，《中国税务报》2006 年 3 月 15日第 7 版。

　　③ 于伟：《我国农村义务教育教师队伍的结构问题与对策》，《中国教师》2007 年第7 期。

　　④ 罗兴才、王坤：《解开优化农村教师队伍的三个结》，《中国教师报》2006 年 7 月 19日第 C04 版。

有教师工资被拖欠的情况发生等问题提出：建立弹性的清退政策；促使农村教师队伍年轻化发展；建立在职教师学习提高的长效机制，提高农村职后教师素质；建立健全劳动保障体系等建议。① 以上措施涉及农村教师编制制度、政治身份（公务员身份）制度、教师教育制度、大学生"志愿者"制度，以及工资津贴政策、培训政策等许多政策、制度建议，从总体上提出了实行全面人事政策制度改革，促进西部农村教师组织结构优化配置的设想。这些措施基本都是现实性、针对性很强的对策与建议，如果采纳后对农村教师组织结构改善可能会起到重要作用。但这些研究缺乏可行性论证，多数停留在主观设想层面。其研究结论看到：解决农村教师问题的办法并不全面。该研究结论没有看到文化教育环境与教师队伍发展的相互关系，没有看到如何从优化农村地区、西部农村地区文化、教育环境方面解决农村教师结构问题。因此，其研究结论不是从农村教育和农村教师发展的全部历史经验和历史逻辑演绎基础上推论出来的，容易引起头痛医头、脚痛医脚的嫌疑，也不能从根本上解决西部农村教师队伍的建设问题。

第三种方式从教师群体某个具体结构层面提出了教师队伍优化的办法。如温化民从职称结构角度分析了农村初级中学教师队伍职称建设中存在的问题，并提出通过推行人事制度改革，完善教师聘任机制；完善管理制度，强化教师"激励—评价"机制；建立教师岗位培训机制，提高教师培训效能；引入教师薪酬投入机制，调动教师工作积极性等方式优化教师队伍结构。② 朱俊杰提出，确定合理的职务结构比例是实行结构比例控制的基础。合理的教师职务结构比例是与办学任务和师资队伍的实际相适应，有利于加强教师队伍长远建设、有利于加强宏观控制的高级、中级、初级教师职务的结构比例，即职务结构的控制比例。③ 胡爱林提出教师系列高级、中级、初级之比例以 2∶5∶3 为宜。④ 这些研究为西部农村教师

① 柴江：《中西部地区农村教师队伍的现状、差异与思考——以甘肃、山西两省为例》，《教育测量与评价》2009 年第 5 期。

② 温化民：《从职称结构看农村初级中学教师队伍建设——以山西省运城市农村初级中学为个案》，《牡丹江教育学院学报》2008 年第 1 期。

③ 朱俊杰：《中小学教师职务结构初探》，《教育研究》1997 年第 2 期。

④ 胡爱林：《略谈合理的职称结构》，《菏泽师专学报》1991 年第 1 期。

职称改革提供了可供参考的方向和具体操作性办法。

针对西部农村中小学教师性别结构失衡问题，周建伟提出要在全社会、全民族树立社会性别平等观念，不断提高中小学教师的经济待遇和社会地位，作为培养准教师的高师院校要重视学生性别结构失衡问题，并采取相应政策措施推进教师性别结构平衡。① 北京师范大学郑新蓉教授认为，要解决中小学教师男女比例失衡的问题，就要鼓励优秀男性进入中小学当老师。应该制定鼓励性政策，激励师范院校优先录取男生，鼓励中小学优先招收男教师等。也可以借鉴上海师范大学对招生方案的改革措施，规定"师范各专业录取男生一般不低于招生计划的40%"。② 这些对策建议和实践措施在理论上具有一定的合理性，在解决教师性别结构失衡方面也有明显效果。但研究者没有看到城乡教师性别结构失衡的差异问题，研究者因此没有提出解决农村教师性别结构失衡问题的相应方案。由于研究者没有统筹城乡教育思考城市或农村教师性别构成问题，不便于从根本上解决农村或城市教师教育发展问题。而且在预防性别歧视和新的教育不公方面缺乏具体、有效考虑。

就教师知识、学历结构优化方式问题，孙刚成、乔刚提出，通过构建新课程背景下的教师实训课程体系，加强对教师的教育理论知识培训，培养教师教学反思习惯，完善农村远程教育体系等措施，改善西部农村地区教师知识结构。③ 杨春萍、杨公安提出，应健全农村教师"出入"机制，严格农村教师准入制度，扩大免费师范生招生规模等方式，提高西部农村教师组织的学历结构。④ 理论上说，这些对策建议的贯彻执行对农村教师学历、知识结构改善能起到推动作用。但这些研究只能是解决农村教师学历、知识结构的一些办法，不是解决教师学历、知识结构的全部办法。而且，如果不能清楚阐明各项对策建议的具体来源，就拿不出有说服力的依

---

① 周建伟：《中小学教师性别结构失衡成因及其对策》，《教学与管理》2007 年第 6 期。

② 李星：《教师男女比例失调造成的负面影响》，《云南师范大学学报》（哲学社会科学版）2005 年第 6 期。

③ 孙刚成、乔刚：《谈西部农村学校教师知识结构的失衡与优化》，《教育探索》2010 年第 2 期。

④ 杨春萍、杨公安：《我国农村教师学历结构问题及对策研究》，《重庆职业技术学院学报》2008 年第 5 期。

据，说明需要执行这些政策。

总之，就优化西部农村地区教师队伍结构措施问题，司晓宏、于伟、潘先锋、周新力、温化民、刘欣等多人做了研究。潘先锋认为，搞好学校领导班子建设是教师结构优化的关键，周新力认为实行"矩阵制式"教师队伍结构模式最重要，司晓宏、于伟、温化民强调优化资源配置、推行人事制度改革措施的重要性。应该说以上政策建议基本都以特定对象和视角为出发点，是针对农村教师队伍发展中的特定问题提出，都有不同程度的指导价值。要想彻底解决农村教师结构问题，需要全面发掘教师组织结构优化的各种可能性方式，需要从农村教师组织变迁的历史经验中去寻找组织结构优化的有效方式。

第三节　研究方法

一　文献资料法

有学者认为，文献是指具有历史和资料价值的媒体材料（郑金洲，2003：70），或者说它是用文字、图表、符号、声频和视频等手段记录下来的人类知识（李方，1997：155）。文献研究法也就是对文献进行查阅、分析、整理而找出事物本质属性的一种研究方法。[①] 运用文献资料法进行本研究就是要广泛查阅农村教育、西部农村教育方面既有的各种文献资料，全面系统地把握我国农村教育、西部农村教育的基本情况。在此基础上重点掌握农村教师、西部农村教师队伍建设方面的历史文献资料，全面把握农村教师和西部农村教师队伍结构发展变化状况及其研究现状，充分掌握不同时期国家农村教育、农村教师政策以及国家西部地区和国家西部农村地区教师教育政策，为解释相关现象及其变化，进行相关研究奠定外围资料基础。也为全面分析农村教师结构、特别是西部农村教师结构研究方面取得的成绩，全面研究农村教师结构中存在的不足及其经验教训，系统分析影响教师队伍结构变迁的各种因素及其不同影响力，深入探寻引起农村教师队伍结构变化的原因提供事实依据。同时，要通过多种渠道获取调研县政治、经济、文化，特别是教育以及师资队伍建设方面的各种图

---

① 丁念金：《研究方法的新进展》，教育科学出版社 2004 年版，第 150 页。

片、文字材料和已取得的研究成果，特别是被调研县的"县志"、"教育志"、"教育统计报表"，有关中小学校志、校史等，为进行本研究做好前期准备，也为进行本书正式写作研究奠定扎实的物质基础。

二　调查法

教育科学的调查研究法是在教育理论指导下，通过运用观察、列表、问卷、访谈、个案研究以及测验等科学方式搜集教育问题资料，对教育现状作出科学分析，进而提出具体工作建议的一整套研究方案。区别于一般社会调查，教育调查是以当前教育问题为研究对象，是为了认识某种教育现象、过程或解决某个实际问题而进行的有目的、有计划的实地考察活动。按照研究对象来源渠道、研究对象数量多少及研究主体，可以将调查分为典型调查、普遍调查、抽样调查、个案调查和专家调查；按调查的方式方法可以将其分为调查表法、问卷法和访谈法。① 个案调查是指对某一特定的社会现象进行深入细致调查的方法。个案调查的特点是：首先，个案调查比典型调查更为具体、深入、细致。因为在纵向上要对调查对象进行历史性分析，详细弄清其来龙去脉，具体、深入地把握个案全貌。同时还要做追踪调查，掌握调查对象发展变化的情况和规律；其次，个案调查的目的主要不是用来阐明同类社会现象，而是为了认识个案自身。个案研究可以以个案为文本，建立起一个对个案材料具有解释力的分析框架，为后续研究提供一些有启发性的思路和方向。个案调查一般不考虑它的代表性，所以，得出的结论一般也不能用来推论有关总体。只有通过对个案的综合分析，才能从中推导出总体型结论；再次，个案调查的时间和活动安排具有一定弹性，调查者可以灵活应用观察、访谈、文献法等多种方法进行。② 由于本书调查的对象是一个西部农村贫困县，因此，在研究对象上本研究既是个案调查、也是典型调查。从调查方式上看，本书既要事先设计教师结构表格，又要对农村中小学教师进行大量访谈，因此，本研究又属于以调查表法和访谈法为基本方式的个案调查法。在本方法应用过程中，作者首先通过问卷表的形式到西部某国家级贫困县全面系统地调查该

---

① 裴娣娜：《教育研究方法导论》，安徽教育出版社 1995 年版，第 158—160 页。
② 段尔煜：《社会调查方法》，国家行政学院出版社 2005 年版，第 74—75 页。

县农村教师队伍（专业结构、学历结构、性别结构、户籍结构、年龄结构、社会身份结构）等方面近50年来，在不同历史时期的数据、比例、结构特点与结构变迁的特点（流出、流进的数量，身份、学历、年龄、性别、户籍的构成），教师结构变迁的方式、方法，变迁的动力机制及其功能效果与合理性问题，尤其要发掘某一教师结构要素在不同时期没有发生实质变化的原因是什么，另一结构要素在不同时期发生重大变化的动力机制和功能效果是什么。

（一）研究地区和单位的选择

本书研究范围是西部农村地区，是西部农村地区教师结构变迁。地区是一个伸缩性比较大的概念，最大范围可以延伸到国际上的亚太地区、东南亚地区。国内宏观范围的地区可以为西部地区、东部地区，也包括华北地区、西北地区、西南地区等。中观层面的地区一般为省级地区，微观上一般为有相同文化背景或语言习惯的区域，如关中地区、陕南地区、固原地区、银南地区等。本书所谓的地区是西部地区，是包括西北、西南地区在内，蕴含共同政治、经济、文化背景的一个范围极为广阔的地域。西部地区地域辽阔，各地农村尤其各边疆民族地区的宗教信仰、生活习俗明显不同，各地区经济、文化、教育等各方面发展水平有明显的差异性，各个时期、各地区教师队伍结构量上也有明显差距。因此，一个县域教师队伍结构具体状况不能反映西部所有地区、各个时期农村教师队伍结构量上的普遍状况，尤其不能说明西部农村各地教师结构量上的差异。但我国又是一个中央集权制国家，最高权力机关和行政机关实行集中统一领导，地方当局的几乎所有重要事务均受中央支配。[①] 在中央政府与地方政府关系上，地方绝对听命于中央。[②] 由此，各地区经济、政治、文化制度及其结构有极大的相似性和一致性，各地教育政策制度、各地区教师政策、制度总体是在国家统一制度、政策要求下变化的，也有高度的相似性和一致性。而我国各地深受儒家文化影响，各地民众的生活观念具有很大的相似性，为个案调查研究的普及推广提供了基础。而且社会学、人类学中的调查也往往以一个乡或县说明一个地区、甚至整个国家的变化情况。如费孝

---

① 吴康宁：《教育社会学》，人民教育出版社1998年版，第76页。

② 侯力、左伟清：《新编社会学》，华南理工大学出版社2002年版，第213页。

通先生的博士论文《江村经济》的英文题目"peasant life in china"（《中国农民的生活》）就是一个普适性题目，作者也是希望通过自己熟悉的一个小村落生活，在显微镜下观察整个中国农民的生活。① 司洪昌先生的博士论文《嵌入村庄的学校——仁村教育的历史人类学探究》，也不是为了仅仅说明"仁村"教育的变化，而是要展示国家权利对整个乡村社会不断渗透过程。② 北京大学社会学人类学研究所马戎、李建东教授主持研究的"政府、地方社会与乡村教师"课题研究，主要也是以甘肃省靖远县为例进行的研究。③

西部农村同处于国家西部政策辐射区。西部各地经济文化普遍落后、民族多样，经济社会发展水平又有极大的相似性。西部各地教师结构变化情况也极为相似。而且本书又不完全是一个现状和定量研究，不注重各时期西部各地教师结构量上的差别。本书关注的是西部农村教师队伍结构在国家 50 多年西部政治、经济、文化、教育政策大背景下演变的质性特征和定性情况，揭示的是西部农村教师队伍结构在共同政策背景和共同政策背景变迁下的变化特点、方式、方法、动力机制、功能效果和演变趋势问题。本书重点研究和揭示了国家、地方外在的经济、人口、家庭、社会政策等因素对农村教师队伍结构变迁的影响问题。如从 20 世纪 50 年代到 70 年代西部农村形成的公办、民办、代课和支教教师共同架构下的教师结构格局，20 世纪八九十年代以后则又演变出以公办教师为主、代课教师逐渐替代民办和支教教师催生的新的教师结构格局。21 世纪以后，随着计划体制延续和教师编制问题凸显，公办、代课、支教和特岗教师并存的更加复杂的教师结构格局成为西部农村地区教师身份普遍现象的原因。④ 而教师身份结构每一次变化与其职称、年龄、学历等结构的变化又息息相关。教师身份结构每一次变化实际上又都是国家政策制度执行的结

---

① 费孝通：《江村经济》，上海人民出版社 2007 年版，序。

② 司洪昌：《嵌入村庄的学校——仁村教育的历史人类学探究》，教育科学出版社 2009 年版，导论第 9 页。

③ 马戎、龙山：《中国农村教育问题研究》，福建教育出版社 2000 年版，第 130—161 页。

④ 王嘉毅等人的调查显示，尽管 1997 年国家终结民办教师制度，但在 2003 年甘肃 6 县的抽样调研中，仍有民办教师 328 人（占总数的 4.2%）。参见王嘉毅、吕国光《西北少数民族基础教育发展现状与对策研究》，民族出版社 2006 年版，第 58 页。

果。如 20 世纪八九十年代民办教师的减少，90 年代后期代课教师大量出现，2006 年特岗教师的出现和代课教师大量减少等，实际都是国家集权体制统一要求和相关政策制度统一执行的结果。因此，尽管各地教师结构量的变化有差异，但教师结构本质变化具有高度共同性和一致性。本书主要关注导致西部农村地区教师结构一系列本质变化的前因后果，特别关注了引起教师队伍结构本质变化的政治、经济、教育政策制度因素及其功能结果。因此，尽管是一个县域的调查研究，但在整个西部农村地区具有普遍的影射性和启发性，对西部农村教师结构发展变化乃至整个中国农村教师结构变化具有直接和广泛的说明力。另外，以县域为单位考察农村教育，既可以从微观世界来研究农村教师结构变迁，又可以将这一变迁置于区域、民族和全球视角下，做到小地方与大社会的呼应。一个县域的教师结构变迁，犹如在显微镜下看到整个中国教师结构变化的缩影。①

而受个人时间、精力、研究经费和社会关系限制，研究者也不可能对西部各地区几十年变化情况进行全面调查。另外，本书之所以以县为单位研究农村教师结构变化，也是因为自秦王朝开始，我国历史上一直将县作为农村的重要机构，县也是管理农村教育的最基本单位。农村教育政策的制定、执行，教育经费的供给，教师的管理绝大部分直接以县为单位。在经济不发达的西部农村地区，县级政府更是农村教育的主要承担者。② 而现实中的县级政府机关驻地普遍在镇，而不像城市以"区"为行政机关驻地。从教育者与受教育者层面来说，县级学校教师多数来自乡镇以下地区，县级学校的多数学生也来自乡村。因此，从普遍意义上看，将县属学校统一划定在农村学校范围也比较合理。

（二）调查点的选择

本书所调查的县域——M 县，地处六盘山西北麓，属于宁南山区。总面积 6899 平方公里，人口总数 298055 人。其中回族人口 204541 人，占人口总数的 68.6%。现有 3 个镇，23 个乡，165 个行政村，114 个自然村。M 县存史久远，隋唐时期已经有地方建制。但在清同治十三年

---

① 张济洲：《文化视野下的村落学校与国家——一个地方社区基础教育变迁的历史人类学考察》，教育科学出版社 2011 年版。

② 马戎、龙山：《中国农村教育问题研究》，福建教育出版社 2000 年版，第 137 页。

（1874 年）才开始设海城县，行政机构始得健全。民国三年（1914 年）改为现在名称 M 县，属于甘肃省平凉专区。1949 年 8 月，M 县解放初期属于甘肃定西地区。1950 年 3 月，划归甘肃平凉专区管辖。1953 年 12 月，改属甘肃西海固回族自治州。1958 年 H 自治区成立后，该县又被划归到 H 自治区固原地区管辖。2004 年 H 自治区中卫市成立后，该县又被划归到中卫市管辖。①

从有史记录到清末前期，M 县一直以畜牧业为主。清末开始，该县经济由牧业转向以农业为主，农业经济成为制约全县经济发展的根本因素。20 世纪 90 年代以后，随着当地产业结构调整，服务业收入成为县财政收入的主要来源，从而实现了地方财政收入的稳定增长，避免了靠天吃饭的农业收入的不稳定性。2001—2005 年，M 县全县财政收入 6561 万元，年平均收入 1312.2 万元。其中，五年工商总收入 4395 万元，年均收入 879 万元，占全县财政总收入的 67.0%；农业总收入 790 万元，年均 158 万元，占财政总收入的 12%；各种非税收收入（包括行政性收费收入、罚没收入、其他收入三项）累计 1024 万元，年均 204.8 万元，占全县财政收入的 15.6%。但五年间 M 县得到国家财政提供的各种补助收入共计 131666 万元，年均 26333.2 万元，占全县财政总收入的 94.4%。而 2001—2005 年累计财政支出 135376 万元，年平均支出 27075.2 万元。其中，教育等各项事业型支出 8871.8 多万元，占财政总支出的 32.8%。②因此，M 县教育事业发展和教师队伍建设基本上完全依赖国家财政拨款，县级财政收入对当地教育和教师队伍建设所起到的正面功能影响力微乎其微。而受地理位置影响，M 县交通封闭，新中国成立前该县仅有两条公路经过县境边缘地区，县内通往外县的道路也只有两条马车道。至 1990 年，该县境内有了一条国道，两条省道。2000 年后，该县始有两条省道穿越县境。由于 M 县地处偏僻，自古人文不兴。清代由私塾演变出少数几所学堂，但受教育者寥寥无几。民国年间，地方多难，仅有中学 1 所，而许多小学名存实亡。新中国成立后兴学重教，在校学生逐年增加，师资

---

① 《海原县志》编纂委员会：《海原县志》，宁夏人民出版社 1999 年版，概述。
② 《海原县财政志》编纂委员会：《海原县财政志》（1988—2005）（内部资料），2007 年，第 10—13 页。

力量才开始逐步加强。① 20 世纪 50 年代初期，M 县有小学 30 所，中学 1 所；2000 年，M 县已有完全小学 234 所，普通中学 29 所。50 年代初期，M 县小学专任教师 56 人，小学生 884 人；2000 年，该县小学专任教师发展到 2514 人，小学生发展到 56074 人。50 年代初，M 县有中学教师 2 人，中学生 8 人。2000 年，全县中学专任教师发展到 872 人，中学生发展到 13954 人。② 2008 年，M 县有小学 335 所，普通中学 26 所，全县小学专任教师 2403 人，普通中学专任教师数 1225 人。③ 近十年来，M 县小学数量和小学教师数量开始减少，中学教师数量开始增加，表明 M 县教育逐步由普及小学教育走向普及中学教育，教育由低层次、低水平向高层次、高水平发展。

　　通过上述材料总体可以看出，M 县是西部农牧业生产类型、自然经济和落后手工劳动方式的代表，又是西部封闭、落后、保守的传统习俗文化的典型。M 县素以人多（H 省第三大人口县）、地广（H 省土地面积第二大县）、十年九旱、极度贫困而著称。与城市和东部经济发达地区相比较而言，M 县各项事业十分落后，成为西部落后地区的典型。但在国家各项政策支持下，50 多年来，M 县各项事业获得了长足发展，为 M 县教育事业和教师队伍建设提供了依据和保障。由于 50 多年来国家制定的一系列重要的西部政策、特别是西部教育和教师政策在该县域都能印证。因此，由深层次各类政策因素引起的本县域教师结构变迁结果在西部农村地区有普适性说明力，在 M 县开展西部农村教师结构变迁研究也具有普遍价值。

　　搞社会调查研究，掌握第一手真实、可靠的资料非常重要。但中国社会是一个非常注重个人社会关系的社会。没有一定的社会关系，仅仅依靠一个人的力量在一个陌生的环境中很难取得对方信任，也很难取得切实可信的第一手资料，进而难以进行实证性研究。为此，本书调查地点选取了笔者长期生活和非常熟悉的一个西部县。笔者自孩提时期起，一直生活、学习于该县的乡村学校，乡村教育、乡村教师的过去给笔者留下了深刻影

---

　　① 《海原县志》编纂委员会：《海原县志》，宁夏人民出版社 1999 年版，概述。

　　② 《海原县教育志》编纂委员会：《海原县教育志》，兰州大学出版社 2003 年版，第 22—23 页。

　　③ 邹占第：《海原县基础教育统计报表》（内部资料），2008 年。

响。19 岁时在该县县镇中学完成高中课程学习，大学毕业以后又在该县农村中学任教。个人成长过程中亲身经历了一些重要历史阶段的重要教育人物，其中部分人物是笔者的任课教师，部分人物与笔者的家庭建立了亲缘关系，部分是笔者过去的同事、朋友、同学、学生。他们中年龄最大的已经近 90 岁，年龄小的也有 20 多岁。其中有些人仍在做老师，有的后来陆续成了校长、教育局长，并且在这些岗位上持续工作了很长时间。笔者过去的同学、同事普遍已有 20 多年的工作历程，笔者教过的许多学生在中小学教师、校长岗位上也工作了近 20 年，其中有的人从中学校长到教育局长，不同岗位上工作的时间都很长。他们有丰富的工作经验和生活阅历，他们对农村地区教师队伍发展状况有深切体会，有助于从不同层面解释和分析该县教师队伍的建设问题。而笔者先期在该县建立的丰富的社会关系，为做好该研究奠定了扎实的基础，有助于获得该县不同时期、不同层面教师队伍发展的原始材料。

通过访谈法进行了深度研究。为开展本研究，笔者先后走访了 13 个中小学教育教学单位，访谈了中小学校长、教师、教育局长、教研室主任以及家长和学生共计 60 多位。其中重点访谈了不同时期的教育局长 3 名、教育局督导室主任 1 名、教师进修学校校长 1 名、中学校长 6 名、小学校长 8 名。让他们从总体上介绍当时教师学历、性别、地缘等结构及其变动情况，了解他们对当地、本校教师队伍群体结构及其变迁情况、变迁原因与变迁功能影响的态度和看法。检测点在当地高中选择了 2 个、初中选择了 4 个、小学选择了 3 个，深度访谈了特定年代不同学历、职称、地缘、年龄、性别、知识、民族和身份等结构的教师共计 30 余名，了解他们成为教师的动因（动机）、方式。同时，了解那些转变身份、学历、职称、工作地点者转变的原因、方式及自我影响，了解其他教师对教师身份、学历、职称、地缘变化原因、方式、功能效果的评价（这是微观调查的核心）。访谈 2—3 名不同年龄阶段的学生家长，了解他们对当地教师队伍结构的历史认识和现实看法。访谈了十多名乡村中小学学生，了解了他们对当地教师队伍结构（性别、年龄）功能的认识、态度和看法。通过对不同时期的教育局长、校长、教师、学生家长以及学生本人的走访和质性研究，以旁观者身份深度揭示了不同时期、不同农村教师队伍结构变迁的深层次原因，借他人之口舌说明西部农村教师群体结构及其变迁对学生、教师、当地教育、教学质量的功能影响，分析了什么时候是积极影响，什么时候是消极影响，以及为什么会出现积极或消极影响。

从调查法的适用类型上看，本书积极进行了案例研究。一方面，通过西部经济贫困县教师队伍群体结构情况调查，分析了该县教师群体结构总体变化的原因，分析了教师队伍结构变化对学校教育教学以及学生发展的深层次影响，分析了教师群体结构变化的合理性问题。另一方面，分别考察了国内外2—3个教师队伍结构变迁的典型案例，说明发达国家、发达地区教师结构优化措施对优化西部农村地区教师队伍结构的启示。

三　历史比较法

"比较"一词的意思是根据一定标准，把彼此有某些关联的事物放在一起进行考察，寻找其异同，以把握研究对象所特有的质的规定性。比较研究是确定对象间异同的一种逻辑思维方法，也是一种具体的研究方法。教育科学的比较研究是对某些教育现象在不同时期、不同地点、不同情况下的不同表现进行比较分析，得出符合客观实际的结论，以揭示教育的普遍规律及特殊表现。① 而历史比较研究方法是对历史现象进行比较和对照，并分析其异同及缘由，从而寻求历史规律的一种方法。② 历史比较研究法适用于某个特殊结果，如社会变迁是如何引起的，并将焦点集中在个案，集中在行动、过程和顺序上，将过去置于结构、情势与事件之中，并对复杂整体与个案间的个别变量进行比较。研究者接触整体时的取向，就好像整体由几个不同层次所构成。研究者不但要抓住表面，还要揭露普遍的、隐藏的结构，看不见的机制或因果过程③。本书在分析农村教师队伍结构变迁特点、原因中，将通过 H 省 M 县不同时期、不同教育阶段教师队伍地缘户籍结构、男女性别结构、学历结构、专业结构、身份结构等方面的比较，说明西部农村教师队伍结构及其变化动因，农村教师队伍结构变迁的功能效果及其合理性。同时要分析哪些因素导致了不同时期农村教师各种结构的差异，以及为什么某一时期农村此一种教师结构不合理、出

①　裴娣娜：《教育研究方法导论》，安徽教育出版社 1995 年版，第 223 页。

②　秦新林：《历史比较研究方法在教学中的运用》，《殷都学刊》1997 年第 1 期。

③　劳伦斯·纽曼：《社会研究方法——定性和定量的取向》，中国人民大学出版社 2007 年版，第 523 页。

现了不良功能效果，农村教师队伍另一种结构合理、产生了积极的功能效果，而另一个时期农村教师队伍各种结构不合理，出现了失调或负面的功能效果。C. 赖特·米尔斯说过，只根据某一社会群体自己经过的历史，无法理解或解释它所经历的主要历史阶段，以及它今天表现出来的面貌。只有在与其他社会群体历史的对比和比较中，才可以将它们表达清楚。[①]

从研究范式上看，本书是一个具有明显质性倾向的研究，但在具体行文过程中，会将质性研究与量化的实证研究紧密结合，以数量具体准确反映事实。从本书题目看，本研究似乎是一个纯历史课题，但事实上本书是一个强烈关怀现实的题目。本书立足现实，总结过去，展望未来。在不同历史时期统计数据对比中，不是简单地评判过去，而是通过过去与现在的比较，强烈地反映现实问题，并期待着对现实问题的解决。从本书内容、方法的设计上看，本书似乎是一个调查访谈性论文，这正好体现了马克斯·韦伯（Max Weber）所谓社会科学研究中价值无涉学说的基本方式。本书将秉持科学研究中的客观、公正、价值中立的立场，不在于推销研究者个人的价值判断，而在于以旁观者的身份客观真实的揭示问题。[②] 但是，本书会将相关的理论依据充分地运用到文章相关内容的分析中去，并有意识从现实材料分析中提炼新的理论。尤其在教师结构变迁趋势预测与结构变迁控制方面，将会渗透更多的相关理论，力争做到史论结合，体现博士论文注重论证的特点。

第四节　理论基础

一　社会变迁的结构功能理论

结构功能理论是一个强调社会各部分都在协同合作基础上，有秩序地为满足社会需要而发挥作用的理论观点。在社会学中，功能是指一种社会现象对于一个它所属的更为扩大的体系来说具有的被断定的客观结果。较早使用功能一词的是 19 世纪的社会学家，如奥古斯特·孔德（Auguste

---

① ［美］C. 赖特·米尔斯：《社会学的想像力》，生活·读书·新知三联书店 2005 年第 2 版，第 162—163 页。

② ［德］马克斯·韦伯：《社会科学方法论》，韩水法、莫茜译，中央编译出版社 1998 年版，第 22 页。

Comte)、赫伯特·斯宾塞（Herbert Spencer）、埃米尔·涂尔干（Emile Durkheim）。他们认为社会组成及其存在方式同生物体非常相似，如同人体的四肢、心脏、大脑一样，当人体某一组织发生病变时，其他组织会立即动员起来加以调适，使人体恢复均衡状态。社会各个组成部分都以一种全局系统方式发挥各自功能。因此，教师队伍结构也是相互影响、相互促进的有机体。埃米尔·涂尔干同时认为，任何社会学解释都是原因和功能的解析。从原因出发主要分析社会形成不同结构秩序的缘由，从功能出发主要探讨社会需要与社会结果之间的对应关系。社会现象并不为它所产生的有用结果而存在的。① 因此，教师结构变迁研究也主要是其变迁原因及其功能效果的分析，以期形成合理的结构。

　　美国社会学家帕森斯（Talcatt Parsons）是结构功能主义理论的集大成者。帕森斯的结构功能理论由社会行动理论、社会系统理论构成。依照社会行动理论，一切社会问题都在社会行动中发生。每一次社会行动都由目的、手段、条件和规范等要素构成。每一个社会行动目标都发生在特定的社会或自然情境中，而人们的目标追求即主观取向是复杂的，由"动机取向"和"价值取向"两种要素构成。动机取向是以直接利益为争取目标的主观要求，追求利益的最大满足和代价的最小付出。价值取向是行动者对超越直接功利的道德目标和理想信念的追求，它规定着人们在社会行动中以道德规范和理想信念去选择目标和手段。而社会行动的客观对象、社会行动目标指向的客观环境和选择的手段又在动态中不断转变。②

　　根据帕森斯社会行动理论，并结合马斯洛需要层次理论可以看出，不同时期、不同区域的教师有相同的多方面的动机需要。农村教师在地方发展过程中，既有生理、安全、尊重、理解需要，也有自我价值实现的需要；既有物质需要，也有精神需要。因此，在农村教师队伍结构调整过程中要充分考虑教师的多方面需要。从满足低层次物质动机需要出发，逐渐恢复农村教师尊严、让西部农村教师都能有尊严地活着，进而引导和满足其高层次精神和理想需要。只有以多种方式满足了不同教师的各种需要，才能更好地激励教师，优化教师结构。另外，也要看到不同时期、不同区

① 鲁杰、吴康宁：《教育社会学》，人民教育出版社1990年版，第636—639页。
② 刘少杰：《国外社会学理论》，高等教育出版社2006年版，第158—160页。

域、不同教师主要的动机需要存在的差异。改革开放初期西部农村教师的动机需要与当下西部农村教师的动机需要有很大差异。改革开放初期，西部农村教师下海经商、行业外流动的较多；改革开放后，西部农村教师更多的是在行业内向城市发达地区流动。反映了教师待遇提高，以及农村教师在获得经济待遇需要的同时，也渴望专业上更多、更大的发展，以实现个人理想信念和社会价值的追求。而就教师个体而言，有些教师喜欢城市生活、喜欢在城市发展，也有一些教师更喜欢在农村学校发展，喜欢农村学校慢节奏、无压力、田园式的工作方式，而不愿意离开故土、寻求新的变化和发展。因此，分析农村教师队伍结构变迁要充分考虑行动者的动机、需要和价值取向，也要考虑引起行动者动机、需要和价值变化的社会政治、经济、文化因素。

一般认为，帕森斯的社会系统理论是在社会行动理论基础上发展起来的，是前者的深化和展开。从社会行动层面分析社会联系注意的是个人行动进入的复杂关系，或者说是复杂关系中的个人行动。而在社会系统层面分析这些结构或联系，关注的则是结构的基本功能。按照帕森斯的结构功能理论，无论整个社会行动系统还是特定的社会群体都有一些最基本的共同结构，这些结构在运行中发挥着某种特定的功能。这些结构功能概括起来形成了一般功能的结构框架：A——适应，即社会系统对环境的适应功能，包括对环境系统的限制及其压力的顺应，以及对环境的积极改造；G——目标达到，即社会系统确立目标的功能；I——整合，即协调社会系统各组成部分，使他们为达到某种程度的团结开展有效合作。而整合功能中的情感联系不取决于利益获得和某种目标的实现；L——潜在的模式维系，即根据某种规范与原则，维系系统行动秩序与活动方式连续性的功能。从社会系统关系层面看，A、G、I、L四种结构功能分别对应的是经济系统、政治系统、社会系统和文化系统。而从社会行动系统上看，四种结构功能框架分别对应的将是有机系统、人格系统、社会系统和文化系统。A—G—I—L框架是揭示社会发展动力与过程的理论模式。随着历史演进，A、G、I、L四种结构功能逐步分化，促进了社会行动的专业化、组织化和高效化。因此，社会结构分化是社会向前发展的决定性因素。

根据帕森斯社会系统的结构功能内容框架，社会系统运动的动因在于内部结构关系的紧张，而内部结构关系紧张又与外部环境压力有关。因此，社会运动是内部和外部矛盾关系造成的。社会系统一定处于特定的外部环境中，也一定在某种内部结构关系中。社会成员在各种规定性限制的系统中不仅有实然认知，而且有理想性要求。理想要求与社会系统现存状态存在某种不一致。当社会成员根据理想要求采取社会行动时，社会系统就开始运动，各种结构也发挥了作用。①

美国学者默顿（Merton）在继承和扬弃涂尔干、帕森斯功能理论基础上，形成了社会研究中观层面的经验实证主义范式。默顿认为，社会科学进入成熟阶段应当从事实出发，在研究实际社会问题、解决实际社会问题中建构不远离经验事实的理论。因此，社会研究应当有经验材料支持，注重分析客观社会后果，实行实证主义研究。然而社会结构功能的客观性结果并非都是显性可见的，有些客观结果是隐性、潜在和不可预见的。揭示隐性、未被认识的结构功能结果对社会群体的发展更有意义。见于隐性社会结构功能的存在，默顿提出了功能失调问题。所谓功能失调是指某种最初有益于社会行动或结构的功能，后来演变成了有害于这种社会结构或行动的功能。功能失调是一个时间过程，既可以在短时间内表现出来，也可以在较长时间内表现出来。而较长时间以后显现的功能失调对社会结构的发展产生更为严重的后果。因此，必须发现和促进新的社会功能，以抵消或顶替失调了的社会功能，进而实现有利于社会行动、社会群体和社会系统的功能平衡。②

结构功能主义理论启示我们，农村教师队伍建设的关键是队伍结构存在与变迁的动因与功能分析。不论动态还是静态意义上的农村教师队伍结构功能都是当地教师个体动机需要和价值取向的体现。不同时期的政治、经济、文化系统是教师队伍结构形成和变化的条件，其中政治因素是教师结构变化的发动机和导火线，经济因素是教师结构变化的基础，文化因素在教师结构变化过程中起着潜移默化的作用。而教师队伍结构功能变迁的根本动力则源于其内部结构的矛盾冲突，源于教师个体在群体结构矛盾冲突中的行动动机、价值取向。农村教师结构的正向功能是教育发展的价值取向，但负向的反结构功能和隐性结构功能失调问题不可避免。西部农村

---

① 刘少杰：《国外社会学理论》，高等教育出版社 2006 年版，第 167—169 页。
② 同上书，第 178—181 页。

地区教师队伍结构功能失调问题既可能在短期内彰显出来，也可能以隐性
方式逐渐表现出来。短期内显现出来的结构功能失调问题，容易引起警觉
并得到及时有效的遏制；隐性结构功能失调问题则由于潜伏期长、不易及
时发现而给当地教育事业带来更大的危害。因此，必须从西部农村地区教
师队伍结构长期变迁的实际情况出发，不断总结教师结构的功能状态，特
别是教师隐性结构功能失调状态及其反结构功能形成的动因并加以修正，
及时发现和促成新的队伍结构功能，才能从根本上推进区域和城乡间教师
队伍均衡发展，才能真正认识和解决好西部农村地区教育的发展问题。

二 教师发展的文化理论

教师发展文化理论认为，教师发展是教师教育观念、知能结构和文化
性格逐步合理提升与完善过程，是一个外在环境与教师内在因素相互作用
的过程。教师发展都是在特定文化场中进行的。文化场是特定时空中各文
化元素之间相互作用所形成的一个有向心力的、动态的、有机的系统。教
师发展文化场是文化场的组成。[1] 教师发展文化场具有整体性、动态性和
跨文化性的特点。教师发展文化场的整体性、动态性与跨文化性特征决定
了教师发展是一个连续、多维的互动历程，是一个社会文化期待与自我期
待的互动过程。教师发展的动力机制则源于文化间的差异及其所导致的观
念冲突与文化觉醒。[2]

依照教师发展的文化理论，教师组织总是在一定文化生态环境中发展
变化的。虽然不同时期人们（居民、学生、社会、政府）对教师组织的
期待不同，不同时期西部农村教师组织结构状况不同。但我国西部农村地
区原始的简单、贫乏和落后的文化环境（学生素质、家长态度、社会环
境）在整体上不断滋生无资格证书和低学历教师，导致当地教师学历结
构不良、身份结构复杂、普遍缺乏专业认同感、回避课程改革和教学变
化、合作意识不强及专业发展边缘化等，也制约了农村教师组织结构优化
调整的速度。而新时期各级政府部门对农村学校组织文化的轻视，导致农
村学校的撤并和农村学生城镇化流动，在一定程度上也加快了农村教师组

---

① 徐莉：《论教师发展文化场及其构成》，《西南大学学报》（社会科学版）2008 年第 1 期。
② 徐莉：《论教师发展的文化机制》，《西北师大学报》（社会科学版）2007 年第 5 期。

织结构变化的速度，诱发和强化了少数优秀教师流出农村教师组织，在城市和发达地区发展的欲望，从而导致教师组织更加不合理的状况。因此，要促进西部农村教师组织发展，必须重建农村地区文化，营造可促进农村教师组织发展的良好氛围。① 具体而言，解决西部农村教师组织结构发展问题，第一，不应忽略文化向度的研究，因为教育是与它所服务的社会文化密切联系着的；第二，在西部农村教师组织发展关联处境发生重大变迁的今天，以处境变迁—文化回应切入的视角研究西部农村教师组织发展问题，既是必要的、也是可能的。②

---

① 李国强、李忠：《透视农村学校文化，促进农村教师专业发展》，《教育探索》2009 年第 12 期。

② 冯大鸣：《处境变迁与文化回应——研究中国西部农村教师专业发展的一个视角》，《教育理论与实践》2009 年第 12 期。

第一章 西部农村教师结构的内涵、层次、类型和特征

第一节 西部农村教师结构内涵

西部农村教师结构由西部农村教师、教师结构两个关键词组组成，而每一词组都包含丰富的内涵。因此，发掘西部农村教师结构需要从两方面入手，逐一剖析每一概念的具体内涵。

一 西部农村教师

教师是人类文化的传承者和人类文明的传播者，又是教育事业的具体承担者和教育教学质量的形成者。因此，教师进行的既是职业活动，又是社会事业。教师是从事教育教学工作的专业人员，教师既是社会上最大的专业群体，又是社会上的求生群体和利益群体之一。多数人从事教师职业活动的时候，首先想到的是生存待遇和利益问题。极少有哪位教师一分钱不要地从事教育活动。工具理性、经济理性是教师生存的前提。而教师专业集团经常运用学历、学位层级、职称层级、职务层级以及专业学会等维护其阶级和阶层的利益。专业集团也是利益集团，借由执照制度（教师资格证书等）来保护自己，以分工合作的名义和为社会服务、为公共利益服务的假象掩盖自身谋求利益的动机。[①] 但很少有教师完全为了经济理性而从事教育活动，他们为了追寻自我实现常常也会漠视工具理性而寻求

---

① 郑新蓉：《教师的阶层身份、社会功能与专业化——西方马克思主义关于教师的研究》，《教育学报》2005 年第 3 期；杨军：《西北少数民族地区基础教育均衡发展研究》，民族出版社 2006 年版，第 5 页。

价值理性。

西部教师是在我国西部地区从事各级各类教育教学活动的专业技术人员。其中既有西部高校教师，也有中小学教师；既有公办教师，也有民办、代课教师；既有普通学校教师，也有职业学校教师。本书所谓的西部教师主要是西部中小学教师。由于西部教师长期和普遍生存于工作条件差、生活待遇不好的地区，因此，与东部地区相比较，西部教师长期和普遍处于生存与发展的劣势地位。这也是市场经济条件下，西部教师队伍愈发不稳定、大量向东部地区流动的一个很重要原因。同时，这也是与东部地区相比较，西部教师数量少、质量总体不高，且到高中阶段后质量问题日趋突出的根本原因。因此，解决好西部地区教师的工作与生活条件，从而解决好西部地区教师队伍数量和质量问题是建设好西部地区教师队伍的关键。

要想理解西部农村教师，则首先需要清晰厘定农村概念。关于农村概念的界定，许多学者有不同看法，代表性的观点有以下几个：

（1）高耀明（1999）认为，农村是指行政区划意义上的县（市）、乡（镇）和村，县城不应包括在农村之内。①

（2）于鸣超（2002）认为，县虽然有市的特征，但从历史上看，县的行政职能的出现是以处理农村事务为职责的。两千多年的朝代更迭与治乱循环中，中国县制基本保持稳定，长期负担着农村基层政权的职能。它是国家政权与农村社会保持关系的结合部和政治枢纽。因此，县应当隶属于农村范畴。②

（3）唐松林（2005）依据国家统计局的定义认为，农村是指广大的乡（镇）和村等行政区域。③

（4）刘冠生（2005）在系统分析了城市、城镇、农村、乡村概念变迁及其相互关系后认为，从用语方面看，在人民公社时期，人们通常把"农村"作为与城市相对应的概念，称作"农村人民公社"；在废除人民公社，设立乡镇政府之后，人们在继续使用农村这一概念的同时，又开始

①　唐松林：《中国农村教师发展研究》，浙江大学出版社 2005 年版，第 3—4 页。
②　于鸣超：《现代国家制度下的中国县制改革》，《战略与管理》2002 年第 1 期。
③　唐松林：《中国农村教师发展研究》，浙江大学出版社 2005 年版，第 3—4 页。

较多地使用"乡村"这一概念。这既与城市又与城镇相对应，于是，出现了用语上的混乱。在我国传统用语中，习惯于把农村与城市相对应。这种方案的划分原则是先确定城市区域，然后把不属于城市的区域均划为农村。这种方案的城市按行政级别划分，包括直辖市、较大城市、地级市、县级市四个层次。目前县政府驻地一般称为城关镇而不称为城市。但是，随着我国经济社会的发展，县政府驻地在不久的将来肯定会发展成为城市。①

在美国，确定农村的标准是 2500 人以下的人口聚居区或旷野散居地区。但美国教育历史文献中用于表达村落概念的词汇有两个，一个是"village"，另一个是"town"。根据教育史学家克雷明（L. A. Cremln）的解释，自然村"town"一词源自古英语的"tun"，意为乡村，是面积从 4—10 平方英里不等的授权土地。"village"一般指比"town"更小的居住点。②

综合以上分析我们也认为，对农村概念的界定可以从广义的、与城市相对应的角度去进行，也可以从目前社会公众普遍认可的、与城镇相对应的、狭义的角度去分析。狭义的农村概念是政府和社会普遍应用的一种农村定义，也是广大民众对农村定义习惯性的认识。广义农村概念则是在对农村历史、现实及其未来综合考虑基础上形成的一种前瞻性和深层次的农村定义。本书认为对农村概念的界定既要结合历史特点进行，又应考虑现实和未来。由于历史上一直将县作为农村的重要机构，县也是管理农村教育的最基本单位。农村教育政策的制定、执行，教育经费的供给、教师的管理绝大部分直接以县为单位。在经济不发达的西部农村地区，县级政府更是农村教育的主要承担者。③ 而现实中的县级政府机关驻地普遍在镇，而不像城市以"区"为行政机关驻地。由此将农村限定在县级单位比较合理。从教育者与受教育者层面分析，县级学校教师多数来自乡镇以下地区，县级学校的多数学生也来自乡村。因此，不论从历史现实还是学校教

---

① 刘冠生：《城市、城镇、农村、乡村概念的理解与使用问题》，《山东理工大学学报》（社会科学版）2005 年第 1 期。

② 王强：《美国农村普及教育史研究》，博士学位论文，华东师范大学，2007 年，第 14 页。

③ 马戎、龙山：《中国农村教育问题研究》，福建教育出版社 2000 年版，第 137 页。

育与受教育对象看，将县属乡、镇学校统一划定在农村学校范围也比较合理。将农村和农村教育概念限定在县镇及其以下学校也是本书对农村、农村教育的认定。随着县镇人口数量的剧增和县镇城市化速度的提升，农村概念将会随之下移。

关于农村教师的概念，目前仅唐松林、黄白、周险峰几个人做了专门界定：

唐松林（2005）认为，农村教师是以农村人口为教育对象并为农村经济社会发展服务的教育工作者。[①] 黄白（2009）认为，农村教师是指"履行农村中小学教育教学职责的专业人员"[②]。周险峰（2011）认为，农村教师主要是指在广大乡镇和农村地区从事教育事业的专职教师。[③] 三种界定都有一定道理，但唐松林的界定只说对了农村教师含义的一半内容，他只看到了农村教师是以农村人口为教育对象、为农村经济社会发展服务的教育工作者，没有看到农村教师不仅为农村经济社会发展服务，他们通过人才培养、同时也在为城市建设服务。而黄白从农村教师职责方面对农村教师实质进行了表述，但没有看到农村教师职责之外的特点，而且表述得不具体、不完整。周险峰对农村教师进行了地域上的界定，但没有看到教师之外的特点，而且其地域界定比较模糊。

我们认为，农村教师包括广义和狭义之分，广义的农村教师是在农村地区、以农业人口为主要教育对象的教师，包括农村职业学校教师、普通中小学教师、幼儿园教师，也包括正规办学机构中的教师以及非正规办学机构中的教师。本书所谓的农村教师是狭义上的指谓，是指县域内以农业人口为主要教育对象，在农村地区从事基础教育工作的中小学教师。也就是说本书所谓的农村教师不包括幼儿园教师、职业技术中学教师以及各种非正规办学机构中的教师。

本书目前尚没有发现有关西部农村教师的专门界定。但本书综合上述分析以后认为，西部农村教师也有广义和狭义之分。广义的西部农村教师

---

① 唐松林：《中国农村教师发展研究》，浙江大学出版社 2005 年版，第 5 页。

② 黄白：《农村教师问题研究——教师专业化视角》，山西教育出版社 2009 年版，第 11 页。

③ 周险峰等：《农村教师研究 30 年：回顾与反思》，华中科技大学出版社 2011 年版，第 57 页。

是指以农村人口为主要教育对象，在西部县域内从事各级各类教育教学活动的教师，包括职业学校教师，普通中小学教师以及幼儿园教师，等等。这里既包括了正规办学机构中的教师，也包括了非正规办学机构中的教师。本书所谓的西部农村教师是指狭义上的农村教师，亦即以农村人口为主要教育对象，在西部县域内从事基础教育教学的中小学教师。

二 教师结构

英语单词"structure"源于拉丁词 struere，表示建造的意思。后缀 -ure在英语中用来形容一个名词，意指一种行动或者过程，或者指一个过程的结果或后果。因此，"structure"的主要含义可以用"building"取代，既可以指建造某种事物的行动，也可以是一个建造过程的最终产品。[①] 据此可以认定，教师结构可以是教师队伍构成过程，也可以是教师队伍建构结果。

关于教师结构、教师队伍结构或教师群体结构含义，目前发现作出明确界定的概念只有两个。一种解释（李华，2006）认为，教师队伍结构是指教师在年龄、学历、职务、学缘、学科等方面的构成状态，它在很大程度上决定教师队伍的性能。[②] 另一种解释（母国光，1998）认为，教师结构是指教师在年龄、学历、职务、专业、来源等方面的构成状态，它在很大程度上决定教师队伍的性能。[③] 两种界定区分不大，实际上把教师结构等同于教师队伍结构，说明的是教师队伍构成状况及其功能效果，而目前尚无发现教师群体结构一说。

我们认为，如果从学科角度或者仅仅从字面意义上谈教师结构，可能有群体结构与个体结构之区分。社会学上将教师结构称之为教师群体结构，心理学上将教师结构称之为教师个体结构。心理学上的教师结构是教师个体人格的构成及其相互关系，社会学上的教师结构则是教师群体的构成及其比例关系。如果对"教师结构"进行区域性限定，即谈"西部农

① ［英］杰西·洛佩兹、约翰·斯科特：《社会结构》，允春喜译，吉林人民出版社2007年版，第11页。

② 李华：《系统论视野下的高校教师队伍结构优化研究》，《长治学院学报》2006年第4期。

③ 母国光、翁史烈：《高等教育管理》，北京师范大学出版社1998年版，第305页。

村教师结构"，这里的教师结构就是教师群体结构或教师队伍结构。而作为一个教育社会学术语，对教师队伍或群体结构的界定要放在社会结构中、以社会结构的方式进行。社会结构说明的是社会内部的个体或群体关系，反映了不同个体或群体在社会中的位置。所以，教师结构是指教师队伍或教师群体的基本构成及其地位与相互关系。它是一个地区、一所学校教师功能的潜在形式，它在总体上体现了一所学校或一个地区师资队伍的整体水平，也在整体上制约和决定着一个地区、一所学校的办学水平。

第二节 西部农村教师结构的层次关系及其基本特征

一 教师层次结构

（一）以教育阶段划分的小学、初中和高中教师队伍结构

一般而言，小学、初中、高中教师有不同的学历、职称和专业要求，它们相应有不同的学历、职称和专业结构。因此，不同教育阶段的教师结构相对封闭独立。但具备高一级学校学历、专业、职称条件的教师可以顺利向上流动。满足中学学历、专业和职称需要的小学教师也可以流动到中学。因此，中小学阶段教师结构又具有相通性和连贯性。这又为各阶段教师的相互流动和结构变化提供了可能性。由于地区教育发展水平的差异性，一般而言，越是西部农村地区，普及低层次教育任务越重，其小学教师数量比例越高；越是城市和东部发达地区普及高层次教育任务越重，其中学和高中教师数量比例越高。

（二）依据教学、科研能力水平区分形成的职称结构

职称结构是指不同职务教师人数的多少及其比例关系，是教师队伍总体学术水平的反映。教师职称同时反映了不同职务教师承担的责任、享受的不同权利与义务，也反映了教师队伍内部教学科研能力的差异性。由于学校层次不同，对教师的教学科研要求不同，中小学教师的职称条件一般也不同，中学教师的职称科研条件一般比小学高出一筹。因此，尽管一般将中学教师职称分为高级教师、一级教师、二级教师和初级教师四个不同的层次类型，将小学教师职称分为高级教师、一级教师、二级教师和初级教师四个不同的层次类型，但小学教师的职称一般比中学低一个层次。由

于我国中小学教师职称评定工作始于 20 世纪 80 年代，西部地区教师职称评定和聘任工作也在 80 年代后期开始，这与本书研究的西部农村教师结构 50 年变迁目标相去较大。因此，尽管职称结构是教师结构极为重要的组成部分，但本书不对其进行专门研究。

（三）依据生理年龄和教学时间划分形成的年龄结构

年龄是人或动物已经生存的年数，主要是指人的生长年数。[1] 年龄结构是不同年龄段人在总人口中所占份额及其比例关系。教师队伍年龄结构主要指教师队伍中"老"、"中"、"青"分别所占比例关系。教师队伍年龄结构不仅反映了教师队伍供应和更新的速度，也反映了教师队伍的活力与发展前景，是保证学校教育工作连续性和持续发展的前提。人的一生有一个从成长到成熟、再到衰老的过程。人的能力随年龄增长而增长，到一定年龄后，由于生理这一自然规律作用，人的能力转为随年龄增长而下降，这个转折点的年龄叫"能力转折点"。但人的经验性知识将继续随年龄增长而增加。科学研究表明，体力劳动者的能力转折点是 35 岁，脑力劳动者的转折点是 45 岁。因此，如果以能力为标准确定教师年龄构成，多数学者认为教师队伍合理的年龄结构应以中年教师为主，老、中、青教师要保持一定比例，通过以老带新，老、中、青搭配，发挥教师群体的最佳功能。[2]

（四）知识层次上的学历结构

英文中"学历"［the educational（or academic）background］，即教育背景，是指人们在教育机构中接受教育的学习经历或者曾在哪些学校肄业或毕业。[3] 我国学者认为，学历是指一个人的学习经历，表示一个人受教育的程度。按照现代教育体系分，可以将学历划分为小学、初中、高中（中专）、大专、大学本科、硕士研究生、博士研究生七个不同层次结构。[4] 学历结构是指研究生、本科、专科、中专、中学、小学等不同学历

---

[1]　中国社会科学院语言研究所词典编辑室：《现代汉语词典》，商务印书馆 1988 年第 2 版，第 831 页。

[2]　曾晓东、曾娅琴：《中国教育改革 30 年：关键数据及国际比较卷》，北京师范大学出版社 2009 年版，第 140 页。

[3]　李晓波、张莉：《我国应适当提高基础教育师资学历标准》，《内蒙古师范大学学报》（教育科学版）2010 年第 6 期。

[4]　顾明远：《学历主义与教育》，人大复印资料《教育学》1999 年第 7 期。

人员数量及其比例关系。教师学历结构是同一层次、同一类型学校教育机构中，不同学习经历、不同知识层次教师在其中分别所占份额及其比例关系。任何时期、任何学校组织由不同学历教师构成，不存在单一学历的教师队伍组织。任何时期、任何个体只能存在于某个最高的学历层次，不能同时处在若干个学历层次。多数时期、多数学校拒绝低学历者，而不拒绝接纳高学历者，也不限制其教师学历发展，高学历是多数时期、多数教师的价值目标。

二　教师层次结构关系

教师年龄、学历、职称等层次结构内容不同，不同层次结构的性质特点也有本质性区别，但各个层次结构之间又有密切联系。一般而言，学校层次越高，对教师的学历、职称要求也越高，教师的学历、职称层次相应越高；职称越高需要经历的不同层次职称的等待年限越长，高级职称者的年龄相应要大。一次性学历越高、求学时间和受教育年限越长，任教初期的年龄相应要大；学历越高、评定高一级职称的年限越短、速度越快，职称也越高。因此，从我国中小学教师结构目前的普遍情况看，高职称与高学历与老教师之间的相关性高，低职称、低学历与年轻教师之间有较高的相关性。高职称者普遍是学历相对较高的老教师，低职称者普遍是学历相对较低的年轻教师。但随着社会发展和论资排辈现象被打破，年轻的高学历、高职称教师也会大量出现，学历与年龄、职称的正相关性减小。

三　西部农村教师结构层次特征

受西部地区政治、经济、文化、环境以及教育自身发展历程等因素的影响，西部农村地区教师结构与东部和城市发达地区相比较，具有一些明显的区域性特征：（1）从教师层级结构关系看，同等年级规模的低层次学校由于年级多而所需教师数量相对更多、教师所占比例更高；高层次学校年级少、所需教师数量更少、教师比例相对更低。一般而言，由于小学受教育年限远远高于初中和高中，在同一年级班级数量和班级规模相当的情况下，其教师数量相对较多。而西部农村中学教育、特别是西部农村高中教育发展速度滞后于城市地区和全国平均水平，导致其教师数量、比例相应更少和更低。（2）从教师年龄结构特征看，西部地区教师年龄结构不稳定，但小学教师年龄总体趋于老龄化，中学教师、特别是农村高中教师年龄总体偏低，这与我国中小学教师年龄结构的总体形势基本吻合。（3）从教师学历结构看，农村教师学历层次一直低于城市地区，西部农村地区教师学历层次相对东部和城市地区更低。

第三节　西部农村教师结构类型关系及其基本特征

一　教师队伍结构的类型

（一）依据来源的构成而形成的地缘结构及其相互关系

地缘结构在行政管理学上称为户籍结构，是人口行政地理位置上的构成。教师地缘结构是教师队伍来源地理位置上的构成。根据地缘逻辑和地缘大小，依次可以将其划分为村籍结构、乡籍结构、县籍结构和省籍结构。由于人口村级结构、乡级结构统计在行政管理上所产生的功能影响较小，为避免统计过程的复杂性和统计结果的不精确性，政府和教育行政部门在进行人口和教师档案登记及其来源结构统计时，一般将其统计范围限定在县籍和县籍以上区域。本书所谓的教师地缘构成是本县、本省外县和外省籍教师的比例构成。但本县、本省外县和外省籍教师之间是一种相克相生关系。当本县教师严重不足时，必然要求和主动接纳外县、外省籍教师进入当地学校；当本县教师数量充足时，则会影响和限制外县、外省籍教师进入本地学校。

（二）依据社会地位高低形成的身份结构及其关系

"身份"（identity），源于拉丁语 statum（拉丁语 stare 的过去分词形式），意思是站立或地位。我国文献中身份有时被译为"认同"，是"我是谁"、"我在什么社会位置"、"我有什么价值和权利"的观念。教师身份是教师社会地位、社会价值和权利的自我与社会认同。教师社会身份结构则是同一时期、同一教育机构或一定区域内不同社会地位、价值和权利教师的构成及其比例关系。从我国教师工资待遇及其所处办学机构情况看，可以将教师社会身份分为正式教师与非正式教师两类。广义上讲，正式教师包括公办教师、特岗教师（准正式教师）和从其他学校教师组织中抽遣去的支教教师等各类教师，也包括被国家教育行政部门认可、被民办学校长期聘用的教师。因此，正式教师可以是公办学校教师，也可以是民办学校教师。狭义的正式教师是国家公办教育机构中，进入国家和所在学校正式教师编制制度体系、享受国家和所在学校公办教师工资待遇的从教人员。非正式教师包括历史上的雇佣教师、民办教师（仅仅被县级教育行政部门承认其临时身份的教师），同时也包括当下没有取得教师资格证书的代课教师、没有任教经历的"支教教师"和大学生志愿者，等等。在国外，多数教师都是取得教师资格的正式教师，多数国家不允许没有教师资格者从教。因此，在国外，一般没有非正式教师之说。但我国不断产生和延续着没有教师资格证书的教师，成为此身份教师长期存在的根源。

（三）根据社会分工形成的专业结构及其相互关系

关于专业，国内外许多学者做了大量界定。薛天祥认为，专业是根据学科分类和社会职业分工需要分门别类进行高深专门知识教与学的基本单位。[①] 汪晓村认为，专业是指高等学校根据社会分工需要而划分的专业知识和技术门类。[②] 罗云认为，大学里的专业是高等学校依据社会的专业化分工确定的、具有明确培养目标的基本教育单位或教育基本组织形式。[③]《现代汉语词典》认为，专业（Professfon）有三种不同含义：①高等学校的一个系里或中等专业学校里，根据科学分工或生产部门的分工把学业分成的门类；②产业部门中根据产品生产的不同过程而分成的各业务部门；③专门从事的某种工作或职业。[④] 西方高等教育中，专业一词用"major"表示，相当于国际教育标准分类的课程计划或美国高等学校的主修课程。[⑤] 弗赖森（Freidson, E., 1986）指出：专业是一个正式职业。为了从事这一职业，必须进行以智能为特质的岗前训练，掌握相应的知识和某些高深学问。但专业不等于纯粹的技能。[⑥] 本书依据研究需要将专业更多的看作是根据社会分工和专门工作需要而预设的职业人员来源类型。职业

---

①　薛天祥：《高等教育学》，广西师范大学出版社 2001 年版，第 27 页。

②　汪晓村：《论高校学科专业设置的理念与机制》，科学出版社 2008 年版，第 2 页。

③　罗云：《中国重点大学与学科建设》，中国社会科学出版社 2005 年版，第 39 页。

④　王健：《我国教师教育学的逻辑起点研究及学科体系构建》，博士学位论文，华东师大，2009 年，第 66—68 页。

⑤　汪晓村：《论高校学科专业设置的理念与机制》，科学出版社 2008 年版，第 2 页。

⑥　Freidson, E., *Professional Power: The Study of Institutionalization of Formal Knowledge Chieago*, University of Chieago Press, 1986.

人员来源类型本质是其知识类型，专业结构本质是专业人员知识结构，是不同类型知识者在职业队伍群体中所占份额及其比例关系。教师专业宏观上是指系统学习过教育学、心理学知识的师范教育专业，微观上系指从事具体教师教育的中文教育、数学教育、外语教育等专业。教师专业微观结构便是接受过数学教育、英语教育、历史教育、物理教育等不同类型师范教育专业的教师人数及其在整个教师队伍中分别所占份额及其比例关系。这是影响各学科不同教育教学质量的关键，也是以往研究的重点。但教师专业化发展首先应该考虑从业人员的师范专业化程度，这也是教师专业化发展的第一要义。因此，教师专业结构在宏观上首先考虑的也应该是师范类专业人员与非师范类专业人员及其在教师队伍中分别所占份额及其比例关系。本书所谓的专业结构也是在宏观层面上所谓的教师专业结构。

（四）根据男女生理差异形成的性别结构及其相互关系

性别结构是社会群体和教师组织中不同性别构成及其比例关系，其表面是社会群体和教师组织中先天的不同生理性别构成及其比例关系，实质是后天社会性别构成及其关系的反映。性别结构是教师队伍组织结构的重要组成，是呈现和说明男女教师数量差异及其功能关系、影响教育教学活动开展及其质量效率的潜在因素，也是影响学生人格成长及其身心健康发展的重要内容。在传统文化背景和刻板印象下，不同性别的教师具有很大的相对独立性。一种性别的功能不能取代另一种性别的功能，任何性别的缺乏对教育教学活动的开展、对学生自身成长都具有重要的影响。因此，深刻认识和理解教师性别结构功能价值具有重要的意义。但随着社会现代化发展和刻板印象消除，生理性性别结构的教育教学与学生功能影响将大大降低。

二　教师队伍结构类型关系

（一）教师地缘结构与其他结构之间的关系

（1）教师地缘结构与教师性别结构之间的相关性。从理论层面看，教师性别结构与地缘结构没有直接的关联性。但从实践层面看，教师性别与地缘户籍结构有明显的相关性。在本地教师性别结构失衡的时候，可以利用外县、外省籍异性教师进行平衡，推动教师性别的协调发展。为了实现教师性别的平衡发展，采取性别倾斜政策，有计划地吸引外地异性教师到本地从教，也可以促进教师户籍、地缘结构的平衡发展。

（2）教师地缘结构与教师身份结构之间的关联性。从实践层面看，地缘结构与教师身份结构关系密切。一般而言，西部地区的非正式教师普遍是本地教师，该地区的外地教师普遍是正式教师；城市和东部发达地区的非正式教师普遍是外地人，本地教师普遍是正式教师。城市和东部地区求职者很少千里迢迢主动到西部落后地区做收入待遇不高的民办教师、代课教师，而西部农村地区求职者则期盼到东部城市地区做代课教师。因此，在西部地区做临时代课教师的主要是希望通过非正式教师工作岗位上的努力逐渐转化为正式教师的本地人，而城市和东部地区临时代课教师主要是外地人。

（3）教师地缘结构与教师专业结构之间的关联性。教师地缘结构与其专业结构具有明显的相关性。一般而言，被派遣或被选拔的外地教师专业化程度较高，本地教师专业化程度较低。尤其流向城市和发达地区的教师专业化程度更高，流向农村和落后地区的教师专业化水平相对要低。

（二）教师专业结构与其他结构之间的关系

（1）教师专业结构与教师职业身份结构之间的关联性。不同时期教师专业结构与职业身份结构有不同的相关性。2000 年分配制以前，我国师范专业毕业的教师一般都是正式教师，非师范专业毕业的教师有的是正式教师，有的是非正式教师。随着分配制度的取消，有些师范专业毕业的从教人员在未获取正式教师身份前，也只能以非正式教师身份从教，教师身份与教师专业间的相关性在减弱。但从教师职业发展的本质要求上看，教师专业结构与其身份结构需要高度的一致性，即正式教师必须是师范专业毕业人员，非正式教师在法理上也应当是师范专业人员。

（2）教师专业结构与教师性别结构之间的关联性。教师队伍专业化发展是教师职业发展的进步，但它对男女教师来讲，教师专业化发展却有着不同的意义。在教师职业和教师专业化早期，男教师在教师职业中占有较高比例。教师入职标准提高后，所有教师参加培训的时间延长了，但对于注重追求更大经济利益的男教师来讲，它并不是好消息。因为入职时间延长意味着为入职需要投入更多的时间、精力与金钱，从而影响经济效益。因此，相关研究显示，教师专业标准提高和男教师比例之间存在着负相关。①

（三）　教师身份结构和教师性别结构之间的关系

从教师队伍发展历程看，阶级社会和西部农村社会早期阶段，教师身份与性别结构有直接关系，但教师性别结构与教师身份结构关系不大。受阶级等级观念影响，阶级社会出现以后，西部农村地区的早期教师，无论正式教师还是非正式教师基本都是男教师。随着文明开化和社会进步，更多的女性进入了教师职业，促进了教师性别结构的平衡发展。但到20世纪90年代后，由于非正式教师收入待遇不高，男性很少愿意以非正式身份长期从教，农村地区的非正式教师更多的为女教师，教师身份结构与性别结构出现了明显的关联性。

三　西部农村教师结构类型特征

受西部地区政治、经济、文化、环境以及教育自身发展历程等因素影响，西部农村地区教师类型结构与东部和城市发达地区相比较，具有一些明显的区域性特征：（1）在教师地缘结构上，本地教育极为落后时期，外地教师多，本地教育获得快速发展以后，本地教师数量比例开始明显增加；（2）在教师专业结构上，农村教师师范专业化程度总体较高，但相对于城市和东部发达地区而言，农村教师非师范专业化程度相对也较高；（3）在教师性别结构上，农村女教师比例在持续增加，男教师比例在逐渐下降。但教师队伍中女教师所占比重仍很低；（4）在教师身份结构上，教育极为落后时期，非正式教师所占比例较高；在教育获得迅速发展条件下，非正式教师比例在逐步减少。但与城市和东部地区相比较而言，西部农村地区非正式教师总体比例仍然偏高。

小　结

教师是从事教育教学工作的专业人员。地域上的西部教师有广义和狭义之分，广义上的西部教师是在我国西部地区从事各级各类教育教学活动

---

① 郭志明：《专业化视角下美国教师性别结构变迁研究》，《天津师范大学学报》（社会科学版）2010年第4期。

的专业技术人员，狭义上的西部教师是在西部中小学从事教育教学工作的专业技术人员。而西部农村教师则是以农村人口为主要教育对象，在西部县域内从事基础教育教学的中小学教师。

教师队伍建设依赖于教师队伍组织结构内部的优化。教师结构是指教师队伍或教师群体的身份、专业、性别、地缘、年龄等方面的构成及其地位与相互关系，它是一个地区、一所学校教师整体功能的潜在形式，它在总体上体现了一所学校或一个地区师资队伍的整体水平，也在整体上制约和决定着一个地区、一所学校的办学水平。

教师结构既有类型上的地缘、专业、身份、性别结构，也有层次上的学历结构、年龄结构、职称结构、中小学教师结构。各种层次、类型的教师结构之间既是相互独立又是相互影响的关系。因此，分析教师结构状况既应当依据每个结构特征独立进行，又可以依赖和通过其他结构形式深入分析研究。西部农村地区教师结构有其特殊的地域特征。因此，分析西部农村教师结构特点、结构变化需要紧扣西部农村地区特殊的政治、经济、文化和社会环境进行，更需要把握西部教育发展的历史轨迹和现实特点。

第二章　西部某县农村教师结构变迁状态

　　教师结构变化状态是教师队伍结构变化本质属性的直接展示，是决定教师队伍不同结构功能效果的根本方式和原因。西部农村教师结构变迁状态是西部农村地区中小学教师队伍结构变化本质属性的直接呈现，也是西部农村中小学教师结构变化特殊性的具体展示，以及西部农村中小学教师结构与城市教师结构变化本质区别的反映。因此，西部农村教师结构变迁状态既是对西部农村小学、初中和高中教师队伍结构总体变化轨迹的呈现，也是其西部农村中小学教师地缘、性别、学历、专业、身份、年龄等各个具体结构特性的呈现。

第一节　M县农村教师队伍地缘结构变迁状态①

　　教师地缘结构是教师队伍结构的重要组成，是衡量地区教育发展水平的重要内容。从历史上看，不同区域教师地缘上的被动聚合、被动构成是依靠外力聚集师资数量的结果，也是区域内师资数量不足、质量不高的反映；不同区域教师力量上的主动聚合则是选择师资质量、聚集教育智慧的结果，也是地区教育教学实力高涨的反映。以往西部农村教师队伍实践研究，只是一味强调对农村地区、对西部地区师资被动式的支援和帮助，很少关注这些受援地区教师地缘构成、教师地缘发展的变化特点、规律及其功能效果，这无助于总结教师队伍支助过程中的经验教训，也无助于从本源上解决该地区师资队伍的支援建设问题，不利于区域间师资队伍的系统调整和合理化分布。因此，为有目的、有计划、有组织地做好西部农村地

---

　　① 王安全：《M县农村教师地缘结构变迁研究》，《教育学报》2011年第4期。

区教师队伍支援建设工作，以西部 M 县为例，系统地透析西部农村教师地缘结构变化的特征、变化的动因、变化的功能效果及其合理性无疑有重要价值。

M 县地处西部内陆，是西部封闭、落后、保守的传统习俗文化的典型，素以人多（H 省第三大人口县）、地广（H 省土地面积第二大县）、十年九旱、极度贫困而著称。M 县是典型的自然经济和农牧业生产县域，其农牧业收入占国民经济总收入的 70% 以上。但 M 县 90% 以上的财政收入依靠的是国家财政拨款，地方财政收支长期处于赤字状态，也无法对当地教育实行财政支持。[①]

50 多年来，M 县教育及其师资队伍结构在国家西部政策，特别是西部教育和教师政策支持下，取得了量的巨大变化和质的根本性变化。本地、本县籍小学教师从 50 年代不足百人、不到全县小学教师总数的 10%，发展到目前的 2354 人，占全县小学教师总数的 94% 以上。本地籍初高中教师从无到有，2008 年已经分别发展到 928 人和 241 人，分别占当地初高中教师总数的 86% 和 91% 以上。M 县师资队伍地缘结构数量上的变化，从一个侧面反映了在国家西部政治、经济和教育政策影响下，西部地区教师师资队伍变化的特点和规律。因此，系统发掘 M 县 50 多年教师地缘结构形成、变迁的特点和规律，对 M 县教师队伍建设会产生直接性功能效果，对西部其他农村地区有效指导、控制和形成合理的教师队伍结构也有重要参考价值。

由于教师地缘结构在不同教育阶段、不同时期既有共同性，也有显著的差异性，因此，需要分别研究某西部县农村小学、初中和高中教师地缘结构变化特点。

一　M 县农村小学教师队伍地缘结构变迁特点

（一）50 年来，M 县本县籍教师数量、比例一直保持了增长趋势

20 世纪 50 年代是 M 县本县籍小学教师数量最少、比值最小的时期。1958 年，M 县本县籍小学教师仅有 29 人，仅占全县小学教师总数的 7.86%。20 世纪 60 年代后期至 90 年代后期的 30 多年中，M 县本县籍小

---

① 王兴林：《M 县财政志》（内部资料），2007 年，第 2 页。

学教师人数则一直保持了成倍增长态势。"文革"期间，M 县本县籍小学教师人数增长了 10 倍多，成为其本县籍小学教师数量增长速度最快的阶段。目前 M 县本县籍小学教师数量已经发展成历史上该县籍小学教师数量最多的时期。2008 年，M 县本地小学教师 2354 人，占全县小学教师总数的 94.65%。本县籍小学教师数量及其所占比值均达到历史最高纪录。

表 2—1　　　　　1940—2008 年 M 县小学教师地缘结构变化表①

	年代 项目	20 世纪 40 年代	1958 年 (369 人)	1968 年 (357 人)	1978 年 (649 人)	1988 年 (1545 人)	1998 年 (2424 人)	2008 年 (2487 人)
地缘结构	本县教师	91 (75.83%)	29 (7.86%)	39 (10.92%)	396 (61.02%)	1004 (64.98%)	2085 (86.01%)	2354 (94.65%)
	本省教师	25 (20.83%)	85 (23.04%)	118 (33.05%)	110 (16.95%)	139 (9.00%)	125 (5.16%)	70 (2.81%)
	外省教师	4 (3.33%)	255 (69.11%)	200 (56.02%)	143 (22.03%)	402 (26.02%)	214 (8.83%)	63 (2.53%)

（二）M 县本省外县籍小学教师比例保持了下降趋势

从表 2—1 中也可以看出，M 县本省外县籍小学教师从 50 年代后期开始迅速扩充。60 年代，其地缘结构比值占到小学教师总数的三分之一，达到历史最高纪录。从 60 年代后期开始，其小学外县籍教师地缘比值开始下降。到 80 年代后期，其小学外县籍教师比值已经不到小学教师总数的十分之一。2008 年，M 县本省外县籍小学教师总量及其比值均降低到新中国成立以来历史最低点。从表 2—1、图 2—1 及图 2—2 中也可以折射出，西部农村地区本省外县籍小学教师数量上长期呈现出起伏不定、忽多忽少、但变化不大的特点。其省外县籍小学教师所占地缘结构比值从 60 年代开始至今持续保持了下降趋势，下降速度除个别时期外总体均衡。

（三）M 县小学外省籍教师比重一直保持了稳定的下滑态势

调查表明，1958 年，M 县外省籍小学教师数量达到 M 县改革开放

---

① 资料来源：（1）M 县教育志（清末—2003 年）以及 1958—2008 年 M 县各阶段教育统计报表中的小学师资户籍结构原始统计数据；（2）1958 年至今每十年 M 县小学教师档案中保存的教师户籍原始资料；（3）M 县三所时间最久、人数最多乡镇小学教师户籍的田野统计、计算以及按各阶段教师人数比例对未统计年代小学师资户籍人数的推算。

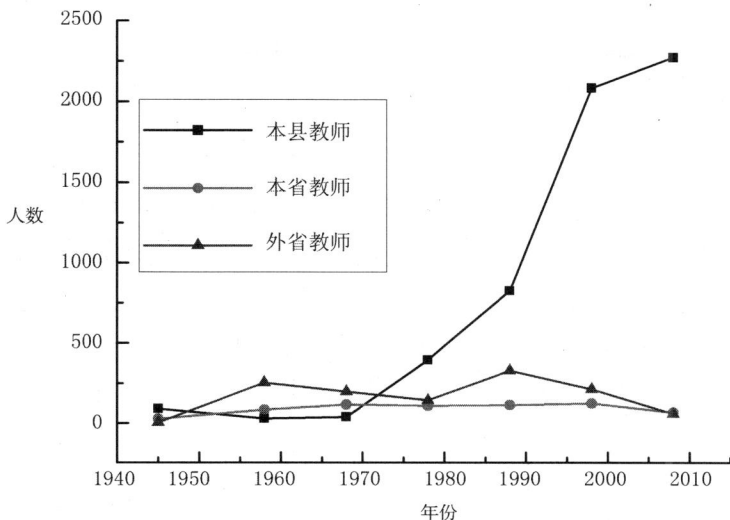

图 2—1　1940—2008 年 M 县小学教师地缘人数变化曲线图

前的最高纪录，以后开始逐渐减少。1978 年，M 县小学外省籍教师数量降低到 M 县新中国成立以后至 2000 年之前，该县小学教师人数的最低纪录。尽管到 1988 年，M 县外省籍小学教师数量有所反弹，达到历史最高纪录，但在这之后又开始持续下降。目前是西部农村地区外省籍小学教师数量最少的时候。从地缘结构比重看，20 世纪 50 年代末是西部农村地区外省籍小学教师所占比重最大的时期。1958 年，M 县外省籍小学教师占全县小学教师总数的 69.11%，以后开始持续稳定下降。现在 M 县农村地区外省籍小学教师所占比值已经降低到新中国成立以来历史最低点。2008 年，M 县外省籍小学教师仅占全县小学教师总数的 2.53%。由此也可以透视出，西部农村地区外省籍小学教师数量发展不稳定，有忽多忽少的现象，但其所占地缘结构比值至今一直保持了较为稳定的下滑态势。

二　M 县农村初中教师队伍地缘结构变迁特点

（一）M 县本县籍初中教师比例保持了稳定的增长态势

1958 年从北京来到西部 M 县的赵老师说，他来到 M 县时，M 县本地教师

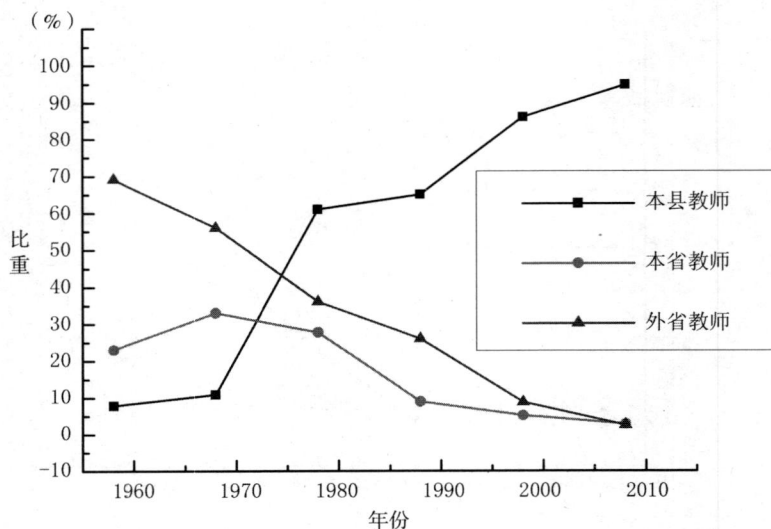

图 2—2　　1958—2008 年 M 县小学教师地缘比重变化曲线图

表 2—2　　　　　　　　1940—2008 年 M 县初中教师地缘结构变化表①

年代 项目		20 世纪 40 年代	1958 年 （21 人）	1968 年 （52 人）	1978 年 （95 人）	1988 年 （355 人）	1998 年 （636 人）	2008 年 （963 人）
地 缘 结 构	本县教师	8 （53.33%）	0 （0）	12 （23.08%）	54 （56.84%）	255 （71.83%）	594 （93.40%）	836 （86.81%）
	本省教师	6 （40%）	2 （9.52%）	14 （26.92%）	19 （20%）	50 （14.08%）	25 （3.93%）	76 （7.89%）
	外省教师	1 （6.67%）	19 （90.48%）	26 （50%）	22 （23.16%）	50 （14.08%）	17 （2.67%）	51 （5.30%）

---

①　资料来源：（1）M 县教育志（清末—2003 年）以及 1958—2008 年 M 县各阶段教育统计报表中保存的中学师资户籍人数统计；（2）1958 年至今每十年 M 县中学师资档案中保留的教师户籍原始资料；（3）M 县三所时间最久、规模最大乡镇中学教师户籍的田野统计、计算以及按各阶段教师人数比例对 M 县未统计年代中学师资户籍人数的推算。

只有 2 人，也可以说 M 县基本没有土生土长的本县籍初中教师。其他都是从北京、上海、天津、陕西、甘肃来的。1968 年，M 县本县籍初中教师占到初中教师总数的 23.08%，而在 20 世纪 60 年代到 21 世纪初的 30 多年中，M 县本县籍初中教师人数，每十年都以成倍或数倍的速度增长，导致其本县籍初中教师地缘结构比值每十年以 15 个以上百分点的速度在递增。2008 年，M 县本县籍初中教师已经发展到 836 人，达到了历史最高纪录，而其地缘结构比值在 1998 年就已经发展到了历史较高纪录，并开始下滑。从图 2—3、图 2—4 中可以折射出，从 20 世纪 50 年代末期开始至今，西部农村地区本县籍初中教师人数保持持续增长态势。西部农村地区本县籍初中教师数量的增长，导致其地缘结构比值基本上也保持了持续稳定增长的态势。

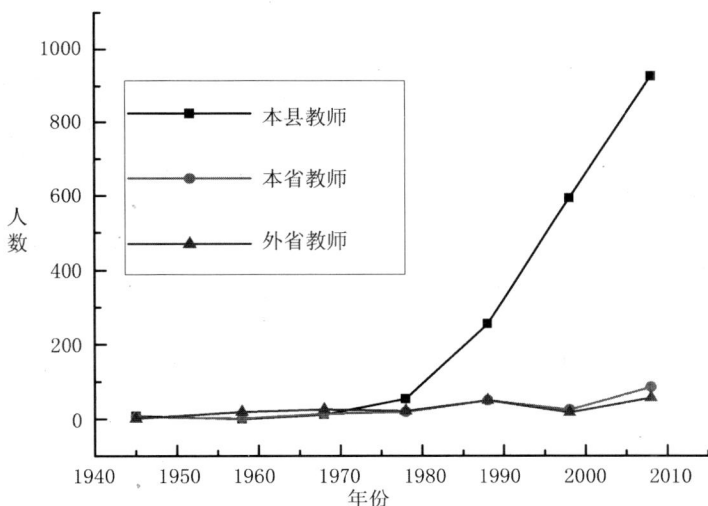

图 2—3　1940—2008 年 M 县初中教师地缘变化曲线图

（二）M 县外县籍初中教师比重总体呈下降趋势

M 县本省外县籍初中教师在 1968 年发展到 14 人，其总量为 20 世纪 60 年代以后的最少纪录，但其所占地缘比例（26.92%）为历史最高。1968 年以后，M 县本省外县籍初中教师地缘比值持续下降，1998 年降低到历史最低纪录（3.93%）。尽管 2008 年 M 县本省外县籍初中教师总量发展到 76 人，达到历史最高纪录，其所占地缘比值（7.89%）有所回升。但与新中国成立后各年代相比较，其本省外县籍初中教师所占比例仍然是较低的年份之一。从图2—3、图2—4也可以透视出，西部农村地区本省外县籍初中教师人数除个别阶段出现明显下滑情况以外，总体呈现持续增长趋势。外县籍初中教师所占地缘结构比值除近年有所回升外，从60年代末开始一直保持了稳定的下降趋势。

（三）M县外省籍初中教师比重保持了极为明显的下滑态势

从表2—2可以分析和推算出，1958年，M县外省籍初中教师占到了当地初中教师总数的90.48%，成为当地外省籍初中教师所占比重最大的时期。从50年代末开始，M县外省籍初中教师以年均四个百分点的速度递减，60年代后期则以两个以上百分点速度递减，70年代以后则开始以一个左右百分点递减。至1998年底，M县外省籍初中教师所占比值仅为2.67%，成为历史上外省籍初中教师地缘结构比值最小的时候。尽管近年来外省籍初中教师数量回升到了历史上最多的时候，外省籍初中教师所占地缘比重有了明显提升，达到了5.30%，但其所占比重仍然是所有初中教师地缘结构中最低的。从表2—2、图2—3、图2—4可以推定，50年来，西部农村地区外省籍初中教师数量发展不稳定，经常呈现忽多忽少的特点。而外省籍初中教师所占地缘结构比值除近年有所回升外，从50年代开始至今一直保持了极为明显的下降趋势。

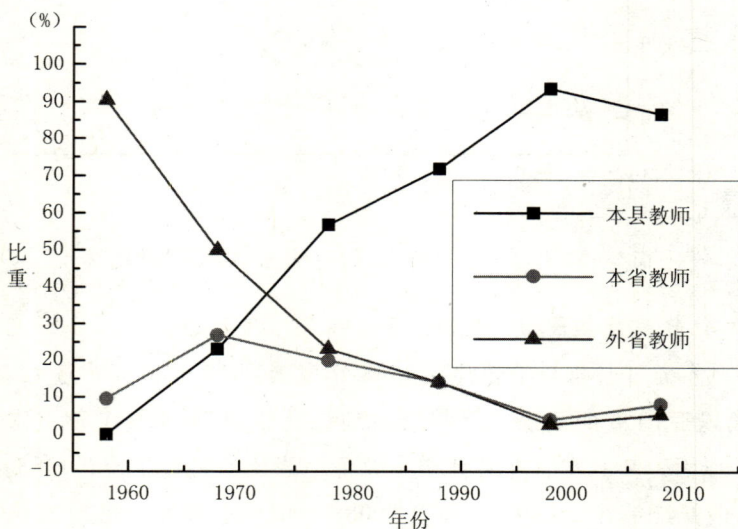

图2—4　1958—2008年M县初中教师地缘比重变化曲线图

三　M 县农村高中教师队伍地缘结构变迁特点

（一）　本县籍教师数量的持续扩展导致其所占地缘比值持续提高

从 60 年代开始，M 县普通高中教师数量及其地缘比值在持续增长。"文化大革命"结束以后，M 县本县籍高中教师人数增长了 22 倍。20 世纪 70 年代至 80 年代末，M 县本县籍高中教师人数也以近四倍的速度在增长。2008 年，M 县本县籍高中教师发展到 241 人，成为其本县籍高中教师人数最多的时候。而其本县籍高中教师比重在 90 年代前的 20 年中，一直以年均三个以上百分点速度在递增。90 年代的十年中，也以两个以上百分点速度递增。2000 年后，本县籍高中教师地缘比重增长的速度开始放慢，但本县籍高中教师比值已经达到了 91.98%，成为历史上所占地缘比重最高的时期。由此可以推定，半个世纪以来，西部农村地区本县籍普通高中教师人数保持了持续快速增长的态势，本县籍教师数量上的持续快速扩展导致了其所占地缘比值持续稳定提高。

表 2—3　　　1958—2008 年 M 县高中教师地缘结构变化表[①]

项目	年代	1958 年(0)	1968 年(7 人)	1978 年(64 人)	1988 年(141 人)	1998 年(173 人)	2008 年(262 人)
地缘结构	本县教师	—	0(0)	22(34.38%)	94(66.67%)	156(90.17%)	241(91.98%)
	本省教师	—	2(28.57%)	18(28.13%)	17(12.06%)	7(4.05%)	15(5.73%)
	外省教师	—	5(71.43%)	24(37.5%)	30(21.28%)	10(5.78%)	6(2.29%)

（二）　本省外县籍高中教师数量所占地缘结构比值持续下降

从表 2—3 中可以看出，1968 年是 M 县本省外县籍教师比值最高的时

---

① 资料来源：（1）M 县教育志（清末—2003 年）以及 1958—2008 年 M 县各阶段教育统计报表中保存的中学师资户籍人数统计；（2）1958 年至今每十年 M 县中学师资档案中保存的教师户籍原始资料；（3）M 县三所时间最久、规模最大乡镇中学教师户籍的田野统计、计算以及按各阶段教师人数比例对 M 县未统计年代中学师资户籍人数的推算。

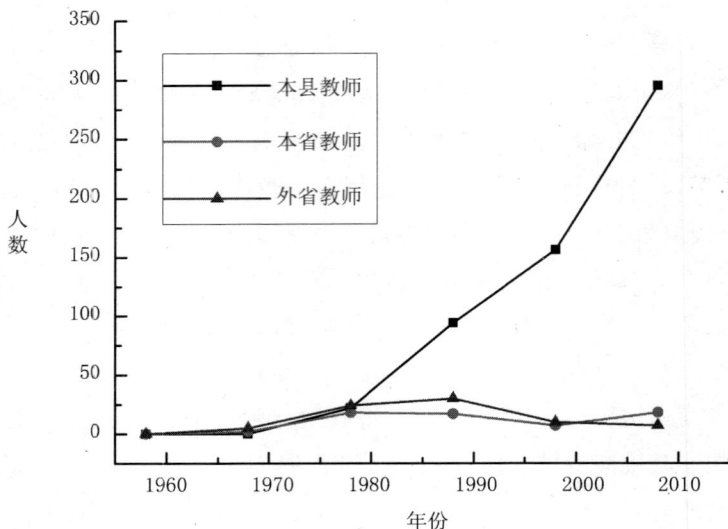

图2—5　1958—2008年M县高中教师地缘结构变化曲线图

期。从60年代末开始，其本省外县籍高中教师地缘比值逐渐下降，但下降的幅度不明显。从70年代以后至90年代，M县本省外县籍高中教师比重开始迅速下降。2000年前，M县本省外县籍高中教师比重已经降低到历史最低点。但本省外县籍高中教师数量变化与其所占比值并没有显著关系，本省外县籍高中教师人数最少的时候可能是其所占比值最大的时候。1968年，M县普通高中本省外县籍教师仅有2人，却占其高中教师总数的28.58%，达到历史最高纪录。改革开放前和现在，M县普通高中本省外县籍教师人数发展到18人，达到历史最高纪录，但其外县籍高中教师所占比重分别为28.13%和5.73%，有较大差距。由此看出，半个世纪以来，一些西部农村地区普通高中本省外县籍教师数量起伏不定，但除近些年之外，其所占地缘结构比值却在持续下降。

（三）外省籍高中教师地缘结构比值保持了持续下降趋势

从表2—3中可以看出，1968年，M县外省籍高中教师人数已经占到其高中教师总数的71.43%，达到地缘结构最大比值。1978年教育秩序正常前，其高中外省籍教师地缘比值以年均3.4%的速度在递减。20世纪80年代前后至2000年前，则开始以年均1.5%的速度在递减。到2008年，M县外省籍普通高中教师地缘比值仅为2.29%，降低到该县普通高

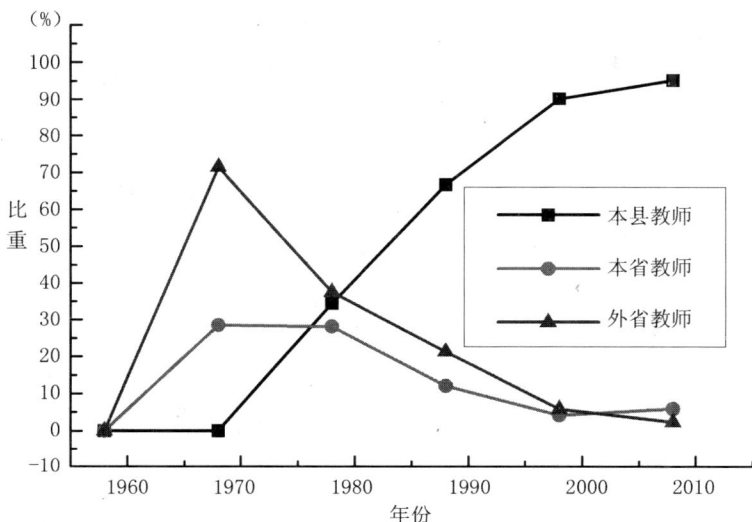

图 2—6 1958—2008 年 M 县高中教师地缘比重变化曲线图

中教育以来的最低纪录。而外省籍高中教师数量仅仅在 80 年代前持续增长了 20 年，80 年代以后就逐渐开始持续下滑。目前是其外省籍高中教师数量近 30 年来的最低纪录。但调查发现，外省籍普通高中教师数量发展与其所占比值发展不成比例关系。1968 年，M 县仅有 5 名外省籍高中教师，是其高中教师历史上外省籍高中教师人数最少的时期。1988 年，M 县外省籍高中教师发展到 30 人，成为 M 县外省籍普通高中教师人数最多的时期，但其在全县高中教师中的比值仅为 21.28%，属于历史上的中等水平。由此可见，半个世纪以来，某些西部农村地区外省籍高中教师地缘结构比值保持了持续下降趋势，但下降的速度并不均衡，有忽快忽慢的特点，其数量变化也没有规律可循。

总之，通过以上图表数据分析可以看出，半个多世纪以来，一些西部农村地区中小学教师地缘结构形成了以下几个明显特征：一是本地中小学教师数量形成了持续递增的特点和规律，本地初中教师比值从 50 年代递增，到 90 年代末开始回落，本地小学、高中教师地缘比值自 50 年代以来在持续递增；二是农村地区中小学本省外县籍教师从 60 年代至 2000 年前均形成了递减的特点和趋势，2000 年以后农村地区本省外县籍小学教师在继续递减，而初高中教师数量及其地缘比值则有不同程度回升；三是从

50 年代至今，农村地区外省籍小学、高中教师地缘结构比值都在持续递减，初中教师地缘比重递减到 2000 年以后略有回升。

第二节　M 县农村教师队伍学历结构变迁状态

一　M 县农村小学教师队伍学历结构变迁特点

（一）不同时期，M 县小学教师的主要学历不同

新中国成立以前，M 县小学教师学历以初中及以下为主。20 世纪 40 年代，M 县初中及以下学历教师 81 人，占小学教师总数的 67.5%。新中国成立以后至 20 世纪 60 年代前，以初师、初中学历为主。60 年代至 2000 年之前，

表 2—4　　　　　1940—2008 年 M 县小学教师学历结构变化表①

项目	时间	20 世纪 40 年代	1958 年（369 人）	1968 年（357 人）	1978 年（649 人）	1988 年（1545 人）	1998 年（2424 人）	2008 年（2487 人）
学历结构	研究生	0 (0)	0 (0)	0 (0)	0 (0)	0 (0)	0 (0)	1 (0.04%)
	本科	1 (0.83%)	1 (0.27%)	1 (0.28%)	0 (0)	2 (0.13%)	9 (0.37%)	177 (7.12%)
	专科	2 (1.67%)	4 (1.08%)	6 (1.68%)	3 (0.46%)	7 (0.45%)	68 (2.81%)	1416 (56.94%)
	中专/高中	36 (30%)	125 (33.88%)	222 (62.18%)	383 (59.01%)	1114 (72.10%)	2216 (91.42%)	862 (34.66%)
	初中及以下	81 (67.5%)	239 (64.77%)	128 (35.85%)	263 (40.52%)	422 (27.31%)	131 (5.40%)	31 (1.25%)

---

①　资料来源：（1）M 县教育志（清末—2003 年）以及 1958—2008 年 M 县各阶段教育统计报表中的小学师资学历统计原始数据；（2）1958 年至今每十年 M 县各小学教师档案中保存的原始学历资料；（3）M 县三所时间最久、人数最多乡镇小学教师学历的田野统计、计算以及按各阶段教师人数比例对未统计年代小学师资学历人数的推算；（4）由于 50 年代本县初师学历教师并未学习教育学、心理学知识，故本表将现有二次文献中的初师学历教师按照初中学历计算；（5）学历统计依据每个教师所处历史时期的学历事实，而非依据现有二次文献资料中的最终学历。

高中及中专学历教师成为西部农村地区小学正式教师队伍的绝对主体。M县高中及中专学历小学教师比值1968年占62.18%，1978年占59.01%，1988年占72.10%，1998年占91.42%。2000年后，西部农村小学中专学历教师比重开始下降，专科学历教师队伍迅速发展。2008年，M县专科学历小学教师1416人，占小学教师总数的56.94%，专科学历教师成为西部农村小学教师队伍的主体。

（二）小学同一学历教师所占比值在不同时期变化幅度大

从表2—4、图2—7看出，一个时期中专学历是M县小学教师主要学历，另一个时期大专学历是M县小学教师的主要学历。

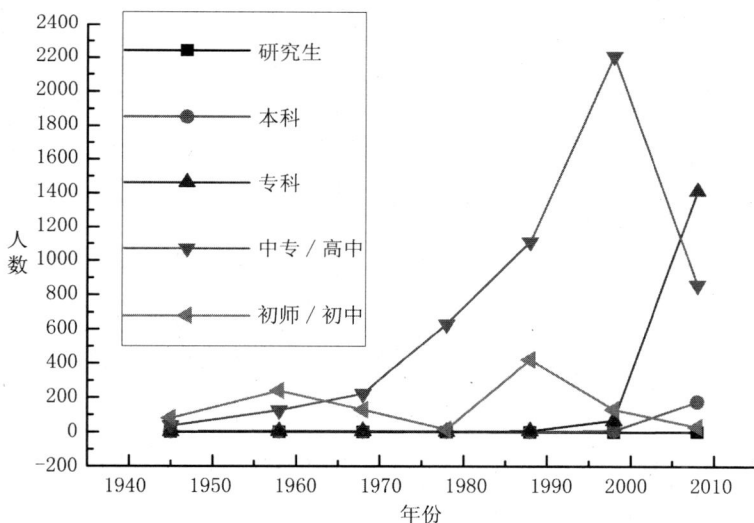

图2—7　1940—2008年M县小学教师学历结构变化曲线图

（三）中专学历是小学教师学历的主体

从表2—4、图2—7、图2—8看出，20世纪50—90年代的不同阶段，M县小学教师队伍中70%以上的是中专及同等学历教师。近十年中，中专学历教师仅占其小学教师总数的三分之一强。说明21世纪以前，中专及同等学历教师可能是西部农村地区小学教师队伍的绝对主体。但从20世纪50年代以后，西部农村小学中专学历教师比重总体开始呈下降趋势。近十年来，西部农村小学中专学历教师数量仍然占较大优势，但其学历比值已经下降到历史最小值。

（四）小学教师队伍中长期存在低学历教师

从表2—4、图2—7、图2—8看出，西部农村地区小学教师中，初中、初师及以下学历教师在不同历史阶段一直存在，只是其数量比重不同，在不同时期所发挥的作用不同。在特定历史阶段，初师学历教师作为合格学历教师以其绝对数量在小学教师队伍中发挥过重要作用，现在因其数量少、比例低、知识老化和知识层次不高等问题，产生的教育影响力在降低。

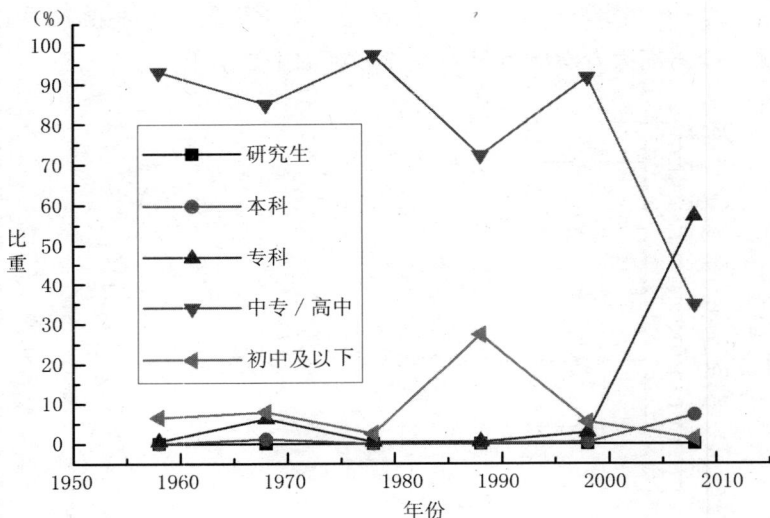

图2—8　1958—2008年小学教师学历比重变化曲线图

（五）小学新进教师全部具备了大专以上学历

从表2—5、图2—9看出，近五年来，西部农村地区小学新录用的正式教师都具备了大学学历，小学教师队伍中新任正式教师中已经不存在专科以下学历教师。

（六）小学新进本科学历教师比重在反复中有提升迹象

从表2—5、图2—9看出，一些西部农村地区新录用小学教师中，本科、专科学历教师数量及其比值起伏变化幅度大，但总体上专科学历教师所占数量以及比重超过了本科学历教师。

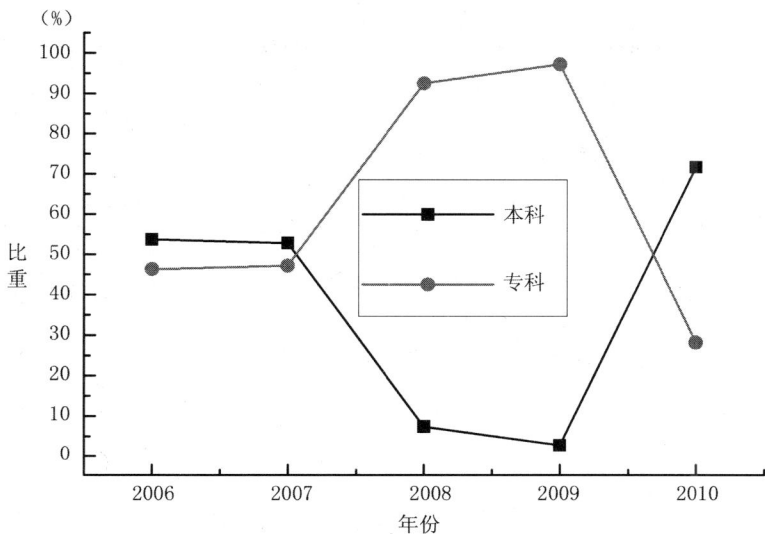

图2—9　2006—2010年M县小学新录用教师学历结构比重变化曲线图

表2—5　　　2006—2010年M县小学新录用教师学历结构变化表①

时间 项目		2006年 （41人）	2007年 （36人）	2008年 （27人）	2009年 （148人）	2010年 （78人）
学历 结构	本科	22 （53.66%）	19 （52.78%）	2 （7.41%）	4 （2.70%）	56 （71.79%）
	专科	19 （46.34%）	17 （47.22%）	25 （92.59%）	144 （97.30%）	22 （28.21%）

二　M县农村初中教师队伍学历结构变迁特点

（一）不同时期M县初中教师的主体学历不同

从表2—6、图2—10看出，20世纪60年代，M县初中教师文化程度以本科学历为主。1968年，M县本科学历初中教师占其总数的63.46%，初中教师本科化程度达到了历史最高值。"文化大革命"期间，M县初中教师学历以高中及中专学历为主。改革开放至2000年，西部农村初中教师学历以

① 　M县教育局：《M县特岗教师花名册》（2006—2010年）。

表 2—6　　　　　　　1940—2008 年 M 县初中教师学历结构变化表①

	时间 项目	20 世纪 40 年代	1958 年 （21 人）	1968 年 （52 人）	1978 年 （95 人）	1988 年 （355 人）	1998 年 （636 人）	2008 年 （963 人）
学历结构	研究生	0 （0）	0 （0）	0 （0）	0 （0）	0 （0）	0 （0）	1 （0.10%）
	本科	7 （46.67%）	6 （28.57%）	33 （63.46%）	4 （4.21%）	10 （2.82%）	63 （9.91%）	516 （53.58%）
	专科	3 （20%）	7 （33.33%）	17 （32.69%）	3 （3.16%）	246 （69.30%）	474 （74.53%）	379 （39.36%）
	中专 /高中	5 （33.33%）	5 （23.81%）	2 （3.85%）	85 （89.47%）	92 （25.92%）	89 （13.99%）	67 （6.96%）
	初中初 师以下	0 （0）	3 （14.29%）	0 （0）	3 （3.16%）	7 （1.97%）	10 （1.57%）	0 （0）

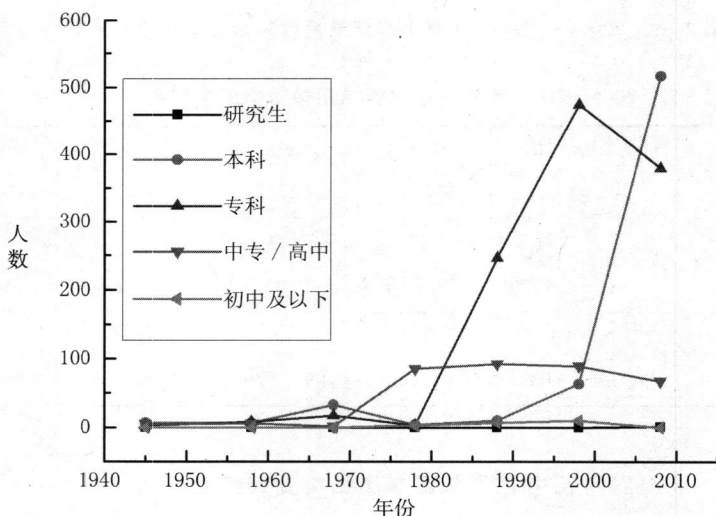

图 2—10　1940—2008 年 M 县初中教师学历结构变化曲线图

---

①　资料来源：（1）M 县教育志（清末—2003 年）以及 1958—2008 年 M 县各阶段教育统计报表中的初中师资学历统计原始数据；（2）1958 年至今每十年 M 县初中教师档案中保存的原始学历资料；（3）M 县三所时间最久、人数最多乡镇初中教师学历的田野统计、计算以及按各阶段教师人数比例对未统计年代初中师资学历人数的推算；（4）由于 50 年代本县初师学历教师并未学习教育学、心理学知识，故本表将现有二次文献中的初师学历教师按照初中学历计算；（5）学历统计依据每个教师所处历史时期的学历事实，而非依据现有二次文献资料中的最终学历。

专科学历为主。近十年来西部农村地区逐渐形成了以本科学历为主的初中
教师队伍。2008 年，M 县本科学历初中教师占其总数的 53.58%，达到了
历史最高值，反映了自 20 世纪五六十年代特殊社会环境以来，西部农村
初中教师主体学历逐渐提高的轨迹特点。

（二）初中教师队伍曾经的低学历现已不存在

从表 2—6、图 2—11 看出，1978 年至 21 世纪之前，西部农村地区形
成并发展了初中学历初中教师。但在 2000 年以后，初中学历初中教师可
能已经彻底从西部农村学校消失了。

表 2—7　　　2006—2010 年 M 县初中新录用教师学历结构变化表①

项目	时间	2006 年 （104 人）	2007 年 （70 人）	2008 年 （97 人）	2009 年 （195 人）	2010 年 （121 人）
学历结构	本科	84 （80.77%）	58 （82.86%）	94 （96.91%）	168 （86.15%）	117 （96.69%）
	专科	20 （19.23%）	12 （17.14%）	3 （3.09%）	27 （13.85%）	4 （3.31%）

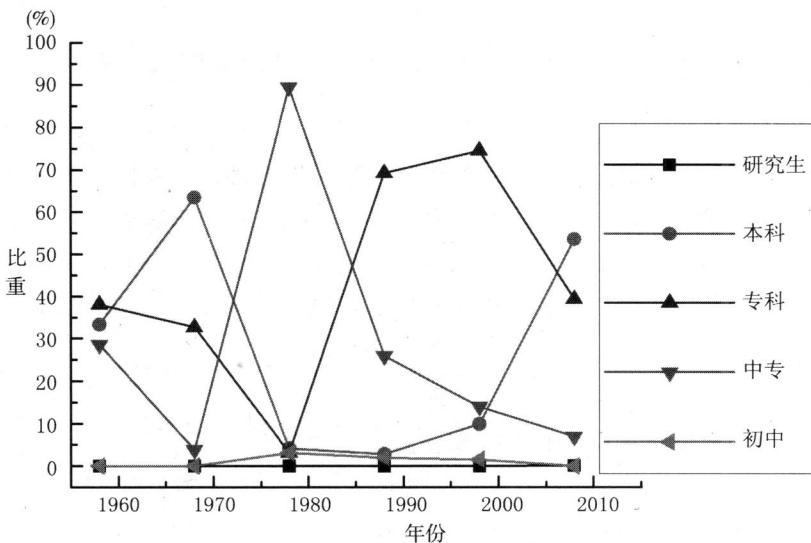

图 2—11　1958—2008 年 M 县初中教师学历比重变化曲线图

---

① M 县教育局：《M 县特岗教师花名册》（2006—2010 年）。

（三）本科学历教师是新进初中教师的绝对主体

　　从表 2—7、图 2—12 看出，近五年来，M 县农村初中新录用本科学历教师比重一直占到初中新录用教师总数的 80% 以上。本科学历教师已经成为西部农村初中新录用教师师资力量的绝对主体。

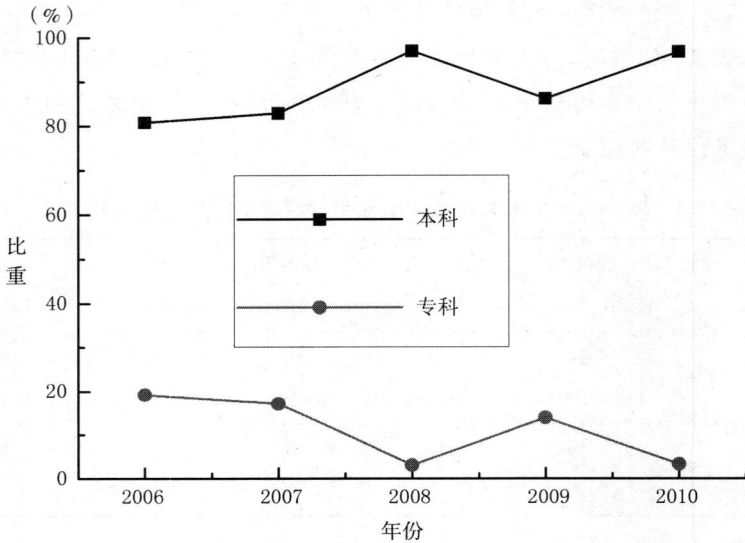

图 2—12　2006—2010 年 M 县初中新录用教师学历比重变化曲线图

（四）新进专科学历初中教师比例呈下降趋势

　　从图 2—12 看出，M 县新录用本科学历初中教师比重总体呈现上升趋势，专科学历教师比重总体呈现下降趋势。目前农村初中新录用本科学历教师已由五年前的最小比值发展到历史较高比值，其新录用专科学历教师由五年前的最大比值下降到历史较小比值。说明西部农村初中教师学历结构变化与我国初中教师学历结构总体变化趋势相一致。

三　M 县农村高中教师队伍学历结构变迁特点

（一）普通高中中专及同等学历教师总体保持了下降态势

　　从表 2—8、图 2—13、图 2—14 看出，M 县中专及同等学历高中教师数量在恢复高考初期迅速发展到历史最高纪录，以后快速递减，直至 2000 年前完全消失。M 县高中专科学历教师比重以 80 年代末期为分界线。80 年代前，持续增长；80 年代后，持续下降。目前西部农村地区高中专科教师比重达到历史最小值。

表 2—8　　　　　1958—2008 年 M 县高中教师学历结构变化表①

项目\时间		1958 年 （0）	1968 年 （7 人）	1978 年 （64 人）	1988 年 （141 人）	1998 年 （173 人）	2008 年 （262 人）
学历结构	研究生	—	0 （0）	0 （0）	0 （0）	0 （0）	1 （0.38%）
	本科	—	6 （85.71%）	19 （29.69%）	49 （34.75%）	107 （61.85%）	225 （85.88%）
	大专	—	1 （14.29%）	15 （23.44%）	83 （58.87%）	61 （35.26%）	36 （13.74%）
	中专及高中	—	0 （0）	30 （46.88%）	9 （6.38%）	5 （2.89%）	0 （0）

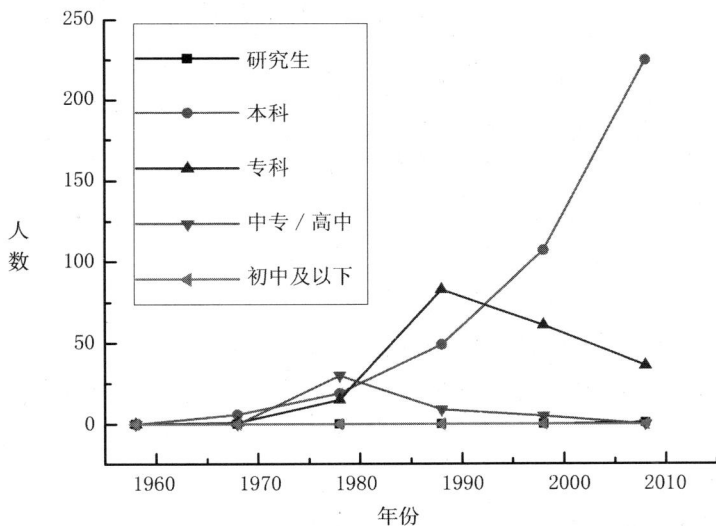

图 2—13　1958—2008 年 M 县高中教师学历结构变化曲线图

---

①　资料来源：（1）M 县教育志（清末—2003 年）以及 1958—2008 年 M 县各阶段教育统计报表中的高中师资学历统计原始数据；（2）1958 年至今每十年 M 县高中教师档案中保存的教师学历状况原始资料；（3）M 县三所时间最久、人数最多乡镇高中教师学历的田野统计、计算以及按各阶段教师人数比例对未统计年代高中师资学历人数的推算；（4）学历统计依据每个教师所处历史时期的学历事实，而非依据现有二次文献资料中的最终学历。

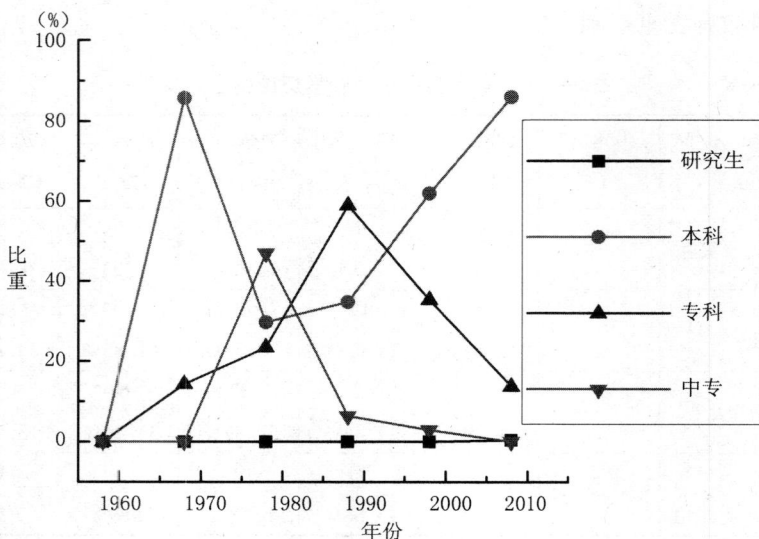

图 2—14　1958—2008 年 M 县高中教师学历比重变化曲线图

（二）普通高中本科学历教师数量表现出持续成倍增长态势

从表 2—8、图 2—13、图 2—14 看出，"文化大革命"期间是 M 县农村本科学历高中教师人数比值增长最快的时期。M 县本科学历高中教师这一时期从 6 人发展到 19 人，人数增长了 3 倍多。除 60 年代特殊社会环境下形成的学历比重外，西部农村本科学历普通高中教师比重呈持续增长态势。2008 年，M 县本科学历高中教师占其高中教师总数的 85.88%，本科学历高中教师比重已经达到历史最高值。

（三）普通高中新录用教师中，本科学历比重总体下降，专科学历比重上升

从图 2—15、表 2—9 看出，M 县普通高中新录用的本科学历教师从 94% 以上下降到 70%，而其新录用专科学历教师有了相应提高。

通过以上分析看出，任何时期、任何学校教师的学历结构必然是多层次的，任何地方、任何学校，教师的学历结构都是多元的。不同时期、不同层次教师中的不合格学历者普遍存在，但在 20 世纪 80 年代以后，中小学不合格学历教师比重在下降。

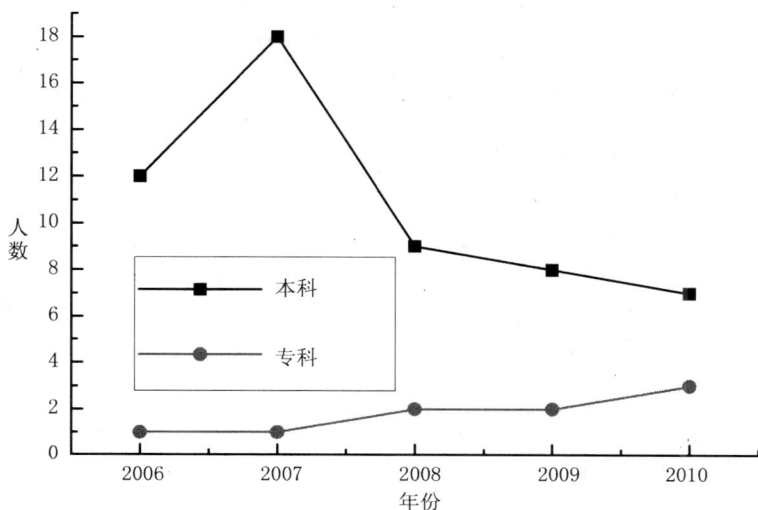

图2—15　2006—2010年M县高中新录用教师学历结构变化曲线图

表2—9　　　　2006—2010年M县高中新录用教师学历结构变化表①

项目	时间	2006 年 （13 人）	2007 年 （19 人）	2008 年 （11 人）	2009 年 （10 人）	2010 年 （10 人）
学历结构	本科	12 （92.31%）	18 （94.74%）	9 （81.82%）	8 （80%）	7 （70%）
	专科	1 （7.69%）	1 （5.26%）	2 （18.18%）	2 （20%）	3 （30%）

第三节　M县农村教师队伍身份结构变迁状态

一　M县农村小学教师队伍身份结构变迁特点

（一）计划经济时代，非正式与正式教师比例分别呈上升与下降趋势

从表2—10和图2—16看出，20世纪80年代之前，西部农村公办小

---

① M县教育局：《M县特岗教师花名册》（2006—2010年）。

学正式教师比重不断下降，而临时、民办等非正式教师比例则不断攀升。M 县公办小学正式教师从 1958 年的近 70% 下降到 80 年代的 40% 左右，而其民办代课教师从 50 年代的 30% 左右上升到 80 年代前的近 58%。

表 2—10　　　　　1958—2008 年 M 县小学教师身份结构变化表①

项目\时间		1958 年（532 人）	1968 年（672 人）	1978 年（1523 人）	1988 年（2280 人）	1998 年（3100 人）	2008 年（2763 人）
教师身份结构	正式教师	369（69.36%）	357（53.12%）	649（42.61%）	1545（67.76%）	2424（78.19%）	2487（90.01%）
	非正式教师	163（30.64%）	315（46.88%）	874（57.39%）	735（32.24%）	676（21.81%）	276（9.99%）

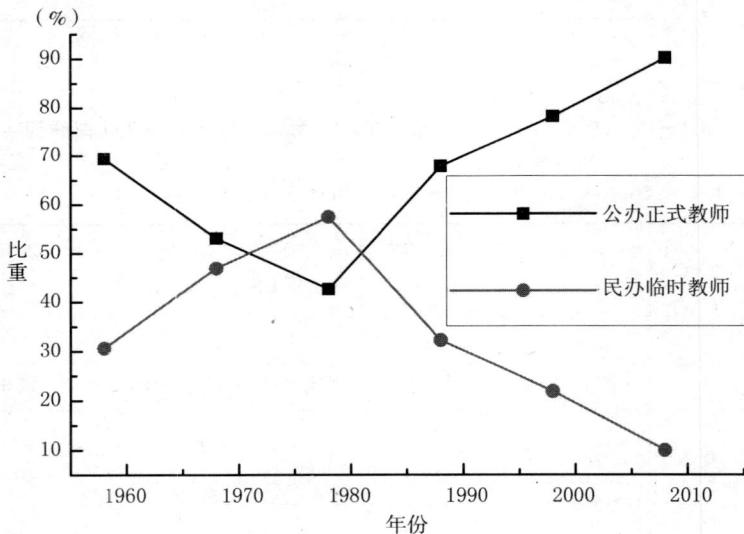

图 2—16　1958—2008 年 M 县公办小学教师身份比重变化曲线图

　　（二）市场经济后，小学非正式与正式教师所占总体比值分别呈下降与上升趋势

　　20 世纪 70 年代末，M 县临时民办教师占小学教师队伍总数的 58%。

---

　　①　资料来源：（1）M 县教育志（清末—2003 年）以及 1958—2008 年 M 县各阶段教育统计报表中的小学民办、公办、临时教师原始统计数据；（2）1958 年至今每十年 M 县小学教师档案中保存的原始正式、非正式教师资料；（3）M 县三所时间最久、人数最多乡镇小学教师身份的田野统计、计算以及按各阶段教师人数比例对未统计年代小学不同身份师资人数的推算。

2008 年，M 县临时民办教师已经占不到其小学教师总数的 10%，而其公办正式教师比例却得到了大幅度提高。

二　M 县农村中学教师队伍身份结构变迁特点

表 2—11　　　　　1958—2008 年 M 县中学教师身份结构变化表①

项目 \ 时间		1958 年（21 人）	1968 年（59 人）	1978 年（198 人）	1988 年（558 人）	1998 年（936 人）	2008 年（1439 人）
教师身份结构	正式教师	21（100%）	59（100%）	159（80.30%）	496（88.89%）	809（86.43%）	1323（91.94%）
	非正式教师	0（0）	0（0）	39（19.70%）	62（11.11%）	127（13.57%）	116（8.06%）

计划经济时代，公立中学正式教师比例呈下降趋势；改革开放之后，公立中学正式教师比重呈上升趋向。如表 2—11 和图 2—17 所示，M 县公立中学公办教师比重从 20 世纪五六十年代的 100% 下降到 20 世纪 80 年代前的 80% 左右，近年来又提升到 90% 以上。

改革开放之前，公立普通中学非正式教师比重呈上升趋势；改革开放之后，公立普通中学非正式教师比重呈下降趋向。如表 2—11 和图 2—17 所示，M 县公立中学民办、代课教师从五六十年代的一无所有，发展到 80 年代前的 20% 左右，近年来又下降到不到其总数的 10%。

三　不同时期不同身份教师相互转化的特点

教师身份转化既包括正式与非正式教师、公办教师与民办代课教师之间的相互转化，也包括正式教师内部的相互转化和非正式教师内部的转化。其中正式教师与非正式教师之间的转化是教师身份转化的主要方面。

非正式教师与正式教师之间的相互转化从古代社会开始到近代社会一

---

① 资料来源：（1）M 县教育志（清末—2003 年）以及 1958—2008 年 M 县各阶段教育统计报表中的中学民办、公办、临时教师原始统计数据；（2）1958 年至今每十年 M 县中学教师档案中保存的原始正式、非正式教师资料；（3）M 县三所时间最久、人数最多乡镇中学教师身份的田野统计、计算以及按各阶段教师人数比例对未统计年代中学不同身份师资人数的推算。

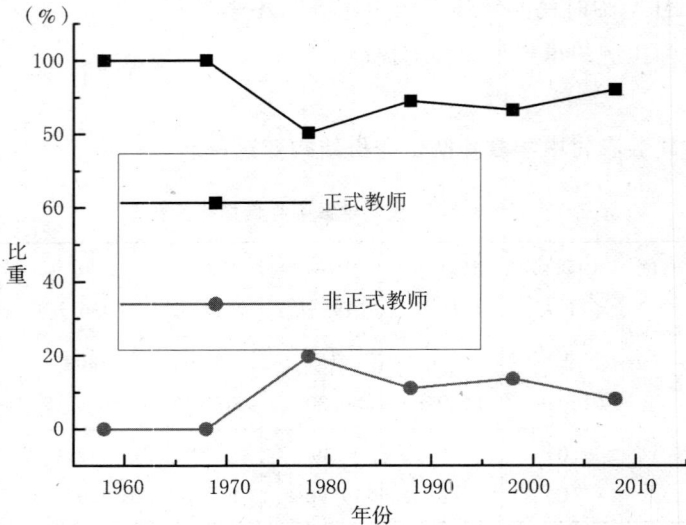

图 2—17　1958—2008 年 M 县中学教师身份比重变化曲线图

直存在。但过去教师身份的转化主要是由非正式教师向正式教师的转化，非正式的私塾学校的教师通过考试转变为正式教师。正式教师非正式化则是王朝更替和社会剧变时代出现的情况。而 20 世纪 50 年代以来，西部农村教师身份转化主要依据个人工作业绩、工作年限和行政部门分配的转化指标，在政府部门的严格控制下，通过选拔、推荐、考试培训等方式进行，且主要发生在行政村、自然村小学。20 世纪 70 年代以及 90 年代后期民办教师大规模转正过程中，工作 20 年以上的教师不经过考试就被直接转化成了公办正式教师，工作年限短的则需要通过考试培训来转正。而不同时期教师身份转化的总体特点是：

（1）转化时间的不定期性与转化速度的提升性。教师身份历次转化时间不统一，但转化过程总体呈前期转化速度慢，后期转化速度明显加快的特点。20 世纪 80 年代前，农村地区基本数年进行一次教师身份转化工作，教师身份转化概率较低。2000 年后，我国农村地区基本每年进行数次教师身份转化活动，教师身份转化工作已经成为农村地区教育生活中的经常性事情。

（2）转化数量、转化比重的不确定性。各个时期、各种身份教师之间的转化没有数量逻辑联系，没有转化比重的明确要求，也没有规律可言，完全是随机进行的结果。但总体而言，80 年代前，我国农村教师身份转化数量少、转化比率低；80 年代后，农村各类教师身份转化的数量越来越多、比率越来越大。以西部特岗教师为例，2006 年以来，工作满三年的特岗教师基本实现了全部转正。

（3）身份转化类型呈现多样化趋势。50 多年来，农村教师在正式与非正式教师身份大框架下，一直存在民办与公办教师，代课与民办教师，支教教师与正式教师等多种身份之间的转化。但 20 世纪 80 年代前，教师转化身份相对较少；80 年代后增加了讲师团、特岗教师等身份，非正式教师身份越来越多，教师身份转化的形式呈多元化趋势。

（4）政策是教师身份转化的导火线，任何教师身份转化都是政策明示的结果。任何教师身份转化都是在国家、地方某项具体教师政策出台以后进行，国家相关政策在地方教师身份转化过程中起到了先导性和决定性影响。

（5）以小学教师的身份转化为主，初中起到了补充性影响。因为教师身份的多样性主要体现在小学阶段，民办、代课教师主要发生在小学阶段，支教教师、特岗教师主要发生在初中及小学教育阶段，但小学依然是主要份额。因此，教师身份的转化、变动也主要体现在小学阶段。

从以上分析可以看出，20 世纪 80 年代前，M 县公立中小学正式教师比重总体呈下降趋势。但小学正式教师比重下降幅度大、下降趋向明显，中学正式教师比例下降幅度小。20 世纪 80 年代后，M 县中小学正式教师比重总体呈上升趋向。但小学正式教师上升幅度大、上升趋向显著，中学正式教师上升幅度小、变化幅度小。相反，20 世纪 80 年代前，其公立中小学非正式教师比重总体呈上升趋势，而其小学非正式教师上升幅度大、趋向明显，中学教师上升幅度小。20 世纪 80 年代后，M 县公立中小学非正式教师比重总体呈下降趋向。小学非正式教师下降幅度大、下降趋向显著，中学非正式教师下降幅度小、变化趋势相对小。

第四节　M 县农村教师队伍性别结构变迁状态

教师性别变化既是教师同一性别量的变化，也是其不同性别比值的变化。教师性别数量变化体现的是其表象特征，教师性别比重变化反映的是其结构本质特征。因此，研究教师性别结构变化既要研究每一性别数量变化，更要研究性别比重的变化。20 世纪 40 年代以来，M 县小学、初中、高中教师队伍性别数量比例结构在保持稳定性、差异性的同时，其数量比重在不同阶段也呈现出一系列相同或差异性轨迹和特征。

一 M 县农村小学教师性别结构变迁特点

（一）小学教师数量减少期，其男女教师减幅率不明显；但教师数量增加期，其女教师增长幅度明显高于男教师

从表 2—12 可以透析出：20 世纪 50 年代以来，M 县小学男女教师减幅率差异性不明显。M 县小学男女教师最大减幅期同在 50 年代后期至 60 年代，小学男教师最大减幅率是 3.33%，小学女教师最大减幅率是 3.03%，小学女教师减幅率略低于男教师。小学男女教师最大增幅率同在 50 年代，但小学男教师最大增长率是 145%，小学女教师最大增长率为 890%，女教师增长率明显高于男教师。表明新中国成立后十年是西部农村小学教师增长幅度最快时期，但小学女教师增长幅度远远高于男教师。

表 2—12　　　　1940—2008 年 M 县小学教师性别结构变化表①

年代 项目		1945 年 （120 人）	1958 年 （369 人）	1968 年 （357 人）	1978 年 （649 人）	1988 年 （1545 人）	1998 年 （2424 人）	2008 年 （2487 人）
性别结构	男教师	110 （91.67%）	270 （73.17%）	261 （73.11%）	584 （89.98%）	1404 （90.87%）	1821 （75.12%）	1689 （67.91%）
	女教师	10 （8.33%）	99 （26.83%）	96 （26.89%）	65 （10.02%）	141 （9.13%）	603 （24.88%）	798 （32.09%）

（二）小学男教师数量长期高于女教师

从表 2—12 数据可以看出，20 世纪 40 年代，M 县小学男教师人数是女教师的 11 倍。20 世纪 80 年代，其小学男教师人数是女教师数量的近

---

① 资料来源：（1）M 县教育志（清末—2003 年）以及 1958—2008 年 M 县各阶段教育统计报表中的小学师资性别统计原始数据；（2）1958 年至今每十年 M 县小学教师档案中保存的教师性别状况原始资料；（3）M 县三所时间最久、人数最多乡镇小学教师性别的田野统计、计算以及按各阶段教师人数比例对未统计年代小学师资性别人数的推算。

10 倍。男女教师人数比值最小的 2008 年，男教师数量仍然是女教师的 2.12 倍，表明西部农村地区小学男教师数量长期高于女教师。调查发现，经济越落后或越基层学校男教师比例越大，女教师比值越小。M 县兴仁学区万发校长认为，村级教师是农村教师队伍的绝对主体，但村级学校中男教师占其教师总数的 80%—90% 以上，女教师所占比例极低，有些村小学甚至是清一色男教师。

（三）不同时期小学男女教师发展趋势不同

从表 2—12 数据中也可以看出，近 30 年来 M 县小学女教师数量一直持续上涨，而小学男教师数量十年前还在持续增长，近十年则呈现明显下降趋势。表明近十年来，西部农村地区小学男女教师退职、入职呈现不同特点，小学男教师退出率明显高于其入职率，而小学女教师入职率则明显高于其退出率。

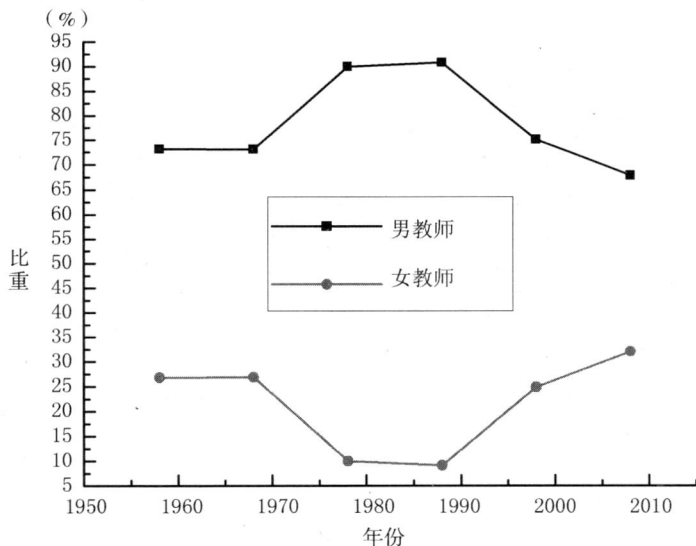

图 2—18　1940—2008 年 M 县小学教师性别结构比值变化曲线图

（四）20 世纪 90 年代前后是西部农村地区小学男女教师比值减增分界线

从表 2—12、图 2—18 看出，20 世纪 90 年代前，M 县小学男教师比值处于发展上升态势，女教师比重呈下降趋势；90 年代之后，小学男教师比值开始下降，女教师比重开始上升。

（五）小学新任男女教师比例分别呈逐年下降与上升趋向

从表2—13、图2—19看出，2006年，M县小学新任男教师占小学新任教师总数的近四分之三，女教师占小学新任教师总数的四分之一强，小学男教师是新录用教师的绝对主体。一年后，新录用女教师成为小学新任教师的主体。近三年来西部农村地区小学新任女教师比重基本保持在小学教师总数的三分之二左右。由此可以透视出，五年来西部农村地区小学新任男教师比例有逐年下降态势，女教师比重则有逐年上升趋向。按此发展趋向，30年后农村女教师将成为小学教师队伍的绝对主力。

表2—13　　　　2006—2010年M县小学新录用教师性别结构变化表①

项目	时间	2006 年 （41 人）	2007 年 （36 人）	2008 年 （27 人）	2009 年 （148 人）	2010 年 （78 人）
性别结构	男性	30 （73.17%）	17 （47.22%）	9 （33.33%）	52 （35.14%）	27 （34.62%）
	女性	11 （26.83%）	19 （52.78%）	18 （66.67%）	96 （64.86%）	51 （65.38%）

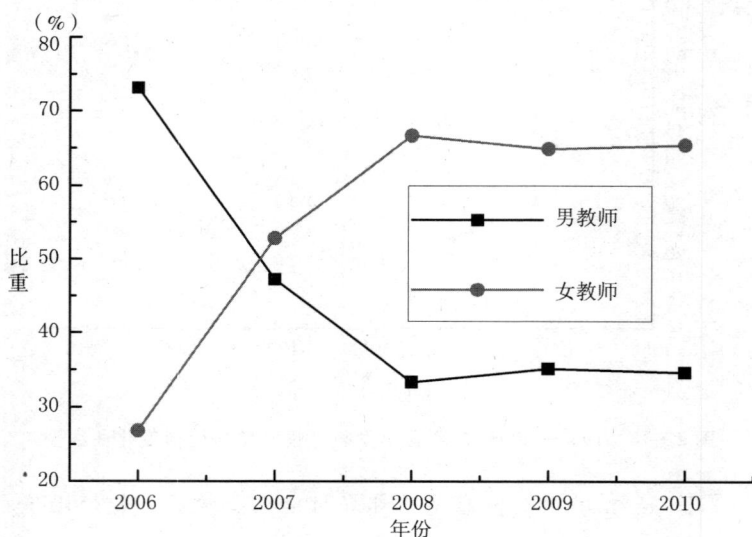

图2—19　2006—2010年M县小学新录用教师性别比重变化曲线图

---

① M县教育局：《M县特岗教师花名册》（2006—2010年）。

二　M县农村初中教师性别结构变迁特点

（一）男女教师数量总体上升，最大增幅区间不同

从表2—14可以看出：2008年，M县初中男女教师数量都达到了历史最大值，但M县初中男教师最大增幅率是70年代后期至80年代，增长率为288.6%；女教师最大增幅率是新中国成立后至50年代，M县初中女教师增幅率为500%，女教师增长幅度远远高于男教师。

（二）初中男教师总量长期高于女教师，差距呈逐年缩小趋势

从表2—14也可以看出，20世纪60年代后期，M县初中男教师数量是女教师的16.3倍，成为初中男女教师数量差距最大时期。2008年，M县初中男教师数量只是女教师的1.9倍，西部农村地区初中男女教师数量差距降低到历史最小值。

表2—14　20世纪40年代—2008年M县初中教师性别结构变化表①

年代 项目	40年代 （15人）	1958年 （21人）	1968年 （52人）	1978年 （95人）	1988年 （355人）	1998年 （636人）	2008年 （963人）
性别结构 男教师	15 （100%）	16 （76.19%）	49 （94.23%）	79 （83.16%）	307 （86.48%）	513 （80.66%）	631 （65.52%）
性别结构 女教师	0 （0）	5 （23.01%）	3 （5.77%）	16 （16.84%）	48 （13.52%）	123 （19.34%）	332 （34.48%）

（三）不同时期初中男女教师的增长量不同

从表2—14看出，从20世纪70年代末开始，M县初中男教师数量处于快速增长期。近十年初中男教师人数增长速度明显放慢。而初

---

① 资料来源：（1）M县教育志（清末—2003年）以及1958—2008年M县各阶段教育统计报表中保存的初中师资性别人数统计；（2）1958年至今每十年M县三所初级中学师资性别档案资料；（3）M县三所时间最久、规模最大乡镇初级中学教师性别的田野统计、计算以及按各阶段教师人数比例对M县未统计年代初中教师性别人数的推算。

中女教师数量除了近十年保持较高增长速度外，其余时期各阶段性增量不多，但50年来，农村初中教育各阶段女教师一直保持了较高的增长幅度。

（四）近40年农村初中男女教师比重分别下降与上升趋势

从图2—20可以透析出，1968年，M县初中女教师不到教师总数的6%。2008年，M县女教师已经占到其初中教师总数的三分之一强，而男教师比重按时间段在相应下降。

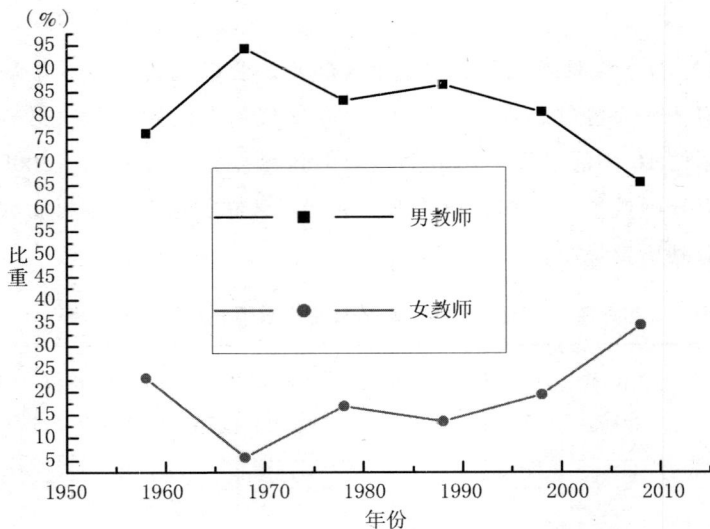

图2—20　1945—2008年 M 县初中教师性别比重变化曲线图

（五）初中新录用男女教师比重分别持续下降与上升

从图2—21、表2—15看出，2006年，M县新录用初中男教师占新录用教师总数的近三分之二。2010年，其新录用男教师人数下降到初中新录用教师总数的五分之二左右，而初中新录用女教师比值则有了相应提高。由此可以透视出，近年来，西部农村地区初中新录用男教师所占比重持续下降，新录用女教师比重持续上升。由此也可以推断出，未来二三十年西部农村地区初中女教师数量将可能会超越男教师。

表 2—15 2006—2010 年 M 县初中新录用教师性别结构变化表①

项目	时间	2006 年 （104 人）	2007 年 （70 人）	2008 年 （97 人）	2009 年 （195 人）	2010 年 （117 人）
性别结构	男性	66 （63.46%）	38 （54.29%）	50 （51.55%）	86 （44.10%）	48 （41.03%）
	女性	38 （36.54%）	32 （45.71%）	47 （48.45%）	109 （55.90%）	69 （58.97%）

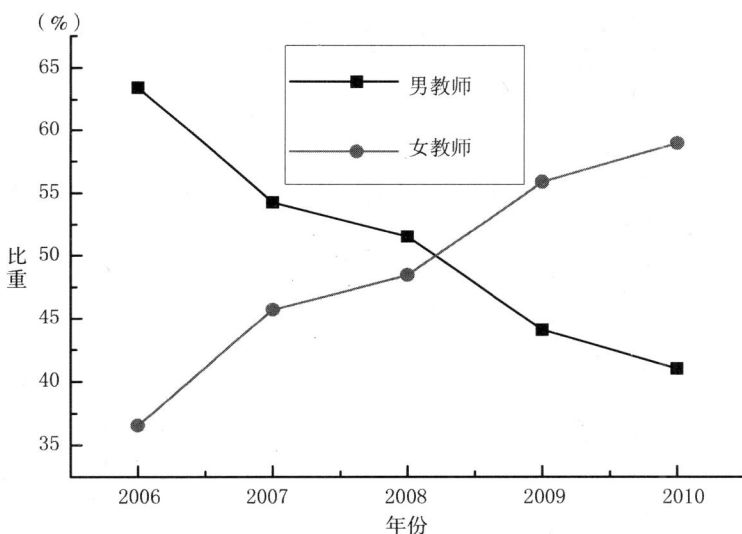

图 2—21 2006—2010 年 M 县初中新录用教师性别比重变化曲线图

三 M 县农村高中教师性别结构变迁特点

（一）新中国成立以来男女教师增长幅度不同，女教师发展变化不稳定

从表 2—16 可以透析出，M 县普通高中男女教师最大增幅率同时在 20 世纪 60 年代后期至 70 年代，男教师增幅率是 866.7%，但女教师增幅率为 500%，男教师增幅率明显高于女教师。半个世纪以来，M 县普通高中男教师数量没有减少的情况，高中男教师最小增幅率也在 28%

---

① M 县教育局：《M 县特岗教师花名册》（2006—2010 年）。

以上，女教师在 80 年代后期至 90 年代出现了明显减少现象，减幅率达到了 30.43%。

表 2—16　　　　　1958—2008 年 M 县高中教师性别结构变化表①

项目	年代	1958 年 0	1968 年 (7 人)	1978 年 (64 人)	1988 年 (141 人)	1998 年 (173 人)	2008 年 (262 人)
性别结构	男教师	0 (0)	6 (85.71%)	58 (90.63%)	118 (83.69%)	157 (90.75%)	202 (77.1%)
	女教师	0 (0)	1 (14.29%)	6 (9.37%)	23 (16.31%)	16 (9.25%)	60 (22.9%)

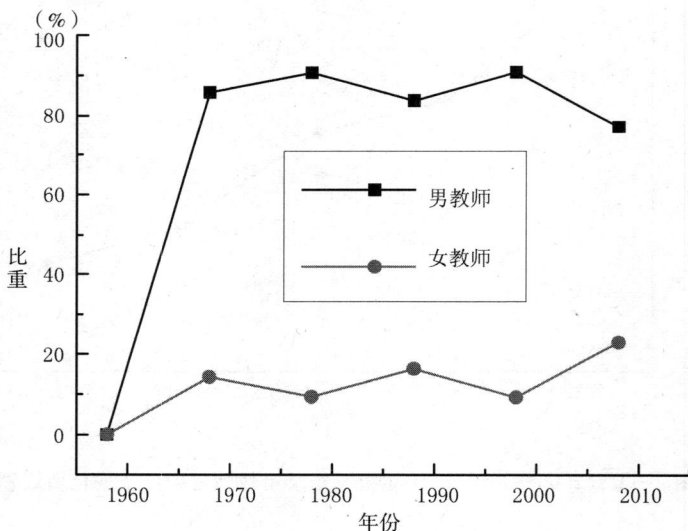

图 2—22　1958—2008 年 M 县高中教师性别比重变化曲线图

（二）普通高中男女教师数量及其比值差距一直极为明显

从表 2—16 看出，20 世纪 90 年代后期，M 县普通高中男女教师比值

① 资料来源：（1）M 县教育志（清末—2003 年）以及 1958—2008 年 M 县各阶段教育统计报表中保存的高中男女教师人数统计；（2）1958 年至今每十年 M 县三所高级中学男女教师档案资料；（3）M 县三所时间最久、规模最大乡镇高级中学男女教师性别的田野统计、计算以及按各阶段教师人数比例对 M 县未统计年代高中教师性别人数的推算。

发展为历史最大差距，高中男教师人数是女教师的9.8倍；近年来，M县普通高中男女教师比值差距降低到历史最小值，高中男教师数量是女教师的3.4倍，而男教师总量在任何时期都远远高于女教师。表明西部农村地区普通高中男女教师数量及其比值差距一直极为明显。

（三）近30年来，农村地区普通高中男女教师比重总体分别呈下降与上升趋势

从表2—16、图2—22透视出，30年前，M县高中女教师不到普通高中教师总数的10%，男教师占教师总数的90%以上；目前女教师已经发展到高中教师总数的近23%，男教师比重则有相应下降。

（四）新录用高中教师性别比例有均衡化趋势

从表2—17、图2—23看出，五年前，M县新录用教师以男教师为绝对主体，以后新录用教师中男女数量和比重呈胶着状态，说明西部农村地区新录用高中教师性别比例将日益呈现均衡化的特点。按照这样的发展趋势，30年后西部农村地区普通高中教师性别将可能呈现完全均等化状态。

表2—17　　　2006—2010年M县新录用高中教师性别结构变化表[①]

项目	时间	2006年 （13人）	2007年 （19人）	2008年 （11人）	2009年 （10人）	2010年 （10人）
学历结构	男性	11 （84.62%）	9 （47.37%）	6 （54.55%）	4 （40%）	6 （60%）
	女性	2 （15.38%）	10 （52.63%）	5 （45.45%）	6 （60%）	4 （40%）

从半个世纪以来M县中小学教师性别结构发展轨迹看出，西部农村中小学教师性别比值在不同年代有不同的发展特点。一方面，小学、初中、高中教师的最大性别比值分布在60年代、80年代和90年代等不同阶段，反映了女教师从初等教育向初级中等教育以及中等教育逐步发展的趋势。在中学男女教师数量共同持续增长的情况下，小学男教师人数从2000年以后开始呈现递减趋势。另一方面，义务教育阶段女教师

---

① M县教育局：《M县特岗教师花名册》（2006—2010年）。

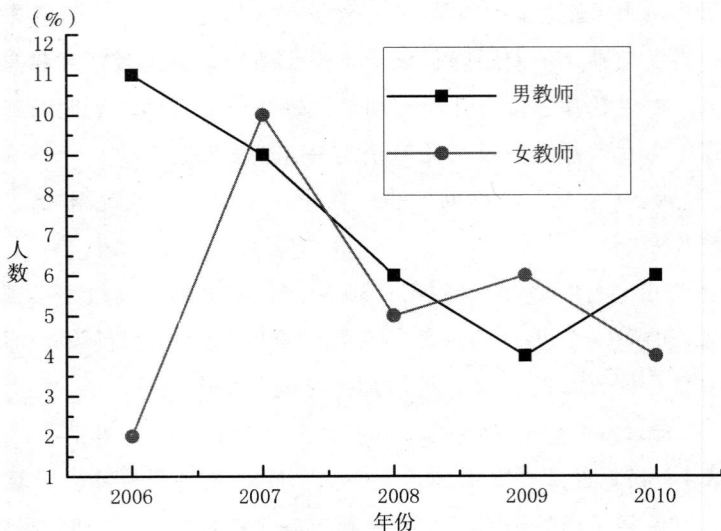

图 2—23　2006—2010 年 M 县高中新录用教师性别结构变化曲线图

人数增长幅度高于男教师，而高中阶段男教师人数增长幅度高于女教师。西部农村中小学教师性别变化过程中的共同特点是，不论中学还是小学教育阶段，男教师总量在任何时期都超过了女教师，而教师性别比总体呈下降趋向。2008 年，西部农村地区男女教师性别比达到了历史最小值。这样的统计结果一般会大大超出人们预期。在常人眼里，中小学教师尤其小学教师队伍中女教师数量肯定超过男教师。这实际是城市人的判断和城市教师队伍发展的可能结果。从 1988—2008 年全国中小学教师性别比平均数看，初、高中男教师数量在三个时间段一直高于女教师，小学女教师只是在 2000 年以后才超过男教师。[①] 从 2004 年教育部统计数据看，我国农村中小学女教师数量总体上也低于男教师，而且女教师构成比例随着学校层次升高而呈现递减倾向。[②] 在经济水平最不发达的西部农村地区，中小学男教师数量普遍超过女教师也是一种必然。但从近几年新录用女教师比重持续、稳定超越男教师情况看，随着

---

　　①　1988 年、1998 年、2008 年全国教育统计年鉴。

　　②　马立：《全国中小学教师队伍现状、预测与对策研究》，人民教育出版社 2006 年版，第 45 页。

社会经济发展，20 多年以后农村地区中小学女教师数量和比例总体超过男教师也是一种趋势。

第五节　M 县农村教师队伍专业结构变迁状态

教师队伍专业结构变迁状态是指教师队伍中师范专业、非师范专业分别所占比例及其发展状态。而学校层次不同，教师专业结构状态及其特征不同。

一　M 县小学教师队伍专业结构变迁特点

（一）90 年代前后，小学教师的非师范化与师范专业化的发展趋势

从表 2—18、图 2—24 看出，20 世纪 90 年代之前，M 县师范专业毕业的小学教师比值呈递减趋势，非师范专业毕业的小学教师比重呈递增趋向。90 年代后，M 县师范专业毕业的小学教师比例呈增长趋势，非师范专业毕业的小学教师比例出现下降趋势。表明西部农村地区小学教师队伍师范专业结构并非顺应了社会和教育潮流，完全呈师范专业化过程，教师队伍非师范专业化发展也是农村地区长期性现象。

表 2—18　　　　1958—2008 年 M 县小学教师专业结构变化表①

项目 \ 时间		1958 年（369 人）	1968 年（357 人）	1978 年（649 人）	1988 年（1545 人）	1998 年（2424 人）	2008 年（2487 人）
专业结构	师范专业	333（90.24%）	300（84.03%）	547（84.28%）	1102（71.33%）	2327（96.00%）	2372（95.38%）
	非师范专业	36（9.76%）	57（15.97%）	102（15.72%）	443（28.67%）	97（4.00%）	115（4.62%）

---

①　资料来源：（1）M 县教育志（清末—2003 年）以及 1958—2008 年 M 县各阶段教育统计报表中的小学师资统计原始数据；（2）1958 年至今每十年 M 县小学教师档案中保存的小学教师专业资料原始统计数据；（3）M 县三所时间最久、人数最多乡镇小学教师专业的田野统计、计算以及按各阶段教师人数比例对未统计年代小学专业师资人数的推算。

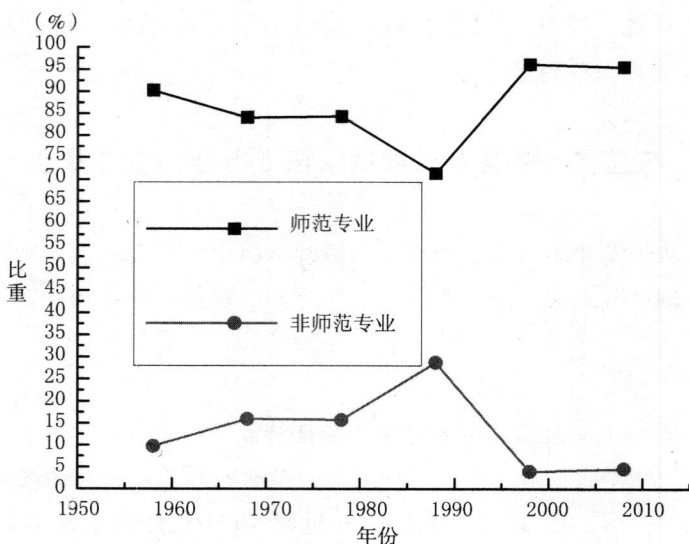

图 2—24　1958—2008 年 M 县小学教师专业结构变化曲线图

（二）师范专业毕业的小学教师是农村近年新进小学教师主流

从表 2—19、图 2—25 看出，近五年 M 县小学教师专业结构出现新特点：各年代农村小学教师师范专业化程度不同，农村小学教师师范专业化发展极不稳定。但 M 县近五年新录用小学教师中 83% 以上毕业于师范专业。说明近几年西部农村师范专业小学教师在小学教师队伍中仍占据了很高比例，师范专业毕业小学教师始终是西部农村小学教师队伍主流。

表 2—19　　2006—2010 年 M 县小学新录用教师专业结构变化表①

项目	时间	2006 年（41 人）	2007 年（36 人）	2008 年（27 人）	2009 年（148 人）	2010 年（78 人）
专业结构	师范专业	40（97.56%）	30（83.33%）	27（100%）	146（98.65%）	66（84.62%）
	非师范专业	1（2.44%）	6（16.67%）	0（0）	2（1.35%）	12（15.38%）

①　根据 M 县教育局《M 县特岗教师花名册》2006—2010 年版及专业逐个统计推算。

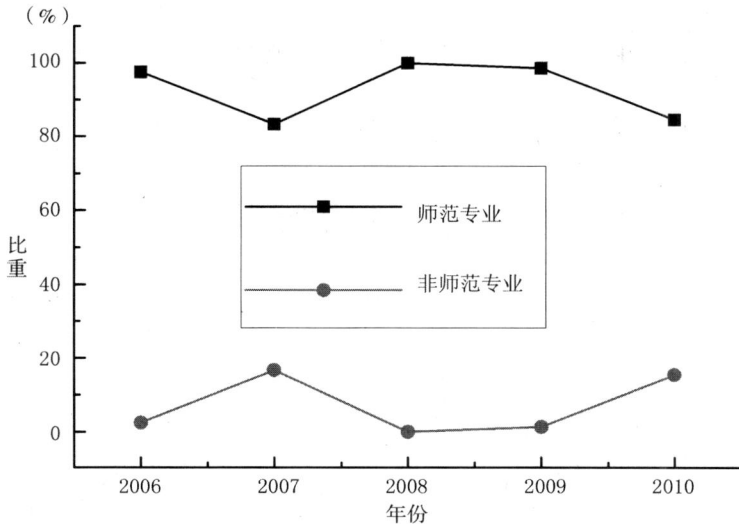

图2—25 2006—2010年M县小学新录用教师专业比重变化曲线图

二 M县农村初中教师队伍专业结构变迁特点

(一) 师范专业毕业初中教师比重不断增长

从表2—20、图2—26看出，除个别年代外，M县师范专业毕业的初

表2—20　　　　1958—2008年M县初中教师专业结构变化表①

项目	时间	1958年 （21人）	1968年 （52人）	1978年 （95人）	1988年 （355人）	1998年 （636人）	2008年 （963人）
专业结构	师范专业	14 （66.67%）	50 （96.15%）	77 （81.05%）	338 （95.21%）	620 （97.48%）	916 （95.12%）
	非师范专业	7 （33.33%）	2 （3.85%）	18 （18.95%）	17 （4.79%）	16 （2.52%）	47 （4.88%）

① 资料来源：（1）M县教育志（清末—2003年）以及1958—2008年M县各阶段教育统计报表中的初中师资人数原始统计数据；（2）1958年至今每十年M县初中教师档案中保存的专业人数原始资料；（3）M县三所时间最久、人数最多乡镇初中教师专业的田野统计、计算以及按各阶段教师人数比例对未统计年代初中师资专业人数的推算。

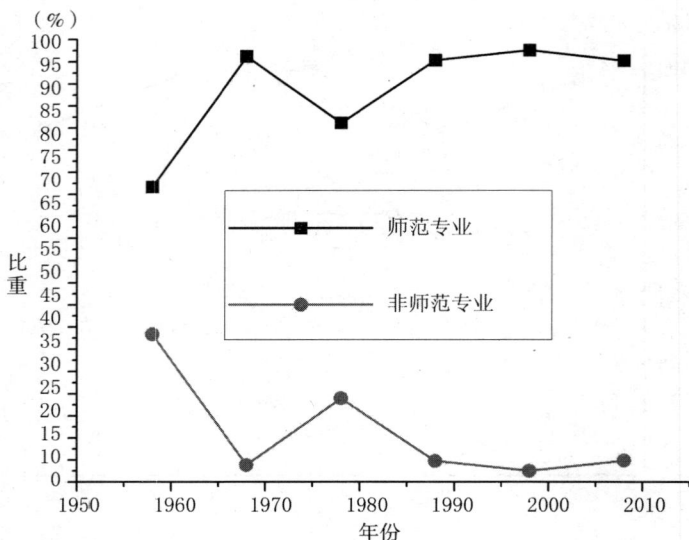

图 2—26　1958—2008 年 M 县初中教师专业结构比例变化曲线图

中教师比例总体呈增长趋势，非师范专业毕业的初中教师比重呈下降趋势。反映了西部农村地区初中教师专业化倾向明显，也说明随着教育事业的发展，西部农村初中教师的师范专业化发展大趋势。师范专业教师比重不断增长是西部农村初中教师专业结构变化的基本特点和规律。

（二）初中师范专业毕业教师所占比例总体较高

从表 2—20 看出，除 50 年代以外，M 县师范专业初中教师比重始终较高，M 县师范专业初中教师平均比值在 88% 以上，师范专业初中教师的最低比例也在 60% 以上。

（三）初中教师师范专业化程度有加快发展趋向

从表 2—20 同时看出，20 世纪 80 年代前 30 年，M 县初中教师教师教育专业化程度相对不算很高，平均比值是 81。20 世纪 80 年代以来的 30 年，农村初中教师师范专业化程度总体较高，平均比值接近了 96，而且总体保持了相对平稳状态。说明改革开放后西部农村初中教师师范专业化程度呈加快发展趋势。

（四）近五年，农村初中教师师范专业化比重呈下降趋势

从表 2—21 看出，近年来 M 县新录用师范专业初中教师依然保持了较高比例。五年来，M 县师范专业初中教师所占平均比值在 80% 以上。

但与近 30 年农村初中教师总体比重比较，近五年，M 县农村初中教师师范专业化呈下降趋势。

表 2—21　　2006—2010 年 M 县初中新录用教师专业结构变化表①

项目	时间	2006 年 （104 人）	2007 年 （70 人）	2008 年 （97 人）	2009 （195 人）	2010 年 （117 人）
专业结构	师范类	93 （89.42%）	57 （81.43%）	88 （90.72%）	153 （78.46%）	88 （75.21%）
	非师范	11 （10.58%）	13 （18.57%）	9 （9.28%）	42 （21.54%）	29 （24.79%）

（五）初中新录用师范专业毕业教师比重总体存在下降趋势

从表 2—21 看出，M 县初中新录用非师范专业毕业教师比重已经由五年前的百分之十左右发展到如今的近四分之一。说明西部部分地区农村初中新录用师范专业毕业教师比重总体存在下降趋势，而其非师范专业毕业教师比重相应有了明显提高。

（六）农村初中教师近年呈现非师范专业化倾向

从图 2—27 透视出，在近五年的各个年份，M 县农村初中新录用教师专业化程度明显低于其小学教师。在比值差距最大的 2009 年，M 县小学新录用教师师范专业化程度高出其初中 20 多个百分点。说明近年来，农村初中教师存在明显非师范专业化倾向，而农村小学教师的师范专业性较强。但从表 2—19、表 2—21 看出，历史上农村地区初中教师师范专业化程度长期高于小学教师。

三　M 县农村高中教师队伍专业结构变迁特点

（一）师范专业毕业的普通高中教师比例由上升到开始下降

从表 2—22、图 2—28 看出，2000 年前，M 县普通高中师范类专业毕业教师发展到了最大比值，而其非师范专业毕业教师比重下降到历史最低。2000 年后，M 县非师范专业毕业的高中教师比重明显回

①　根据 M 县教育局《M 县特岗教师花名册》，2006—2010 年版及专业逐个统计推算。

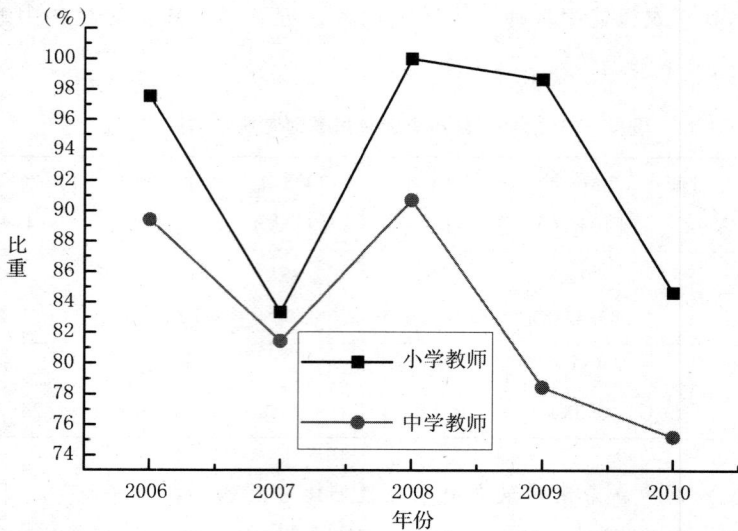

图 2—27　　2006—2010 年 M 县中小学新录用教师教育专业结构比例变化曲线图

升，其师范专业毕业的高中教师比重则开始下降。说明 2000 年前，西部农村地区师范专业毕业的高中教师比重总体可能呈现增长趋势，2000 年后，农村地区师范专业毕业的高中教师比例有下降趋势。

表 2—22　　　　　　1958—2008 年 M 县高中教师专业结构变化表①

项目	时间	1958 年 0	1968 年（7 人）	1978 年（64 人）	1988 年（141 人）	1998 年（173 人）	2008 年（262 人）
专业结构	师范专业	0（0）	5（71.43%）	57（89.06%）	140（99.29%）	172（99.42%）	256（97.71%）
	非师范专业	0（0）	2（28.57%）	7（10.94%）	1（0.71%）	1（0.58%）	6（2.29%）

① 资料来源：（1）M 县教育志（清末—2003 年）以及 1958—2008 年 M 县各阶段教育统计报表中的高中专业与非专业师资人数原始数据；（2）1958 年至今每十年 M 县高中教师档案中保存的各阶段专业人员原始资料；（3）M 县三所时间最久、人数最多乡镇高中专业与非专业教师人数的田野统计、计算以及按各阶段教师人数比例对未统计年代高中专业与非师范专业师资人数的推算。

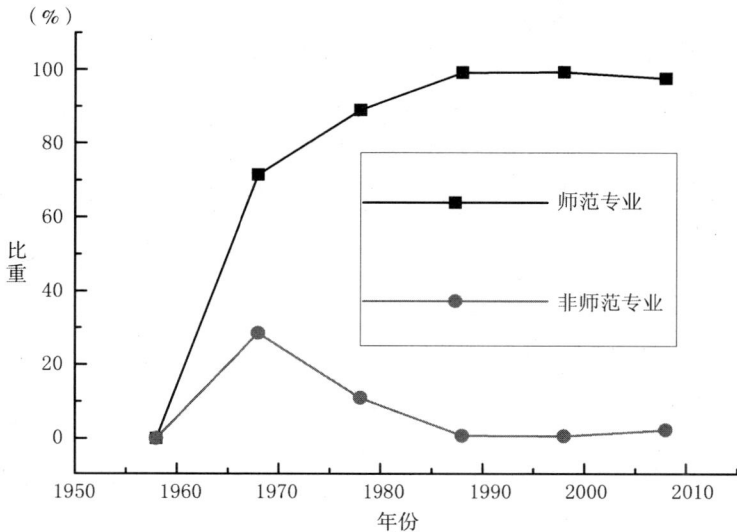

图2—28　1958—2008年M县高中教师专业结构变化曲线图

（二）高中师范专业毕业教师比例总体呈上升趋势

从表2—22、图2—28看出，2000年前，M县非师范专业毕业的高中教师比重总体呈现递减趋势。60年代，M县非师范专业毕业的高中教师保持较高比重。70年代，该比例有大幅度下降。八九十年代其比例下降到历史最低点。2000年后，M县非师范专业毕业的高中教师比例略有增长趋向。说明除近几年外，西部农村地区高中教师非师范专业化呈下降趋势。

表2—23　　2006—2010年M县高中新录用教师专业结构变化表①

项目	时间	2006年（13）	2007年（19）	2008年（11）	2009年（10）	2010年（10）
专业结构	师范	13（100%）	17（89.47%）	10（90.91%）	9（90%）	6（60%）
	非师范	0（0）	2（10.53%）	1（9.09%）	1（10%）	4（40%）

---

① 根据M县教育局《M县特岗教师花名册》2006—2010年版及专业逐个统计推算。

（三）　高中近年新进教师师范专业化程度不稳定

从表2—23看出，近五年M县农村新补录高中教师中，师范专业毕业教师比重总体较高。2009年前，M县师范专业毕业的高中教师平均比重在90%以上。2009年后，M县师范专业毕业的高中教师比例开始显著下降，仅占60%的份额。说明一些西部农村地区高中教师师范专业化发展不稳定。

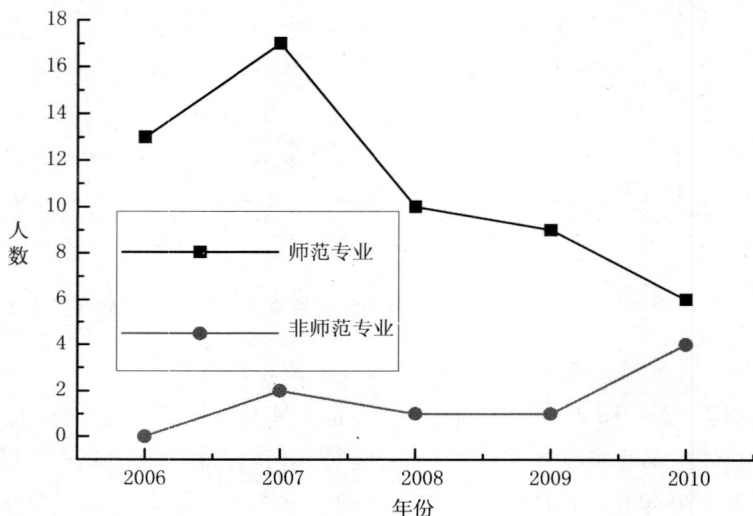

图2—29　2006—2010年M县高中新录用教师专业结构比重变化曲线图

（四）　近年非师范专业毕业的高中教师比重总体呈增长趋势

从表2—23、图2—29中看出，近五年，农村地区普通高中新录用教师中，师范专业毕业教师比重总体明显呈下降趋势，而非师范专业毕业教师比重有显著提升迹象。M县师范专业毕业的高中教师比重已经由2006年的100%下降到五年后的60%左右。说明西部农村地区非师范专业高中教师比重总体呈增长趋势，农村教师队伍有非专业化趋向。这与2000年前农村地区高中教师师范专业化倾向完全不同。

通过对50多年来，M县小学、初中、高中等不同教育阶段中，师范专业毕业教师所占平均比值计算过程中得出，高中教师师范专业化平均比值为91.38，初中教师师范专业化平均比值为88.61，小学教师师范专业化平均比值为86.87。由此可以看出，总体而言，M县高中教师的师范专业化程度高于初中教师，初中教师师范专业化程度高于小学教师。同时可以看出，20世纪90年代前，M县师范专业毕业小学教师呈下降趋势、以后呈增长趋势，其非师范专业小学教师比例呈相反趋向。而2000年前，M县初、高中师范专业毕业教师比重一直呈上升趋势、其非师范专业毕业教师比重都呈现下降趋向；2000年后，M县师范专业毕业教师比重开始下降，而非师范专业毕业教师比值却在增加。但与东部地区相比较，西部农村地区教师的师范专业化比较低。2008年，山东省普通高中教师来源结构中，来自师范专业的为96.56%，占了绝对多数；来自非师范专业的只占到3.44%。目前普通高中学校所引进的非师范专业毕业生，主要集中在技术类和技能类学科。而其城市学校与农村学校中，非师范类院校毕业的教师比例分别为3.42%、3.04%，两者差距也不显著。①

第六节 M县农村教师队伍年龄结构变迁状态

一 M县农村小学教师队伍年龄结构变迁特点

（一）小学初入职教师与中年教师数量、比例发展不稳定

从表2—24、图2—30看出，50多年来，M县25岁以下小学年轻教师、36—45岁小学中青年教师数量、比例发展不稳定，呈现忽多忽少特点。但各个时期25周岁以下小学教师所占比重相对较高，平均比重接近27%。由此可以透视出，西部农村地区一些小学初入职教师、中年教师数量和比例具有不稳定性特点。

（二）小学青年教师发展总体比较稳定

从表2—24、图2—30看出，M县26—35岁小学教师数量、比例发展总体比较平稳。但20世纪80年代前，该年龄段小学教师比例相对较低。20世纪80年代后，这一年龄段小学教师比重有了大幅度提升，占当地小学教师总数的三分之一左右。表明西部农村一些小学中间年龄段教师发展总体比较稳定，但有增长趋向。

---

① 周卫勇：《山东省普通高中教师来源结构调查与相关政策分析》，《教师教育研究》2010年第3期。

（三）小学教师年龄有中年化趋势

从表2—24、图2—30看出，20世纪80年代前，M县40岁以上小学教师比例呈下降态势；80年代后，M县40岁以上教师比例一直处于提升态势。表明西部农村地区一些小学教师年龄存在中年化趋势。

表2—24　　　　　1958—2008年M县小学教师年龄结构统计表①

项目 \ 时间		1958年（369人）	1968年（357人）	1978年（649人）	1988年（1545人）	1998年（2424人）	2008年（2487人）
年龄结构	25岁以下	258（69.92%）	16（4.48%）	369（56.86%）	167（10.81%）	388（16.01%）	52（2.09%）
	25—35岁	62（16.80%）	49（13.73%）	202（31.12%）	487（31.52%）	776（32.01%）	737（29.63%）
	35—45岁	28（7.59%）	276（77.31%）	49（7.55%）	660（42.72%）	436（17.99%）	638（25.65%）
	46—50岁	21（5.69%）	16（4.48%）	20（3.08%）	169（10.94%）	533（21.99%）	578（23.24%）
	50岁以上	0（0）	0（0）	9（1.39%）	62（4.01%）	291（12.00%）	482（19.38%）

（四）小学教师年龄结构长期处于老龄化发展态势

从表2—24、图2—30看出，50多年来，M县50岁以上小学教师数量、比例一直处于增长态势。而2000年前，M县50岁以上小学教师数量、比例呈成倍增长态势。尽管2000年后这一比例有所下降，但其增长量仍很大。说明近年来西部农村小学新录用教师数量增长速度开始放慢，而西部农村小学教师年龄结构则可能长期处于老龄化发展态势。

二　M县农村初中教师队伍年龄结构变迁特点

（一）新任初中教师比重持续下滑

从表2—25、图2—31、图2—32可以观察和推算出，50年来，M县

---

①　资料来源：（1）M县教育志（清末—2003年）以及1958—2008年M县各阶段教育统计报表中的小学师资年龄统计原始数据；（2）1958年至今每十年M县各小学教师档案中保存的原始年龄资料；（3）M县三所时间最久、人数最多乡镇小学教师年龄的田野统计、计算以及按各阶段教师人数比例对未统计年代小学师资年龄人数的推算。

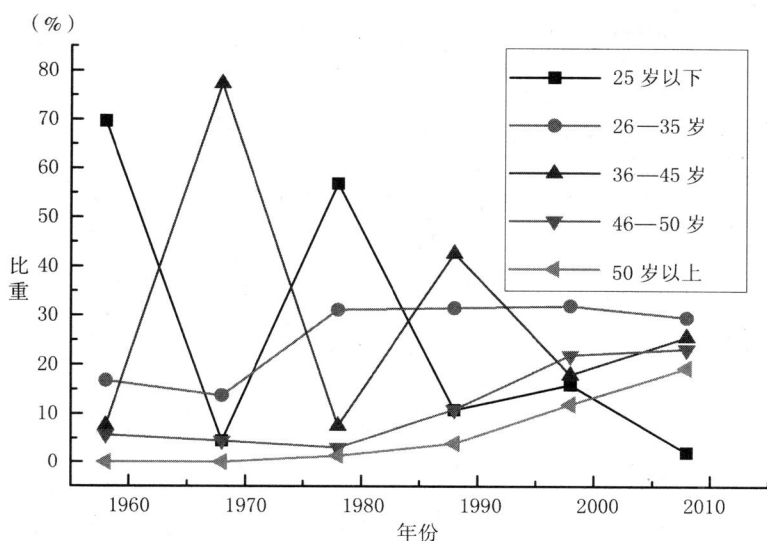

图 2—30 1958—2008 年 M 县小学教师年龄结构变化曲线图

表 2—25 　　　　　1958—2008 年 M 县初中教师年龄结构统计表①

项目	时间	1958 年 （21 人）	1968 年 （52 人）	1978 年 （95 人）	1988 年 （355 人）	1998 年 （636 人）	2008 年 （963 人）
年龄结构	25 岁以下	4 （19.05%）	5 （9.62%）	29 （30.53%）	172 （48.45%）	96 （15.09%）	115 （11.94%）
	25—35 岁	5 （23.81%）	27 （51.92%）	24 （25.26%）	84 （23.66%）	332 （52.20%）	441 （45.79%）
	35—45 岁	7 （33.33%）	11 （21.15%）	25 （26.32%）	56 （15.77%）	130 （20.44%）	237 （24.61%）
	46—50 岁	5 （23.81%）	7 （13.46%）	10 （10.53%）	38 （10.70%）	60 （9.43%）	124 （12.88%）
	50 岁以上	0 （0）	2 （3.85%）	7 （7.37%）	5 （1.41%）	18 （2.83%）	46 （4.78%）

① 资料来源：（1）M 县教育志（清末—2003 年）以及 1958—2008 年 M 县各阶段教育统计报表中的初中教师年龄原始统计数据；（2）1958 年至今每十年 M 县各初中教师档案中保存的原始年龄资料；（3）M 县三所时间最久、人数最多乡镇初中教师年龄的田野统计、计算以及按各阶段初中教师人数比例，对未统计年代初中师资年龄人数的推算。

25 周岁教师比例总体保持在 22% 以上。但在 20 世纪 90 年代前，M 县 25 岁以下农村初中教师数量、比重处于提升态势。20 世纪 90 年代后期，M 县 25 岁以下初中教师比例持续下降。由此可以说明 20 年前，西部农村一些初中教师处于快速补充序列。近 20 多年来，这些西部农村初中补录教师速度明显放慢，教师行列中新任初中教师比重持续下滑。

（二）初中教师有中年化趋势

从表 2—25、图 2—31、图 2—32 看出，50 多年来，M 县 25—40 岁初中青年教师比例不稳定，呈忽高忽低特点，但其数量一直在增加。表明该年龄段教师极易发生变化，但其数量随教师总体数量增加而不断增加。而 20 世纪 80 年代后，M 县 35—45 岁教师比重开始持续提升，表明一些西部农村初中教师有中年化趋势。

（三）初中中老年教师比例在持续下降

从表 2—25、图 2—31、图 2—32 看出，2000 年前，M 县 46 岁以上初中教师比重持续下滑。2000 年后，M 县 46 岁以上初中教师比例才开始有所提升，而 46 岁以上初中教师数量持续增加。表明十年前西部农村一些初中中老年教师的教育教学和学生影响力在持续下降，近十年这些西部农村初中中老年教师的教育教学和学生影响力开始提升。

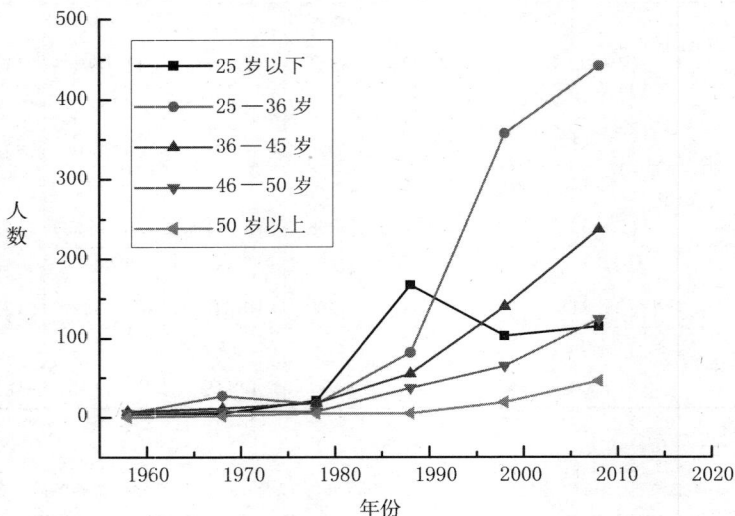

图 2—31　1958—2008 年 M 县初中教师年龄结构变化曲线图

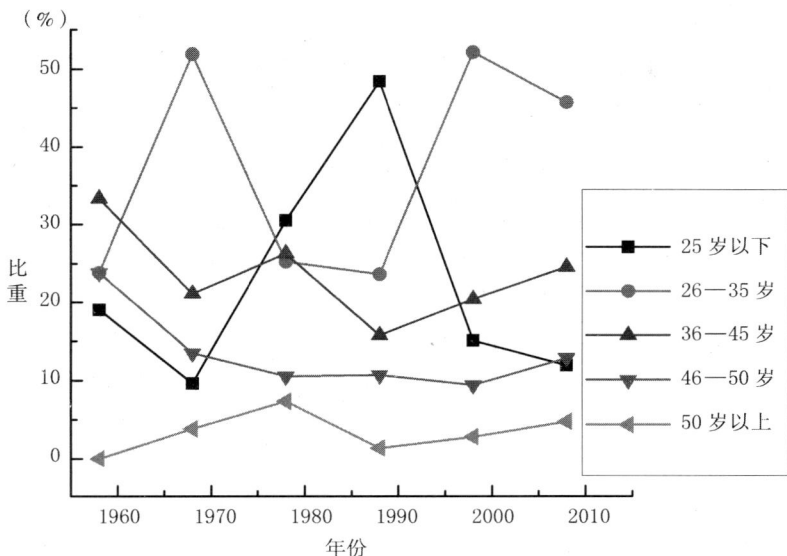

图2—32　1958—2008年M县初中教师年龄结构变化曲线图

（四）初中教师老龄化速度正在由快减慢

从表2—25、图2—31、图2—32看出，20世纪80年代前，M县50岁以上初中教师比重大幅度增长；20世纪90年代后，M县50岁以上初中教师比重小幅度提高。说明30年前，西部农村初中教师老龄化可能在加速，近20年来西部农村初中教师老龄化速度放慢，但仍在持续增加。

三　M县农村高中教师队伍年龄结构变迁特点

（一）普通高中25周岁以下教师比例不断在下降

从表2—26、图2—33中可以观察和分析出，50多年来，M县普通高中25周岁以下教师比例总体较高，其平均比例达到19%左右。而且20世纪80年代前，M县25岁以下普通高中教师比重很高且处于增长态势。20世纪80年代后，M县25周岁以下高中教师比重处于下降趋势。表明西部农村25周岁以下高中教师比例居高不下的情况在近20年明显降低。

（二）普通高中中青年教师比例十年前在增长，以后开始下降

从表2—26、图2—33中可以看出，2000年前，M县26—35岁高中骨干教师数量、比重一直呈增长态势。2000年后，M县26—35岁高中骨干教师数量、比重开始明显下降。表明2000年前，一些西部农村高中青年骨干教师比例总体在增加。2000年后，这些西部农村高中青年骨干教师比例开始迅速下滑。

表2—26　　1958—2008年M县高中教师年龄结构统计表①

项目＼时间		1958年（0）	1968年（7人）	1978年（64人）	1988年（141人）	1998年（173人）	2008年（262人）
年龄结构	25岁以下	—	0（0）	29（45.31%）	55（39.01%）	9（5.20%）	18（6.87%）
	26—35岁	—	5（71.42%）	7（10.94%）	55（39.01%）	89（51.45%）	64（24.43%）
	36—45岁	—	1（14.29%）	21（32.81%）	16（11.35%）	48（27.75%）	112（42.75%）
	46—50岁	—	0（0）	3（4.69%）	11（7.80%）	21（12.14%）	62（23.66%）
	50岁以上	—	1（14.29%）	4（6.25%）	4（2.84%）	6（3.47%）	6（2.29%）

（三）普通高中中年教师比重前期不稳定，以后开始增长

表2—26、图2—33看出，20世纪90年代前，M县36—45岁中年高中教师发展不稳定。90年代后，其比例有了大幅度提高。说明90年代前，西部农村高中中年教师数量极易发生变化。近20年，西部农村高中中年教师稳定中在不断增长。

（四）普通高中老教师比例总体在下降

从表2—26、图2—33中看出，50年来，M县46—50岁农村高中教师数量、比例总体处于持续提升过程，而50岁以上教师比例总体处于持续下降序列。表明西部农村地区一些高中中年教师的功能在逐渐增强，而

① 资料来源：（1）M县教育志（清末—2003年）以及1958—2008年M县各阶段教育统计报表中的高中教师年龄原始统计数据；（2）1958年至今每十年M县各高中教师档案中保存的原始年龄资料；（3）M县三所时间最久、人数最多乡镇高中教师年龄的田野统计、计算以及按各阶段初中教师人数比例，对未统计年代高中师资年龄人数的推算。

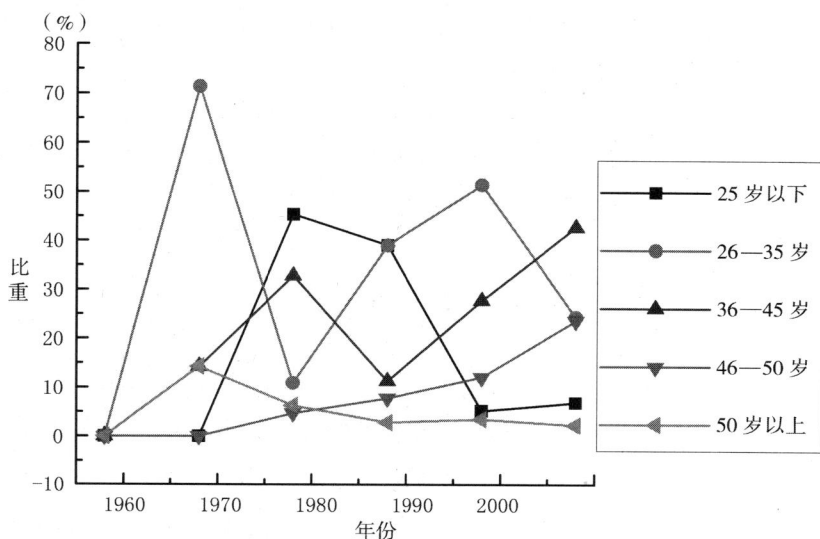

图 2—33 1958—2008 年 M 县高中教师年龄结构比例变化曲线图

老年教师的功能影响力在逐渐减弱。

综合上述分析可以看出，西部农村教师年龄结构 50 多年变化过程中可能存在以下几个基本特征：（1）从 25 岁以下教师比例看，50 多年来，25 岁以下西部农村小学教师数量、比例不稳定。但 20 世纪 80 年代前，25 岁以下农村中学教师比重持续上升。20 世纪 90 年代后，25 岁以下中学教师比重开始下降。25 周岁以下小学教师比例高于初中教师、初中教师比值高于高中教师。（2）从 26—35 岁教师所占比例看，西部农村地区 26—35 岁小学教师比重长期较为稳定，但该年龄段中学教师比例一直不稳定。（3）西部农村地区 36—45 岁小学、高中教师比例长期不稳定，但除 80 年代外，该年龄段初中教师比例总体平稳；（4）从 46—50 岁、50 岁以上教师所占比例看，西部农村地区 46—50 岁小学教师比例在 20 世纪 80 年代前、46—50 岁初中教师比重在 2000 前分别持续下滑；46—50 岁小学教师比例在 80 年代后、46—50 岁以上初中教师比例在 2000 年后分别持续增长。而 46—50 岁高中教师、50 岁以上小学教师比重一直保持了增长态势。50 岁以上初中教师在 90 年代前减少、90 年代后持续增加，50 岁以上高中教师比例总体一直在下降。表明西部农村地区小学教师老龄化趋势明显，这与我国农村小学教师年龄结构状况基本吻合。而初中教师老龄化仅仅是近一二十年的事情，高中教师中年化趋向明显，但老龄化减少。（5）从农村教师年龄结构地区分布差距看，城镇学校 40 岁以上教师较多，城镇教师年龄普遍偏大、老龄化现象严重；乡村 40 岁以下中学教师居多，乡村中学教师普遍年轻。乡村中心小学教师年龄结构适中，但最基层的农村小学教师老龄化现象更突出。

小　结

50 多年来，西部农村地区教师地缘构成方面，外省、外县籍教师比例总体在持续减小，本地教师数量及比例总体在持续增大。在西部农村教师学历构成方面，小学中专学历教师比重总体在下降，中学本专科学历教师比重在 20 世纪 80 年代之前有升有降，80 年代后总体呈现上升趋势。农村教师身份结构方面，20 世纪 80 年代前，公立中小学正式教师比重总体呈下降趋势，但小学正式教师比重下降幅度大、趋向明显，中学正式教师比例下降幅度小；20 世纪 80 年代后，中小学正式教师比重总体呈上升趋向，而小学正式教师比例上升幅度更大、上升趋向更显著，中学正式教师比例上升幅度小、变化幅度小。相反，20 世纪 80 年代前，其公立中小学非正式教师比重总体呈上升趋势，但其小学非正式教师比例上升幅度大、趋向明显，中学教师非正式教师比例上升幅度小；20 世纪 80 年代后，公立中小学非正式教师比重总体呈下降趋向，小学非正式教师比例下降幅度大、下降趋向显著，中学非正式教师比例下降幅度小、变化趋势相对小。在教师性别结构方面，西部农村义务教育阶段女教师人数增长幅度高于男教师，而高中阶段男教师人数增长幅度高于女教师。西部农村中小学教师性别变化过程的共同特点是：不论中学还是小学教育阶段，其男教师总量在任何时期都超过了女教师，而男女教师性别比总体呈下降和减小趋向。目前西部农村地区男女教师性别比达到了历史最小值。在教师专业结构方面，20 世纪 90 年代前，农村地区师范专业毕业的小学教师人数比例呈下降趋势、以后呈增长趋势，其非师范专业毕业的小学教师人数比例呈相反的发展趋向。而 2000 年前，农村地区初、高中师范专业毕业教师比重一直呈上升趋势，其非师范专业毕业教师比重都呈现下降趋向。2000年后，师范专业毕业教师比重开始下降，非师范专业毕业教师比例则在增加。同时可以看出，高中教师的师范专业化程度高于初中教师，初中教师师范专业化程度高于小学教师。在西部农村教师年龄结构方面：（1）50多年来，25岁以下西部农村小学教师比例不稳定，但25周岁以下小学教师比例高于初中教师，初中教师比值高于高中教师。（2）西部农村地区26—35岁小学教师比例较为稳定，但中学教师比例不稳定；36—45岁小学、高中教师比例不稳定，初中教师比例除80年代外总体平稳。（3）西部农村地区46—50岁小学教师比例在20世纪80年代前、46—50岁初中教师比重在2000年前持续下滑；46—50岁小学教师比例在80年代后、46—50岁初中教师比例在2000年后持续增长，而46—50岁高中教师比重一直保持了增长态势。（4）西部农村地区50岁以上小学教师比例持续增加，50岁以上初中教师在90年代前减少、90年代后持续增加，50岁以上高中教师比例总体一直在下降。表明西部农村地区小学教师老龄化趋势明显，这与我国农村小学教师年龄结构发展状况基本吻合。而初中教师老龄化仅仅是近一二十年的事情，高中教师中年化趋向明显，但老龄化减少。（5）从农村教师年龄结构地区分布差距看，城镇学校40岁以上教师较多，城镇教师年龄普遍偏大、老龄化现象严重；乡村40岁以下中学教师居多，乡村中学教师普遍年轻。乡村中心小学教师年龄结构适中，但最基层的农村小学教师老龄化现象更突出。教师队伍各个方面结构关系中，其专业、学历、年龄结构既有向前发展、变化的特点，也存在倒退的情况。而其性别、身份结构总体呈现改善趋势。

第三章　西部某县教师结构变迁原因

一般而言，任何社会结构的变化都由多种因素引起的。教师结构变迁也是在政治、经济、文化、教育、人口等诸因素及其相关政策以及教师结构内部矛盾和教师个体自身等多方面因素共同影响下进行的。因此，分析教师结构变化需要以系统论方式为手段，在统合各种因素的基础上，依据不同因素对整体结构产生影响的具体方式和效果分别进行。由于引起教师不同结构变化的因素往往不同，因此，对影响教师结构变化不同因素的分析又需要结合各个具体结构分别进行。

第一节　影响教师结构变迁的诸因素分析

影响教师结构变迁的因素很多，有政治因素、经济因素、文化因素、人口因素、教育因素、地理环境因素以及教师组织结构分层等，但不同因素在教师结构变迁的不同方面效应不同。其中，在影响教师地缘结构变化的诸因素中，经济形态和经济发展水平是吸引地区教师队伍地缘结构变迁的内在动力和长期性、直接性的原因；政策制度是短时间内引起区域内教师队伍地缘结构大规模变迁的外在力量，也是引起不同区域教师结构阶段性变化的标志性因素；婚姻家庭是教师地缘变动的连带力量，多数教师地缘变动都是其婚姻家庭许可和要求的结果。而地区教师数量、质量的构成及其比例关系矛盾是其地缘结构变化的根本原因。在本地师资数量不足、质量不高的情况下，只能依靠外援和外力来解决，从而引起教师地缘构成上的变化。但总体来看，社会流动是教师地缘结构变化的最后原因。外地教师的流进是教师地缘结构形成的直接原因，外地教师的流出则是地缘结构变化的根本原因。没有 50 年代外地教师大规模介入，就形成不了西部地区外地教师逐年流出和递减的趋势。

影响教师身份认同的因素也非常复杂多样，但综合起来主要反映在宏观层面的国家政策制度，中观层面的地方相关政策制度、学校组织文化，微观层面的教师个体知识、情感态度与价值观等几个方面。[①]其中教师个体情况是基础性因素、国家有关政策制度是关键因素、地方政策制度以及各种条件是动力因素。影响教师学历结构、年龄结构、专业结构、性别结构及其变迁的主要因素也包括政治因素、文化因素、经济因素、人口因素、家庭因素以及男女不同的择业心理等几个方面。其中政策制度是推动教师性别、学历、专业、年龄结构变化的最直接、最根本和决定性因素，经济条件是制约教师专业、性别以及年龄等结构变化的基础因素，文化环境和择业心理是决定教师队伍专业、性别结构存在与变化的深层次、持久性因素。而教育发展水平在总体上制约着教师队伍专业、年龄、性别结构的发展变化，人口结构变化在某种程度也制约教师队伍性别、年龄结构变迁，教师队伍本身的短缺、补充与相互排斥则是教师结构变迁的根本动力，而自然、社会环境变化在教师结构变迁中又具有绝对影响力。

一　让你变你就得变：政策、制度是教师结构变迁的关键性因素

在集权体制和科层制社会，一切由"上面"说了算。各级政府行政部门特别是中央政府的规定、要求对教师地缘、学历、专业、年龄、性别变化有决定性影响。因此，政治政策是不同区域教师队伍地缘结构变迁的决定性力量。政治政策既是城市地区教师地缘结构变化的直接力量，也是导致农村教师结构变化的最直接因素。在集权制国家，几乎所有的社会流动和教师结构变化都发生于政治变迁的背景下，受到了国家政策的强烈干预。尤其在政治指挥一切的年代和国家垄断一切社会资源的时期，国家政策制度基本上主宰了每个人社会位置的变化，也决定着社会结构变化。[②]20世纪80年代前，中国东部师资力量西移；20世纪80年代后，西部师资力量东移，都是国家相关政策制定执行的结果。而且长期以来，不少国家和地区根据当时社会发展的需要，陆续采取措施，对各地区行政区域重

---

① 李茂森：《教师身份认同的影响因素分析》，《教育发展研究》2009年第6期。
② 陆学艺：《当代中国社会流动》，社会科学文献出版社2004年版，导言第6—9页。

新进行调整，在撤并、整合形成新的省区、县域过程中，教师的户籍、地缘结构也随之发生了变化。

从学历方面看，政策制度是引起教师学历结构变化的关键因素。在任何时期、任何国家教师学历标准和学历结构都是由政策制度引起的。在集权制国家和集权政治体制下，政治制度更是直接决定着谁能上学、谁能上什么层次学，以及不同学历教师的流进、流出。政策制度是各地区教师学历结构变化的关键因素，政治制度对教师学历结构变化也起到了决定性作用。从社会发展进程看，封建时代强调学在官府，有一定文化程度的教师和学历层次高的教师一般均为地主分子。我国魏晋南北朝实行的九品中正制，品第等级唯重家世、不讲才德，甚至发展到"上品无寒门，下品无士族"的程度，导致教师学历层次的不同。隋唐科举制度更造成教师学历结构的等级变化。资本主义时代，文化程度高的教师一般为中产阶级以上人员。社会主义时代，家庭出身对个人文化程度也有决定性影响。20世纪50年代，毛泽东在上海市党员大会上提出，全国知识分子大约500万，从他们家庭出身、受教育程度、过去服务方向来看，可以说都是资产阶级性质的知识分子。[①] 为扶持无产阶级知识分子，各级政府部门，特别是一些基层政府组织特许贫下中农子女小学毕业以后就可以直接流入教师队伍，成为民办教师，以后通过培训，转正为学历不高的小学教师，而资产阶级、地主阶级后代只有通过不断上学才可以成为教师，或者成为高学历教师。因此，在阶级社会，阶级出身对教师学历的构成产生了决定性影响。在阶级矛盾极其突出的中国社会主义初期，由于教育行政部门放任了不同阶级身份出身者在专业院校的自由存在与发展，导致教师队伍中高学历者多数为地主阶级后代，进而引起社会负面评价和纠错运动。但随后进行的政治清查运动以限制教师队伍政治出身的方式影响了教师学历的发展。而且在政治挂帅的特殊年代，许多地区举行的不同性质、不同类型的师训班、师范班，普遍采取"志愿报名、群众评议推荐、政治审查、文化考察"录用方式，其中群众推荐和政治身份成为教师学历获得与发展

---

① 杨凤城：《中国共产党的知识分子理论与政策研究》，中共党史出版社2005年版，第114页。

的关键。① 随着阶级斗争的淡化和国家政策层面对知识分子阶级身份的消除，阶级、政治身份对教师学历构成的负面影响力越来越小，教师学历本身的质量也有了明显提高。因此，尽管在不同历史时期，政策制度对教师的学历构成作用不同，但对教师学历构成与提高的普遍影响力却一直存在，而政策制度对教师学历的阶级影响力总体在降低。

从身份层面看，教师身份的形成与转化基本是相关政策制定和执行的结果。一般而言，身份既是结构性又是建构性的。教师的身份地位既是结构性又是通过制度型构起来的。它依附于政治权力，并由政治权力赋予它合法话语诠释者的地位。所以，教师身份地位结构变化也主要是政策制度制定和执行的结果。② 政治和政策因素是正式教师形成和发展的直接动力，也是临时支教、代课教师产生与转化的根本因素。美国、日本、法国等部分发达国家多年一直进行的临时教师向终身教师身份转化的工作，即是其教师身份政策制定和执行的结果。2002 年，美国联邦政府度财政拨款 3500 万美元资助"转行当教师计划"，以招募优秀人才，充实教师队伍。③ 中国现代试行公办教师民办化，以后又对民办教师进行大规模身份转正，可以说都是政策制定与要求的结果。农村特岗教师政策实施以后，许多代课教师通过参加特岗教师招考实现了其身份转变。因此，政策因素在不同教师身份形成和解决过程中起着关键作用，或者不同身份教师的形成、更替，以及临时身份教师完成转正或大规模清退都是相关政策制定、执行的结果。

从专业构成层面看，政策制度是教师专业结构形成与发展的关键性因素。政策制度决定着教师职业是否为专业，决定着教师专业的存在及其社会地位，也决定着教师职业总体的专业结构。因此，教师队伍专业化总体是政策制度制定和要求的结果。在特定历史时期，政策制度也决定什么人可以成为教师，什么人可以成为师范专业教师，什么人可以成为非师范专业教师。自教师队伍专业化要求以来，政策制度上审查合格的非师范专业教师才可以做专业教师，政策制度审查不合格的人只能做非专业性代课、

---

① M 县教育志编纂委员会：《M 县教育志》，兰州大学出版社 2003 年版，第 238 页。

② 阎光才：《教师"身份"的制度与文化根源及当下危机》，《北京师范大学学报》（社会科学版）2006 年第 4 期。

③ 励骅、白华：《国外薄弱学校改进的有效举措探析》，《比较教育研究》2009 年第 6 期。

民办教师，甚至被转化为非教师。在社会发展的特殊政治时期，教师专业结构甚至完全是政策制度的结果。20 世纪 70 年代，我国师范院校师范专业生源基本是政策推荐的结果，最后成了专业化教师主力。而非师范专业化教师基本上也是政治身份决定的结果。个人努力在自身师范专业形成中的作用十分有限。

从性别构成方面看，政策制度是影响农村教师队伍性别结构存在与变迁的直接因素。政策以定性和量化规定等方式，直接决定了各教育阶段男女教师基本数量及其可能的比例关系，也决定着教师性别结构的变化。影响女教师比例的制度政策因素很多，有工资待遇政策、选拔录用政策、入职退休政策，等等。其中选拔录用政策大规模影响教师性别比例，退休政策对教师性别结构有微调作用，而工资待遇政策循序渐进地影响了教师性别结构的变化。第二次世界大战以来，随着世界经济逐渐恢复，各国妇女作为"伟大的人力资源"被广泛动员起来，女性在业人数和就业率有了较大增长，女性在所有就业人口中所占比重逐年上升，且女性就业人口的增长速度高于男性，这主要归因于国家行政力量的推动。中华人民共和国成立以后制定的第一部宪法中明文规定，女性和男性享有同等的权利，各级政府应当积极采取各项解放妇女的措施，在就业方面推行男女就业机会平等和男女同工同酬政策。主张"时代不同了，男女都一样"、"男同志能做到的事情，女同志一样能做到"，这些政策举措都是引起我国城乡女教师数量迅速扩张、比例提升的主要因素之一。[1] 而自 20 世纪 60 年代以来，世界各国教师性别结构演进始终受到教育政策的驱动与制约。教育政策规定着教师性别结构调整与变革的目标、任务、内容和方式，也决定教师性别结构。从我国教师性别结构调整方式看，自 20 世纪 50 年代开始，受教师政策制度等因素的影响，我国教师性别构成也经历了"革命式"、"运动式"、"实验式"、"分步推进式"、"综合改革式"的变化。因此，教师性别形成方式的不同与政策的倡导或规定不同息息相关。分析教师性别结构演进进程，必

---

[1]　武中哲：《单位体制下男女平等就业的政治过程及其局限性》，《文史哲》2007 年第 6 期。

须把教师教育政策作为主要方面去考量。①

从年龄方面看，政治、政策因素也是制约教师年龄结构变化的关键因素。政策、制度决定着教师的入职、离职年龄，决定着教师的工作年限。政策制度也决定着各个时期、各个地区教师队伍的数量和规模，是引起教师队伍年龄结构变化的根本因素。（1）政策决定教师队伍的入职年龄、入职人数及其规模。一般而言，教师年龄容易集中于某个教育扩张期。教育扩张期，教师比例增大；教育衰退期，教师比例减小。另外，教育政策影响到教师入职年龄。根据我国学制规定，20 世纪 50 年代，一个人通过五年小学学习，一至两年、甚至 3—6 个月的初师短期培训，前后共计用去六七年学习进程，在十多岁的时候即可以成为小学教师。20 世纪六七十年代，一个人通过七年小学、初中课程学习，一至两年师范课程学习，用增加两年时间才可以成为教师。20 世纪 80 年代后，一个人只有通过六年小学、三年初中、四年师范，前后共计花去 13 年学习时间才可以成为教师。2000 年后，许多小学教师要通过六年小学、三年初中、三年高中、四年大学课程学习，共计花费 17 年时间才可以成为小学教师。而且从国外学制发展历程看，各个国家早期学制普遍较短。随着社会发展，各国学制普遍在延长。但学制的长短与教师入职时间的迟早有必然联系。教师入职时间推迟，成为 25 周岁以下教师数量不断减少的基本因素。（2）政策决定着教师个体工作的年限、离职年龄，继而影响到教师队伍的年龄结构。当代西方发达资本主义国家对教师工作年限普遍不做要求，有些国家如美国半数以上中小学教师的工作年限不足五年。教师职业流动性的加快和从事教育工作时间的缩短，必然导致其年龄结构的迅速变化。而在我国改革开放之前，特别是 20 世纪 90 年代以前，教师职业基本是终身性质的。一旦从事教师职业极少有机会改行、政策也不允许改行。因此，其时教师年龄结构整体比较稳定。改革开放、特别是 20 世纪 90 年代后，教师职业流动性开始加大。由于我国中小学教师职业地位长期不高、年轻教师不断离职和教师年龄结构的老化成为必然。从中国教师职业年龄规定情况看，无论什么阶段的教师，男教师退休年龄总体限定在 60 周岁，女教师

---

① 张乐天：《我国农村教育结构演进六十年》，《教育学》（人大复印资料）2009 年第 11 期。

退休年龄限定在 55 周岁。因此，男女教师退休年龄政策上的区别，也是引起教师队伍中老龄女教师比重减少的根本因素。

二　钱多钱少不一样：经济是影响教师结构变迁的基础性因素

经济是基础，经济是多数普通民众选择职业的首要因素，也是影响许多社会成员更换职业的首要因素，同时是职业内部结构变化的基本因素。经济条件是教师地缘结构变化的基础，也是影响教师学历结构变化的基础性因素；经济是教师身份分层的基础，又是教师身份转化的基础，同时是教师身份发展变化的动力。经济在根本上决定着教师性别结构的形成与变化。人口社会学理论认为，人口迁移规律是从经济相对落后地区向经济相对发达地区流动。[①] 2004—2005 年度美国私立学校流动教师的流动起因中，46% 的认为主要是工资和津贴。[②] 因此，经济形态是引起农村地区教师队伍地缘结构变迁的基础因素。自然经济形态下，农村教师收入主要由受教育者提供，基本是自给自足状态。自然经济形态下，各地教师收入差距不大，教师流动性不高，外县籍教师在当地教师地缘构成中主动形成的比重不高。计划经济形态下，东西部和城乡之间经济发展差距也不算太大，为外地中小学教师服从国家经济宏观发展计划而主动来到西部，推动西部农村地区教师户籍结构外籍化变化奠定了基础。市场经济形态下，农村教师地缘结构是自主变化的。在市场经济的经济利益驱动下，外地、外省教师纷纷回流城市和发达地区，导致西部农村教师地缘结构的单一化。尽管在 20 世纪 80 年代后期，西部农村地区一度出现了外省籍中小学教师数量回升现象，其实是在国家短期性经济补助、资助和奖励政策下的表面性的短期性行为。外省籍教师在西部农村教师队伍中所占地缘结构比值事实上一直保持在下降序列中。与此同时，本地骨干教师开始大量外流，从而导致农村教师队伍地缘结构日趋单一化、本土化和不良化。应该说，社会经济发展，城乡之间、东西部之间经济差距和教师收入差距日益拉大，是引起西部农村地区教师地缘结构单一化、本地化的根本因素。

---

①　"西部大开发中的人口问题"课题组：《西部大开发中的人口问题》，中国统计出版社 2005 年版，第 119 页。

②　杜晓利：《教师政策》，上海教育出版社 2012 年版，第 259—260 页。

马克思说过，人只有在吃饱饭以后才能进行精神生活。马斯洛（Abraham H. Maslow）也说过，人的需要是有层次的。物质需要是最低层次的需要，精神需要是最高层次的需要。所以，经济困难时期，国家和整个农村地区都无力大量培养高学历教师，多数经济困难家庭也因经济条件而无法支持子女提高学历。所以，此时文化层次高的教师一般都出身于经济条件好的家庭，经济困难家庭的孩子上完小学，最多在上完初中后就要工作，导致能胜任中学教学的当地高学历教师极其稀缺，只能完全依靠外地教师实施中学教学活动。而只有在国家财力、农村地区的经济条件有了大幅度提高，国家、地方以及农村学校、家庭用于教师学历教育的经费也有了大大提高之后，教师学历才可能得到明显提高。但一般越是有钱人家的子女越有条件提高其学历层次，从而成为高学历教师。家庭经济条件略差的孩子只能接受低层次学历，甚至选择免费师范专业教育，进而成为中小学教师。

影响教师学历提升的另一个经济因素是投入与产出之间的关系。个人投入少而收益率高，人们提高学历的积极性高；个人投入多而收益率低，人们提高学历的积极性相应会降低。在职教师进修、函授学历的一个重要目的是降低成本、增加个人收入。因此，多数地区、多数中小学教师纷纷开展学历提高的一个重要因素是，任职学校答应毕业后报销学费。如果学校不报销学费，他们根本不去提高学历。当下不少地区的许多教师不愿意继续攻读教育硕士学位的主要原因也是经济因素。因为仅攻读该学位的学费就在15000元以上，还不算其他开销。而读完硕士学位之后，多数学校普遍不给报销学费，又没有其他收益率，个人学历完成后不能给其增加其他任何方面的收入。

从身份结构层面看，经济是教师社会身份结构形成和变化的深层次、基础性因素。20世纪后期，在教育快速发展过程中，由于国家财力所限，将大批公办教师转为民办教师。[①] 临时民办教师比重的上升发展是国家农村教育、农村教师财政投资比重不高的体现，而正式公办教师比重上升则是国家教育投资力度加大和地方教师教育投资比重下降的体现。国家困难时期教师身份会下降，20世纪50年代至70年代后期公办教师民办化是

①　王献玲：《中国民办教师始末》，知识产权出版社2007年版，第65—66页。

经济困难时期，国家无力承办大教育，要求利用民间和社会力量发展教育的结果。国家经济崛起后，经济为办学形式、办学主体的多元化创造了条件，也促进了教师身份的多元化发展，并为教师身份转化提出了要求。

从性别层面看，经济形态变化是各地区教师队伍性别结构形成及变迁的基础性因素。有研究认为，经济越落后地区主要依靠体力进行农业生产活动，女性就业人员比重下降确实更有助于提高劳动收入份额。[①] 19 世纪的美国，每当农忙季节，当男性大量投入农活时，妇女便被请到暑期学校去代课。史学家迈拉·斯特贝认为，学校管理者雇用女教师，主要是因为她们"便宜"。20 世纪初至 20 世纪 40 年代，美国教师工资增长推动男性进入教师职业和教师性别结构变化也是实例。[②] 从我国就业实际情况看，越落后地区从事收入待遇不高的农业劳动的女性越多，从事收入相对较高的文化教育事业的男性越多。在经济完全崛起和生产力水平充分发展的情况下，随着从事农业生产人数的大幅度减少，才可以为解放女性、促进女性进入文化教育等广泛性社会职业创造条件。而且在地区和世界范围内，经济越发达的国家、地区，中小学女教师数量越多、比重越大；经济越落后的国家、地区，中小学男教师数量越多、比值越大。[③] 因此，在农村地区从传统农业经济形态向工商业经济形态转换过程中，随着各行业人员收入结构的变化，教师性别结构的调整变化也成为趋势。

从年龄层面看，经济对教师年龄结构变化具有调剂作用。一般而言，教师工资高的时候，就能吸引年轻人从事教师职业，也能稳定三四十岁的青年骨干教师；教师工资、津贴待遇高的地区容易吸引年轻教师，也能稳定中青年骨干教师；教师工资低的时候，年轻人不愿意进入教师行列，有一定个人资本的中青年骨干教师又会纷纷离开教师行业到其他行业谋生。工资待遇低的地区也不容易留住教学能力较强的中青年教师。老教师则由于体力和精力不足而很难流动到新的教学单位，从而导致教师年龄结构的

---

① 姜磊、张彤玉：《女性就业人员比重和劳动收入份额——基于中国省级面板数据的分析》，《当代经济研究》2008 年第 12 期。

② 郭志明：《专业化视角下美国教师性别结构变迁研究》，《天津师范大学学报》（社会科学版）2010 年第 4 期。

③ ［美］马里斯·特雷莎·西尼斯卡尔科：《世界教师队伍统计概览》，丰继平、郝丽平译，华东师范大学出版社 2007 年版，第 9—13 页。

失调发展。而且在多数国家，教师工资增长是随着工龄增长而不断增长的，由此导致年轻教师最需要钱的时候没钱花、不稳定，而老教师自身对经济需求不高的时候，钱反而多，也更加稳定，从而更进一步引发了教师年龄结构失衡。[1]

总之，经济因素对教师学历、专业、性别、年龄、身份、地缘构成等方面都有重要影响。计划经济时代，鲜有职业的变迁与流动；市场经济背景下，我国职业变迁的速度越来越快，不同职业数量比例变化速度也越来越频繁。社会职业变化的趋势使人们有更多的机会去选择自己喜欢或者能胜任的职业，[2] 从而导致学历、性别、年龄、身份、地缘优势教师的流动。

三　顺应大于变化：文化传统是影响教师结构变迁的深层次因素

文化传统对教师结构的深层次影响，集中体现在教师专业结构和性别结构的变化方面。一方面，社会文化环境广泛而深刻地制约着教师专业结构的形成，并影响着教师专业结构的变化。我国几千年沿袭下来的原始、简单、贫乏和落后的文化环境（学生素质、家长态度、社会环境），在整体上不断默认着非专业化教师的存在，一直存在着无资格证书和低学历教师，导致许多教师普遍缺乏专业认同感、回避课程改革和教学变化、合作意识不强以及专业发展上的边缘化，也制约了各地区教师专业结构优化调整的速度。另一方面，传统文化也制约着教师性别结构的变化，是引起教师性别结构形成与变迁的历史和深层次因素。张立文先生说过，传统似乎无声无息、无影无踪，然而却无处不在、无时不有、无孔不入。人们想努力摆脱它、甩掉它，但总是自觉或不自觉地受它的制约和支配。[3] 作为一种形式，传统常常以文化内容、手段的方式规劝和约束人们的行为。因此，文化与传统又如影相随、难以分离。

与国外其他地区一样，我国广大民众思想文化的内核也是传统文化，

---

①　［美］马里斯·特雷莎·西尼斯卡尔科：《世界教师队伍统计概览》，丰继平、郝丽平译，华东师范大学出版社 2007 年版，第 9 页。

②　孟慧：《职业心理学》，中国轻工业出版社 2009 年版，第 8 页。

③　张立文：《传统学引论——中国传统文化的多维反思》，中国人民大学出版社 1989 年版，第 1 页。

而我国传统文化的内核则是儒家文化。儒家文化在亲善、和谐等人伦道德方面有许多值得继承和发扬的东西，也有一些明显不足。儒家文化强调"男主外、女主内"、"男强女弱"、"男人走州又走县，女人围着锅头转"等，自元代以来这些观点一直是我国社会各阶层的共识，也是广大女性自以为是的招牌，是我国广大女性难以逾越和不愿意逾越的一道道门槛，是限制农村女性走出家门和女性不愿意主动谋求社会职业、社会地位的基本动因，也是广大农村地区女教师比例不断变化的深层次因素。而且传统文化在越落后地区保持的越持久，儒家文化观念在越落后地区影响越深远。传统习俗同时认为，从事竞争性强的职业影响女性"温柔文静"的形象，应由男性从事。女性择业时应把"适不适合"女性做和职业的女性气质放在第一位。因此，在社会职位紧缺的情况下，农村地区普遍将竞争性强、文化层次和社会地位高的教师职业让位于男性，女性只能从事工农业、服务业劳动。随着社会职业增多，农村地区女性开始将竞争性较小、稳定性较大的教师岗位放在了职业的首选位置，农村男性将能够施展才能、富于挑战性的职位放在了职业选择的优先位置。[1] 经济是人类文明进化的基石。经济越落后地区传统习俗势力越强，经济越发达地区人们的思想观念越开放。因此，农村因经济落后而长期因循于重男轻女观念。在儿孙满堂但经济贫困的情况下，只能以牺牲女性受教育权的方式优先发展男孩子，这是导致女性受教育程度长期滞后于男性的基本因素，也是世界各国农村地区女教师比值长期滞后的深层次因素。

四　整体变了局部也就变了：教育发展变化决定着教师队伍结构变迁

教育结构由教育的软硬件结构组成。教师结构是教育软件结构的主要方面之一，也是决定教育发展水平的根本力量。教育发展水平反过来又制约着教师结构的发展变化。从教育自身层面看，各地区教师结构变化也是当地教育普及发展以及人口素质提高的结果。文化教育事业极其落后的时代，一些农村县几乎没有土生土长的高中学历教师，造成教育变革时期只

---

[1]　吴贵明：《中国女性职业生涯发展研究》，中国社会科学出版社 2004 年版，第76—77 页。

能依靠外籍支教教师推动教育运转的局面。随着本地中等教育、本地初等师范教育以及本省高等教育事业发展，许多地区有了可资利用的师资力量，越来越多的本地教师充实到了当地中小学教师队伍，大大提升了本县籍教师在教师地缘结构中的比例，也为外省教师回原籍贯工作和降低外地教师地缘比重创造了条件。应该看到，教师地缘结构比重变化既是本地教育发展的结果，也是外地教育获得更快发展和吸引的结果。在各国各地区教育发展过程中，城乡和地区教育发展始终不平衡。在农村和一些地区教育发展的同时，城市和经济发达地区教育可能有了更大发展，导致城乡之间教育差距持续拉大。在教育持续升温以及家长对子女期望值持续增长的情况下，农村地区教师开始带领子女到城市、在经济发达地区谋求两代人、特别是子女发展成为大趋势。50 年代从北京来到某农村中学支教的全国劳动模范×××老师也是在这种背景下，于 80 年代末携带妻儿离开农村的。也应看到落后地区管理和服务工作跟不上去，不重视人才也是外地教师流失的原因。

其次，教育发展水平是教师队伍专业结构变化的内在因素。一般而言，教育发展程度和水平高的地区，对教师质量和教师专业化要求就高，教师质量和专业化程度相应高；教育发展水平不高的地区，对教师质量和专业化要求不高，教师专业化程度相应低。从本书与周卫勇对山东省普通高中教师专业结构调查结果比较中可以看出，东部地区教师专业化程度高于西部，城市教师专业化程度高于农村。[①] 而教育发展水平滞后时期，对教师质量和专业化要求不高，教师专业化程度相应较低；教育发展水平高的时期，对教师质量和专业化要求高，教师专业化程度相应较高。教育阶段越高，对教师专业化程度要求越高，教师专业化程度越高；教育阶段越低，对教师专业化要求越低，其师范专业化程度越低。而总体上小学教师师范化程度低于初中，初中教师师范化程度低于高中。这些在我国东部、西部，城市、农村地区的师范专业教师结构演变中都可以印证。农村地区教师专业结构变迁轨迹与农村地区教育发展节奏相一致，也应该是地区教育发展要求的结果。

---

① 周卫勇：《山东省普通高中教师来源结构调查与相关政策分析》，《教师教育研究》2010年第 3 期。

另外，区域教育发展的历史也制约着其教师年龄结构的变化。教师年龄结构与地区或学校发展历史息息相关。一般而言，在地区或学校教育发展的早期阶段或初创期，师资处于大量引进阶段。由于教师数量匮乏，有一定工作经历和能力的中年教师短缺。为维持和发展广大开发地区教育，政府及所属学校往往无暇顾及教师经验、能力与年龄构成，许多开发地区教师年龄普遍处于低龄化运转状态，教师平均年龄总体不高。当一个地区、学校教育发展进入成熟稳定期以后，教师的进出更多地处于理性和平稳化状态，教师年龄结构相对合理；当一个地区、学校教育进入衰退期，由于教师需求量大大减少，培养和引进的年轻教师数量将相应大量减少，教师平均年龄也就相对较高。

五　总量变了分量也会变：人口结构变化对教师结构变迁有细微影响

人口结构主要由不同职业人口构成，教师结构变化是职业人口结构变化的主要方面。二战以来，国内外人口质量和数量方面都发生了根本变化。其一，人口数量大幅度增加，目前，中国人口数量已经是二次世界大战结束后的三倍以上，人口文化素质也有了明显和大幅度提高。20 世纪五六十年代，在落后国家的许多自然村落中找一个初中文化程度的人都很困难。而 2000 年后，多数发展中国家的多数乡村中的多数人口都已经达到初中以上文化程度。50 年来，我国人口质量、数量方面的变化为本地各行各业从业人口数量、质量增长与比值提高奠定了基础，也推动了教师质量、数量及其比值的相应提高。从年龄方面看，区域内人口年龄结构变化在某种程度上制约着教师年龄结构的变化。一般而言，当一个国家或地区人口处于扩张时期，由于新生人口数量和比重不断增加，教师平均年龄相对较低；人口年龄处于老龄化时期，由于新生人口数量、比重减少，教师年龄也向老龄化发展。因此，教师年龄结构与一个国家、地区人口年龄结构基本呈正相关。20 世纪五六十年代，我国人口总体呈现增长态势，教师年轻化现象明显。20 世纪 90 年代，我国人口总体呈现老龄化趋势，教师队伍老龄化态势也较为明显。

六　个体变了群体也就变了：教师结构变迁是教师个体变化的自然结果

教师身份转化、变迁与个体职业及其身份认同关系密切。影响教师身份认同的因素复杂多样，但综合起来主要反映在宏观层面的国家政策制度，中观层面的地方相关政策制度、学校组织文化，微观层面的教师个体知识、情感态度与价值观等几个方面。[①]　其中，个体情况是基础性因素，国家有关政策制度是关键性因素，地方政策制度以及各种条件是动力因素。一般而言，个体因素包括：（1）与个体学历、职称、能力、工龄和教龄相关的一般性智力因素。学历是个体知识程度的象征，能力是个体教学水平高低的具体体现，而工龄、教龄则是一个人教学经验、实践能力的反映。有些人因为工作能力强、教学成绩突出，经常被评为优秀教师。按照许多教育行政部门规定，优秀教师在身份考试转化过程中，可以以降低分数段的方式被优先正式录用，从而顺利完成身份转化。有些人因为有较长时间民办教师的工作经历，被一些教育机构简单培训后直接转正为公办教师。有些人因为工龄短而不能成为正式教师。公办正式教师在家庭资助和个人努力下，一般都取得了较高学历。而且，随着社会发展和教师职业专业化的发展，他们普遍获得了教师资格证书，进而又获得了不同层次的职称。因此，他们的知识、能力和资格条件相对较高，其教师身份地位获得了政府部门和社会的普遍认同，进而促进了正式教师群体比例的提高。而民办教师、临时代课教师、支教教师等各种身份的非正式教师，因为其学历、职称、教师资格、教学经验、教学能力等方面的问题而难以获得政府部门和社会的认同，进而影响到非正式教师群体的发展。

（2）与个体年龄、性别、动机、需要、价值追求及其家庭出身相关的特殊性非智力因素。性别、年龄是一个人体力和工作精力的反映，动机、需要、价值追求则是一个人身份转化的内在动力，家庭出身和政治思想表现在特殊年代则直接影响一个人身份的转化。20世纪50—70年代的民办教师多数是家庭出身好的贫下中农子弟，获得工农兵大学生资格和转为正式教师的民办教师也多数是贫下中农子女。20世纪80年代，全国不

---

① 李茂森：《教师身份认同的影响因素分析》，《教育发展研究》2009年第6期。

少地区的教师子女可以以接班①方式直接成为民办教师，乃至转正为正式教师。表明个人家庭出身在特定时期，在个体身份转化中具有特殊作用。而个体年龄对其身份结构变化也有重要影响。特岗教师政策实施以来，国内不少地区特岗教师招考政策中规定，应聘者年龄不能超过 31 周岁。因此，一些年龄适合者通过考试后顺利转变了身份，成为特岗教师；有些人因超过了特岗教师招聘的年龄界限，即使通过了报名考试、达到了录取分数线，最终还是被告知不能被录取，只能继续做临时代课教师。而个体意志品质和执着精神对教师结构变化也有不可忽视的影响力。有些教师对教育事业充满了感情，为了教育事业舍弃了一切，最终在不懈努力下，成为正式教师。有些人对身份转化不抱有希望，在非正式教师岗位上干不了几年就自动辞职而无法完成职业内身份转化。关桥乡马湾村小学李老师做了四年代课教师。四年中他每年参加特岗教师考试，期盼着身份转正，但每年因为分数不够而继续做被代课教师。在第五年终于通过了考试，变成了正式教师。

与个体专业发展相关的家庭内容是主要因素。家长职业、家庭经济、家长对不同职业的态度对学生职业选择、对学生师范与非师范专业的选择都产生重要影响。一般而言，工人、农民在所有职业中所占比重比较大，他们对子女的职业期望不高。工人、农民群体普遍希望其子女能长期从事有稳定收入的职业，其子女从教、成为师范和非师范类教师的可能性相应大，也是社会下层人群子女在师范专业毕业教师所占比例偏高的重要因素。但在农村文化教育条件极为落后的年代，由于农村学生很难接受到专业性教育，他们相应很难介入到专业性教师行列，只能成为非师范、非专业性的民办、代课教师。这也是非师范类、非专业性教师比例增高的基本因素。随着农村教育的普及与发展和农村人文化素质的提高，越来越多的农村人走向了教师专业和社会地位更高的其他职业，而工薪阶层家庭中越来越多的家庭让子女离开教师行列和教师专业，走向收入和社会地位更高的其他职业，成为教师专业结构变化的基本要素。通常情况下，社会需求程度高的热门专业毕业生，其自我功利价值大，所需付出的学费也高；社会需求量大的普通专业毕业生，其社会地位相对较低，所需承担的学费也

---

① 指父母亲一方为教师的，如果提前申请退休，可以让自己的子女代替自己而成为教师。

低。师范专业未来的收益率低，其社会地位和所需学费也相应低。因此，师范专业学生多数来自家庭条件一般，甚至家庭经济条件不好的家庭。

与动机、需要、价值追求相关的个体因素是影响农村教师专业结构变化的深层次要素。一般而言，随着时间和年龄的变化，个体职业兴趣、爱好、动机、需要以及职业价值追求可能会发生变化。但那些自动选择师范专业的人由于具备稳定的职业兴趣和职业追求，其专业选择往往不会有太大变化，从而促成教师专业结构的稳定发展；那些被动选择师范专业的人因专业和职业兴趣不稳定、职业变动欲望强烈而导致专业行为变化和教师专业结构变化。那些自动选择师范专业的毕业生往往顺利地成为了专业教师，那些被动选择师范专业的部分毕业生往往会主动离开师范专业和教师专业而选择其他专业。而一些非师范专业毕业生由于职业兴趣转移，可能会主动转向教师专业，一些非师范专业毕业生可能根据就业和生活需要，被迫选择教师职业。但从历史上看，不同时期人的职业价值需求不同。20世纪五六十年代，人们不注重职业外在的功利价值、职业之间的功利差距也不大。所以，人们选择专业时更注重的是个体的内在需要，自主选择教师专业者的比重相应高。20世纪80年代改革开放、特别是2000年后，随着专业社会差异和收益差距持续拉大，人们越来越注重专业带来的功利价值，自主选择教师专业的愿望和动机开始大大降低。当制度不再强制从业时，教师队伍中师范专业毕业人员的自然减少成为一种必然趋势。而当非师范专业中的一些弱势专业毕业生无法找到满意工作、被迫选择临时教师职业时，非师范专业教师比重将会因此而增大。

教师个体婚姻及其人身安全是制约教师地域性别构成状况、导致农村女教师比例偏低的生物因素。在普通民众和行政官员看来，女教师到乡下基层学校工作会出现很多问题。一方面会出现安全隐患。行政村学校教师数量少、又缺乏住宿条件，有条件住宿和需要住校的外乡籍教师更少，被迫住校的女教师必然会面临较大的安全隐患问题。而无条件或不愿意住宿的女教师因为需要在家、校之间长期奔波，如果其体力不支就会影响上下班时间，最终要影响教学质量。另一方面，女教师在村级学校工作也会出现婚姻困难。受传统男强女弱观念影响，一般而言，农村男教师普遍喜欢选择与自己职业层次相当或者比自己职业层次低的异性做配偶，女教师普遍希望与比自己社会地位和职业层次高的人为配偶。由于农村地区可供选择的职业不多，文化层次高的男性相对少，女性的婚姻诉求在乡村地区、乡村学校一般很难实现。当然，按照部分教师观点，女教师相对"听话"、教学认真，领导怎样安排就怎样干，因此容易优先被城镇学校留用；男教师个性强，我行我素、不服从领导管教，往往会被发放到基层学校，成为引起乡村女教师比例偏低和男女教师失衡的另一因素。因此，受各种因素影响，国内外许多农村地区的学校普遍缺少女教师。

　　而个体身心发展特征在某种程度上也制约着教师年龄结构的变化。未达到一定年龄段的人，其生理和心理机能方面还没有发展成熟或没有定型，不具有稳定的职业心理特征，也更容易造成职业流动和变化。而超过一定年龄界限的人，受心理影响不易改变个人职业。因此，老教师阅历丰富、行事稳重、职业活动目标明确，不太愿意和容易接受新的职业，长期进行的是稳定性极高的教师职业。而年轻教师更容易和愿意尝试新职业。[①]

七　被迫与挣脱：自然、社会环境在教师结构变迁中的绝对影响力

　　良好的环境与合理性教师结构形成具有明显的正相关性。一般而言，人们普遍期望在自然环境、社会环境好的地区工作。在环境好的地区工作容易出成绩，在环境不良地区生活，影响其个体及其家庭的发展。[②] 因此，环境好的地区可以利用其优越条件，引导和控制形成好的教师身份、性别、年龄、地缘、学历、专业等结构，而环境相对较差的地区教师结构可能长期在恶性状态中循环。

　　从环境与教师身份结构关系看，自然、社会环境是决定教师身份能否存在和转化的突出因素。一些地处偏远落后、交通不便、生存条件恶劣地区的学校，其校园建筑破旧，教学条件极其简陋，教学设备十份落后，教师个人生存乃至吃饭、住宿问题很难解决。多数公办教师根本派不下去，即使派下去也普遍待不长久。为维持正常教育教学工作秩序，一些偏远学校只能聘请民办、代课教师。因此，不良自然、社会环境是非正式教师长期存在的重要原因，也是导致正式教师数量不足的因素之一。如果民办、

---

　　① 孟慧：《职业心理学》，中国轻工业出版社 2009 年版，第 106 页。
　　② 杜晓利：《教师政策》，上海教育出版社 2012 年版，第 237 页。

代课教师工资待遇低、长期不能转正，必然影响其工作的稳定性，继而影响到落后地区学校教育的继续存在。

从环境与教师年龄结构关系看，自然、社会环境也影响良好教师队伍年龄结构的形成。一般而言，越是农村偏远地区越不容易留住中年骨干教师，教师老龄化或者过于年轻化现象严重；越是城市和发达地区越容易吸引中年骨干教师，教师年龄的中间化现象比较突出。而随着自然、社会环境的改善，环境对不同年龄教师的进出影响减小，教师年龄结构也趋于改善。因此，优化教师年龄结构，需要注意从改善自然、社会环境入手，做一些深层次工作。

从环境变化与教师学历、专业结构变化关系看，自然环境变化对教师学历和专业结构变化有明显影响。一般而言，自然、社会环境不良地区只能接收到低学历、专业程度不高的教师，教师学历结构和专业化程度普遍不高；自然环境和条件优越地区可以有效吸纳高学历、专业化程度较高的教师，教师学历及其专业化水平相应要高。因此，农村地区教师学历及其专业结构的改善，需要通过改善和优化农村自然环境的方式进行。

从环境变化与教师地缘变化关系看，自然、社会环境对教师地缘结构及其变迁也有重要影响。在人们思想观念极其保守的时代，人们对自然、社会环境的优劣程度重视不足，自然、社会环境对教师地缘变化影响也不大。随着改革开放和社会经济发展，人们将越来越注重工作生活环境状况。因此，在现代社会，自然、社会环境条件恶劣地区只能接收到本地教师，其本地、本县、本村籍教师相应较多；自然、社会环境条件优越地区可以吸纳外地教师，外县、外省和外地教师相应较多。因此，为有效优化教师地缘结构，需要注重农村地区自然社会条件的优化和改善。

八　短缺、补充与排斥：教师结构变迁的根本动力

依据辩证唯物主义观点，事物发展的动力来源于其内部矛盾。教师结构发展变化的根本动力源于其内部矛盾，源于其地缘、专业、学历、性别、年龄等方面的内在矛盾冲突，归根结底是教师结构短缺、补充与排斥和结果。从教师学历结构变化要素看，一般而言，学历层次越高，教师知识层次、专业化水平和整体素质越高，教师工资待遇、社会地位相应也越

高；学历层次低，教师的知识层次、专业化水平和整体素质相应较低，其社会地位、工资待遇相应要低。因此，教师队伍学历是分层次的，任何地区的教师队伍由不同层次学历者构成。任何地区、学校都不断谋求高学历教师。一些教师为了提高自身在学校的地位和工资待遇，想方设法通过各种渠道提高自身学历层次，而另一些教师则由于自身及其他因素影响而不能获得更高学历，也是引起教师队伍学历结构变化的因素。

在当代社会，职业是最重要的社会分层标准。职业分层通常与个人成就大小相一致，是社会对个人成就的一种认可。个人职业地位越高，其收入待遇与社会声望也越高。而长期以来国内外中小学教师职业一直处于社会下层位置，一些农村教师认为教师职业只是比农民地位高一点的职业。而在整个职业社会中，女性相对处于社会最下层职业，男性处于社会上层职业。在农村，农业人口是职业人口的主要构成，女性则成了农业人口的绝对主力。男性又是农村教师队伍主力。进入工业化时代以后，社会职业类型及分层逐渐加剧。随着社会职业类型的增加和社会分层的加剧，男性逐渐离开教师职业，进入社会地位更高的职业，女性则逐步进入教师职业。因此，教师性别结构变化往往以一种性别数量的减少和另一种性别比值的增加为特征。但教育教学与学生发展往往需要不同性别的教师，保持不同性别教师的共同存在与平衡发展是教育教学发展的基本需要。在现代教师职业和学校内部，男教师更多地从事了管理工作，女教师一般从事普通教育教学活动；男性从事某些实践课程教学活动，女性从事另一些文化课程教学活动。因此，男女教师是相互补充的教师集体，在相互补给中维护了学校教育教学活动以及学生的发展。

第二节　西部某县教师结构变迁原因

一　西部某县教师地缘结构变迁原因

人口社会学理论认为，人口迁移规律是从经济相对落后地区向经济相对发达地区流动。① 因此，经济变化是引起农村地区教师队伍地缘结构变

---

① "西部大开发中的人口问题"课题组：《西部大开发中的人口问题》，中国统计出版社2005年版，第119页。

化的内在动力。20世纪40年代自然经济形态下，农村教师收入主要由受教育者本人及其家庭提供。乡村教师收入多数处于自然补给状态。其时农村经济普遍薄弱，各地教师收入差距不大，但教师收入比一般百姓还是强许多。因此，为了谋取较大的生存空间，农村教师流动性高，农村外县籍教师在当地教师地缘构成中占据了较大比重。40年代，M县46%以上的初中教师都是外地教师。20世纪50—70年代计划经济形态下，我国东西部和城乡之间经济发展差距也不大，同一系统中各地职工收入没有明显差距。20世纪50年代从北京来到M县的Z老师认为，50年代的北京也破破烂烂的，城郊也是沙子路。来到银川、M县之后感觉变化很大，但和想象中还有一定差距。城乡之间、东西部之间教师收入差距不大。由于教师在任何地方工作对其收入影响不大，大批外地中小学教师服从国家经济宏观发展计划来到西部，推动了西部农村地区教师地缘构成上的快速外籍化发展。到1958年，M县外省籍小学教师占当地小学教师总数的70%，外省籍初中教师占到当地初中教师总数的90%以上。20世纪80年代市场经济形态下，农村教师地缘结构是自主选择和自主变化的结果。20世纪80年代后，在国家讲师团、志愿者服务队和支教教师政策等因素推动下，一度出现了外省籍中小学教师数量回升现象，但这只是临时现象。在市场经济和经济利益的驱动下，外地、外省教师回流到城市和发达地区是一种大趋势，而且其地缘结构比值一直保持在快速下降序列中。20世纪80年代后期至2008年，M县外省籍小学教师以每十年3倍的速度在下降，2000年前，M县外省籍初中教师比例则基本以每年1个百分点的速度在下降。与此同时，本地骨干教师开始大量外流，从而导致西部农村教师队伍地缘结构日趋单一化、本土化和薄弱化。应该说，随着社会经济的发展，城乡之间、东西部之间经济差距和教师收入差距日益拉大，是西部农村教师地缘结构单一化、本地化的根本原因。正如M县兴仁中学G老师所言，乡村教师除了死工资以外没有其他任何收入，城里教师有代课费、补课费、晚自习费、节假日补贴。因此，自己的老师都留不住，更不用考虑吸引外地教师了。尽管2000年以后，外省籍初中教师、本省籍初高中教师数量及其地缘结构比值开始逐渐增加，但此时的外地教师主要是社会竞争中被城市和发达地区挤压下来的人员，外地籍教师此时的地缘变化目的主要不是为了工作和事业，而是为获取稳定的工资收入。2008年来到

M 县关桥中学的河北保定籍教师何某最初担任了两个班级的教学任务，后来由于不能胜任教学，被下放到教务处任干事。何某也承认大学毕业后没有能力回到保定去，为了生存和就业选择了 M 县。

政治政策是农村地区教师队伍地缘结构变迁的外在力量，也是西部农村教师结构变化的最直接原因。20 世纪 40 年代，中小学教师由地方教育行政部门和学校自行聘用为主，国家政策对教师任用影响力较小，地方师资政策对教师地缘变化影响大。针对当地教师数量严重短缺的情况，M 县县政府决定聘请外地教师到本县教学，同时决定每年给在外地读书的当地大中专学生一定的补助，毕业后强制其回乡教学。① 新中国成立以后，中国社会流动和社会结构变化都是在几次政治变迁背景下发生的，受到了国家政策的强烈干预。尤其在改革开放以前，国家垄断了一切社会资源，在政治上直接主宰了每个人社会位置的变化，也决定着社会结构变化。② 20 世纪 50 年代后期至 70 年代，国家为了教育、改造"右派"和"极右派分子"，缓解北京、上海等大城市人口压力，加强西部边疆民族地区建设，连续遣送"地、富、反、坏、右"等"阶级分子"到西部农村劳动改造，还连续三次派遣大批支边人员、支援西部农村教师队伍建设，成为西部农村地区外省籍教师队伍数量迅速扩大及其地缘比重提高的主要原因之一。而西部各省区根据本省落后地区教育发展的需要，不断将应届师范学生分配到该县域参加工作，则成为当地外县籍教师比重持续增长的主要原因之一。在阶级斗争扩大化过程中，西部许多学校为防止滋生腐败、影响学校教学工作，常常将夫妻二人调配到不同学校工作。而教师个人为回避政治风险，"自觉"服从组织安排。阶级成分不好的外县籍教师明哲保身起见，常常主动采取异地工作方式；个别想回原籍工作的外地教师，因为家庭成分不好而往往难以成行，这又成为 20 世纪 60 年代当地本省外县籍农村小学教师地缘比重迅速提高的原因。1968 年，M 县外县籍小学教师比例比十年前提高了十个百分比。"文化大革命"结束以后，随着知识分子政策落实和知识分子"右派帽子"的摘除，外省籍教师开始陆续回原籍工作。1978 年，M 县外省籍小学教师数量比 1968 年减低三分之一，

---

① 　M 县教育局教育志编写组：《M 县教育志》（内部资料），1991 年，第 19 页。
② 　陆学艺：《当代中国社会流动》，社会科学文献出版社 2004 年版，导言第 6—9 页。

而其外省籍初中教师比例较十年前降低了一半以上。种种因素成为 M 县本地教师比重大幅度提高及其教师地缘结构本地化发展的主要原因。但是，由于本地教师队伍力量还没有完全壮大和崛起，高学历外地教师的回乡申请仍然被一再拒绝，低学历、年龄大的外地教师又难以被其来源地接纳，又是西部农村外地教师未能迅速消失的原因。从北京来到 M 县支教的赵老师说，20 世纪 80 年代初期，M 县外调一名高中教师要上县委常委会会议。他当时已经与北京的亲戚联系好了，把到北京的指标都落实好了，但几次找县长都不放。县长说：您是 M 县的教学"支柱"，您走了，M 县的高中怎么办。再待上两年，等这边师资力量发展起来以后再回去。结果，两年后，回北京的指标过期作废了，他再也没能回去（但在 90 年代末他已经离开了该县到了省会城市）。

　　20 世纪 80 年代，国家制定实施了委托培养、定向招生和大学生"从哪里来到哪里去"的就业政策，也是西部地区本地教师力量持续增长及其外地教师比值进一步下降的原因之一。十一届三中全会后，国家提出西部大开发战略规划，随之派遣了大批讲师团、支教队等专业技术人员，导致 20 世纪 90 年代前西部农村地区外省籍教师数量上的扩充。但这些"教师"多数是外地学校的后勤行政干部，他们对当地教学的功能影响极其有限。[①] M 县一中学校长说，由于外派教师中许多人专业不对口，为避免形成新的教育问题，当地学校一般不给其安排上课。随着 20 世纪 90 年代国家就业政策的放开和个体就业方式的自主化发展，外省区应届大学生极少来到西部农村地区就业、创业，来到西部农村地区就业的应届大学生多数是在外地无能力立足的本地力量。这是造成 90 年代后期，西部农村地区本地初高中教师地缘比重不断攀升，以至发展到历史最高点的原因。近十年 M 县外省籍初中教师数量增加了三倍，其比值增加了一倍以上；其本省外县籍高中教师数量较十年前提高了一倍。一个原因是西部地区的多数大中专院校为了获得高质量生源，开始向文化比较发达的一些省份招生，而中东部地区的一些高考成绩不理想的考生为了能尽快上学，纷纷选择了到西部上学。其中一些人上学结束后选择了就地就业，导致当地教师队伍地缘结构变化。另一个原因是国家为了有效解决农村地区教师编制严

---

　　① 田方、林发棠：《中国人口迁移》，知识出版社 1986 年版，第 77 页。

重不足、年龄老化等问题，从 2006 年开始，连续实行了五年特岗教师招考计划。由于报考特岗教师没有户籍限制，异地考生纷纷采取哪儿应试竞争压力小、哪儿容易被录用上岗，就在哪儿报名考试的办法。在本省、本市就读的一些外省、外县籍大学生也采取了就近应聘工作的办法，从而造成落后地区外县籍初高中教师地缘比重回升和本地教师比例下降。在本地师范学院就读的陕西籍小学教师李某，就理智地选择了在 M 县应聘就业。他说，因为当年国家给陕西与 H 省核拨的特岗教师名额都是 1000 名，而 H 省南部山区的人口总量少、考生数量少，考生的考试竞争压力肯定没有陕西大。所以，他抱着试一试的态度参加了考试，不料竟被录取了，然后顺其自然地在 M 县做了教师。据了解，受特岗教师政策影响，M 县一些地处县际边界的乡村学校，其外县籍教师已经占到了教师总数的一半。而 2000 年后农村地区本县籍小学教师地缘比重继续提高的主要原因是：小学教师完全是本地化培养的结果。绝大多数人都不愿意长途奔波到西部贫困地区做一名社会公职中地位最低的乡村小学教师，则是 M 县小学本地教师增长速度较快的另一原因。而从"档案身份"视角看，改革开放以前的干部档案身份管理制度使多数人几乎终生在一个地方、一个单位就业。改革开放以后，档案身份变得不那么重要了，没有档案依然就业成为司空见惯的现象。这也让农村教师跨县、跨省区流动工作变成了现实，也为农村教师地缘结构变化创造了条件。①

　　而根据西部地区社会发展的需要，国家、地方政府陆续采取措施，对某些地区行政区域重新进行调整，在形成新的省区、县域过程中，教师的户籍结构随之发生了变化。1958 年之前，M 县隶属于 G 省。1958 年 H 省成立之后，根据 H 省发展需要，将 M 县随即划拨到 H 省地缘板块，作为外省籍的 M 县教师随之变成了本省籍教师，教师省际地缘结构很快发生了变化。1998 年前后，H 省又成立了新的市——ZW 市和新的县——B 县，将 M 县县域内教师旋即转变为本省其他县籍教师。这种政治板块上的变化也是教师地缘结构大规模变化的直接原因。

　　从教育内部看，西部农村地区教师地缘结构变化既是当地教育普及发展以及人口素质提高的结果，也是当地教师用人不当的结果。20 世纪 60

---

① 李强：《中国社会变迁 30 年》，社会科学文献出版社 2008 年版，第 20 页。

年代之前，西部农村地区文化教育事业极其落后。60 年代初期，M 县才建成一所高中学校。60 年代中期，才有了其自身培养的土生土长的高中学历教师，造成"教育大革命"时期只能依靠外籍支教教师推动当地教育运转的局面。20 世纪 60 年代以后，随着本地中等教育、本地初等师范教育以及本省高等教育事业的发展，M 县有了可资利用的师资力量，越来越多的本地教师充实到了当地中小学教师队伍中，大大提升了本县籍教师在教师地缘结构中的比例，也为外省教师回原籍工作和降低外地教师地缘比重创造了条件。应该看到，教师地缘结构比重变化既是本地教育发展的结果，也是外地教育获得更快发展及其吸引的结果。近几年，随着西部地区高等教育的快速发展，西部高校吸引了越来越多的外地考生。这些外地考生大学毕业后有的顺其自然地选择了就地工作，也是西部农村地区外地师资力量比重有所回升的基本原因之一。在西部农村地区教育发展过程中，东部和城市地区经济社会教育有了更大发展，导致东西部之间、城乡之间教育差距持续拉大。在教育持续升温及人们对子女教育越来越重视的情况下，西部农村地区许多教师开始带领子女到城市、在东部地区谋求两代人，特别是子女发展成为大趋势。20 世纪 50 年代从北京来到 M 县支教的全国劳动模范赵老师也是在这种背景下，于 80 年代末携带妻儿离开 M 县的。据了解，20 世纪 80 年代前后，西部农村地区外省籍教师大规模回迁，20 世纪 90 年代，西部农村地区本地骨干教师大量外流，一个重要原因是为了子女未来发展的需要。

人口结构变化是教师地缘结构变化的内在因素。50 年来，西部人口质和量方面都发生了根本性变化。首先，人口数量有了大幅度增加，目前西部人口数量已经是 50 年代的五倍。与此同时，当地人口的文化素质也有了明显和大幅度提高。在五六十年代的西部地区的许多村子中寻找一个初中文化程度的人都很困难，现在西部乡村中 80% 以上的人口都已经达到初中以上文化程度。人口质、量方面的变化为本地各行各业从业人口数量增长和比值提高奠定了基础，也推动了本地教师数量和比值的逐年提高。

二 西部某县教师学历结构变迁原因

导致教师学历结构变化的原因很多，首先，政治制度和政策因素是造成农村教师学历结构变化的根本原因。学历规定既是世界范围内教师学历变化的原因，也是我国教师学历变化的原因。政策制度以学历标准规定的方式引导着教师学历结构变化。西部农村中小学教师学历50多年的变化，基本都是在政府对教师学历标准要求和调控下进行的。50年代以来，为了保证教育质量，各级教育行政部门对各级各类学校教师学历一直做了规定。50—70年代，教育行政部门规定小学教师要达到初师学历，初中教师达到中师及以上学历，高中教师要具备大学以上学历，成为引导这一时期农村教师学历变化的根本原因。1955年7月19日教育部发出通知，争取在数年内有计划地将所有不及初师毕业水平的小学教师提高到初师毕业程度，同时进一步将所有不及师范毕业水平的小学教师逐步提高到相当于师范学校毕业程度。① 根据教育部县办师范的精神，M县成立了初级师范学校，并于1956—1958年期间连续三年培养了三批、每次培训一年，共计培训150多名初师毕业生。这是西部农村地区小学教师学历结构变化的重要原因之一。但由于当地人口素质低，具备大专及以上学历的教师基本都是1957年夏至1958年春全国开展"反右"斗争以来，从城市和东部地区流放过来的右派知识分子。因此，"反右"斗争开始之后，东部地区大批知识分子成了在西部农村学校流放、改造的主要对象。1965年11月，高等教育部召开高等函授教育会议，提出要大力发展函授教育，特别要面向农村发展函授教育，满足农村师资学历提升需要。② 为此，H自治区文教厅转发教育部文件指示，M县文教科安排全县初中教师报名甘肃师范大学函授部学习。1968年6月中共中央、国务院、中央文革小组发出《关于一九六七年大专院校毕业生分配工作问题的通知》，提出面向农村、面向边疆引导大学生就业的要求。为贯彻执行国家相关政策，M县从本省外县以及外省接纳了不少大中专毕业生，成为该县本专科学历教师比重大幅度提高的重要原因之一。③ 所以，60年代西部农村地区具备大专以上学历教师中，除少数函授二次学历的当地教师以外，主要是异地支教的应

---

① 中央教育科学研究所：《中华人民共和国教育大事记》，教育科学出版社1983年版，第136—137页。

② 《中国教育年鉴》编辑部：《中国教育年鉴（1949—1981）》，中国大百科全书出版社1984年版，第898—899页。

③ M县兴仁中学校志编审委员会：《M县兴仁中学校志》（内部资料），2008年，第10页。

届大学生。这是这一时期农村教师学历结构改善的重要原因之一。1966—1972 年期间，全国大中专院校停止招生，"文革"后期专业院校招生情况没有明显改善。70 年代后期，随着高学历教师陆续返乡或被高等院校收取，为发展本地中小学教育，西部农村地区的许多初中被迫将有初师、中师文凭的小学教师选拔到初中，有中师学历的初中教师选拔到高中任教，导致农村地区不同层次学校教师学历层次大幅度下滑。1978 年 10 月 12 日，教育部发出《关于加强和发展师范教育的意见》，提出要"大力发展和办好师范教育，加强教师队伍建设。各地建立师范教育网，积极扩大招生。三五年内要在全国新建若干所师范学院，力争在三五年内经过有计划的培训，使现有文化水平较低的小学教师大多数达到中师程度，初中教师和高中教师在所教学科方面分别达到师专和师范学院毕业程度。"① 随后西部各省市普遍发布了贯彻指示。1983 年 9 月 5 日，M 县文教局在《关于小学公办教师进修的通知》中要求，年龄在 40 岁以下、未受过高中与中等师范教育的小学公办教师在县教师进修学校进修学习两年，学习结束后报请教育厅备案、并承认其中专学历。地方新教师教育政策的制定实施，成为这一时期西部农村小学公办教师学历提高的重要原因之一。而 1982 年国务院自学考试条例的制定、颁布和实施，对农村地区教师学历结构发展与提高起到了巨大作用。1986 年国家教委颁布实施了《中小学教师考核合格证书实行办法》，提出了学历不合格教师学历达标的具体要求。1987 年国务院批转《国家教育委员会关于改革和发展成人教育的决定》，农村教师的学历补偿与提升获得了更多机会，推动了 20 世纪 80 年代末 M 县教师学历结构变化。据统计，我国当时多数学历未达标的教师是通过成人教育获得学历提升的。② 1993 年颁布的《中华人民共和国教师法》提出，国家实行教师资格制度，并对获得教师资格的学历作了相应要求：取得小学教师资格，应当具备中等师范学校毕业及其以上学历；取得初级中学教师资格，应当具备高等师范专科学校或者其他大学专科毕业及其以上学历；取得高级中学教师资格应当具备高等师范院校本科或者其

---

① 中央教育科学研究所：《中华人民共和国教育大事记》，教育科学出版社 1983 年版，第 531 页。

② 钟海青：《西部视角——广西小学教师教育研究报告》，广西师范大学出版社 2005 年版，第 125 页。

他大学本科毕业及其以上学历。① 教师法对 20 世纪 90 年代农村教师学历提升起到了基础性和保障性作用，成为 90 年代后期西部农村教师学历结构大幅度变化的直接原因之一。1998 年，教育部颁发《面向 21 世纪教育振兴行动计划》，第一次明确提出了中小学教师学历提升问题。为此，1999 年 4 月，M 县《教师队伍建设及管理暂行条例》明确提出，凡在 M 县从事教育教学工作的教师，应具备师范院校毕业的相应学历，否则，2000 年后不再安排其从事教学工作。1999 年 6 月《中共中央　国务院关于深化教育改革，全面推进素质教育的决定》中明确提出，2010 年前后，具备条件的地区力争使小学和初中阶段教育的专任教师学历分别提升到专科和本科层次，经济发达地区高中阶段教育的专任教师和校长中获得硕士学位者应达到一定比例。② 1999 年 12 月 27 日，H 自治区党委、人民政府颁布"关于加快教育改革与发展，全面推进素质教育的决定"，决定要求到 2005 年，H 小学和初中教师中具有专科和本科学历的，川区分别达到 50% 和 60%，山区分别达到 30% 和 40%。③ 为此，2000 年 8 月，自治区高等教育自学考试委员会、自治区教育厅研究决定，在全区开展中小学教师学历达标自学考试专业教育。M 县文化教育体育局决定由县电教中心承办全县小学教师学历达标教育的具体业务工作。当年 M 县 201 人参加了学历达标自学考试，两年后这些人基本上都拿到了专科以上学历。④ 2000 年 11 月 25 日，M 县文化体育局发布《M 县教育事业第十个五年计划和 2015 年规划》，提出从 2000 年起，每年保证不低于 20% 的中小学教师参加各种形式的学历教育，到 2005 年力争使本县 50% 的小学教师达到专科化；50% 的初中教师达到本科化，高中教师全部达到本科及以上学历。这些政策措施成为这一时期西部农村地区农村本地教师学历结构变化的直接因素。⑤

---

① 曾晓东、曾娅琴：《中国教育改革 30 年：关键数据及国际比较卷》，北京师范大学出版社 2009 年版，第 129 页。

② 教育部基础教育司：《新编基础教育文件汇编》，北方交通大学出版社 2003 年版，第 8—9 页。

③ 宁夏回族自治区教育委员会：《迈向新世纪——全国教育工作会议暨全区教育大会文件汇编》，1999 年，第 91 页。

④ M 县教育志编纂委员会：《M 县教育志》，兰州大学出版社 2003 年版，第 203 页。

⑤ 同上书，第 434 页。

第一，为贯彻落实党的十六届五中全会精神，进一步加强农村教师队伍建设，促进城乡义务教育均衡发展，根据《中共中央　国务院关于推进社会主义新农村建设的若干意见》（中发〔2006〕1 号）和《中共中央办公厅　国务院办公厅印发〈关于引导和鼓励高校毕业生面向基层就业的意见〉的通知》（中办发〔2005〕18 号）精神，从 2006 年开始，国家教育部、人事部连续实施了五年农村义务教育阶段学校教师特设岗位计划（以下简称"特岗计划"）。通过公开招募高校毕业生到西部"两基"攻坚县县以下农村义务教育阶段学校任教，引导和鼓励高校毕业生从事农村教育工作，逐步缓解西部农村师资总量不足和结构不合理等问题，提高农村教师队伍的整体素质。[①]为此，H 自治区人事厅、教育厅及 M 县教育局、人事局在招考特岗教师时明确要求，应聘小学教师者应具备一次性大专学历，应聘初中教师者应具备一次性本科学历，这一政策的贯彻实施成为近年来西部农村小学教师专科化、中学教师本科化发展的主要原因之一。自 2006 年实施特岗教师计划以来，M 县五年累计补充教师 1100 多人，占其全县教职工总数的 30.55%，而所有补充教师都具备了大学以上学历，对农村教师学历结构改进起到了决定性作用。[②]2006 年 3 月，教育部办公厅下发了《关于做好 2006 年为农村学校培养教育硕士师资工作的通知》，要求鼓励教师通过在职学习获取研究生学历，并积极吸收具有研究生学历的人员成为教师，使高中教师学历结构中具有研究生学历教师人数达到教师总数的 5% 以上。为贯彻教育部、人事部文件精神，西部地区的许多高校积极扩大研究生招生规模，积极培养农村教育硕士。许多高校本科毕业生通过脱产学习，成了农村地区硕士学历教师。而 M 县教育局、人事局为贯彻国家高中教师学历提升指示，以引进高层次人才和引进高层次人才不受编制限制等方式，于 2008 年专门招聘了十多名硕士研究生，并将其全部以正式教师身份安排在县普通高中，也是此一时期西部农村教师学历提升的政策因素。但从 M 县入选特岗教师人员学历整体情况看，初中乃至高中教师中仍不断有专科学历教师渗入。M 县教育局基教股 Z

---

① 教育部　财政部　人事部　中央编办：《关于实施农村义务教育阶段学校教师特设岗位计划的通知》，教师〔2006〕2 号。

② M 县教育局：《M 县特岗教师花名册》（2006—2010 年）。

股长说，有门路、关系硬的，只要有学历就行，不在于文凭高低。说明政治特权在西部农村教师学历结构变化过程中具备重要影响力。政治特权既在促进又在制约着教师学历的提高。

第二，经济是基础。经济是学历变化的基础性条件，经济形态变化也是西部农村教师队伍学历结构形成及变迁的根本动力。从学历结构变化的职前基础看，20 世纪 40 年代至 60 年代，西部农村生产力水平不高，农村地区经济一直处于落后状态。当地农民普遍没有经济能力供养子女上学，多数农民子女只能接受到小学教育，个别农村孩子才能接受到初中教育。文化程度高的孩子一般都来自经济条件好的家庭。20 世纪 60 年代经济困难时期，M 县农民人均年收入 55.52 元。① 从 1949 年到 1960 年的 12 年间中，M 县仅有 146 名适龄儿童接受了初中教育。20 世纪 60 年代的十年，M 县受过高中教育的 112 人。② 这是 20 世纪七八十年代农村小学教师短缺的根本原因。1981 年，随着土地承包和生产责任制的实施，农民人均年收入提高到 93.89 元，③ 更多家庭有更多资金可以用来供养子女上学，为 90 年代后期中小学教师数量、比重大幅度提高创造了条件。1991年，M 县农民人均年收入提高到 391 元，④ 并随着 90 年代国家义务教育减免学杂费政策的实施，儿童受教育率又有了明显提高。1995 年，M 县全县小学入学率达到 89%。1998 年，M 县农民人均年收入 890.68 元。⑤而随着社会职业种类和农村经济来源渠道的增多，家庭、社会期待男人在收入更高的单位创业，小学男教师数量及比值开始明显下降，中学男教师增长幅度也开始呈现放缓的局面。从职后教师学历变化情况看，20 世纪80 年代前，经济对个体学历提高激励作用不大，多数任职教师不关注个体收入。1961 年，从北京师范大学历史系毕业后来到 M 中学，后来又到H 大学任教的钱教授认为，60 年代的人不太关注学历与收入的关系。本、专科学历教师收入差距有多大，大家都不知道。80 年代后，市场经济条

① 固原地区统计局：《回首五十二年（1949—2001）》（内部资料），2002 年，第 25、37 页。

② M 县教育志编纂委员会：《M 县教育志》，兰州大学出版社 2003 年版，第 95 页。

③ 固原地区统计局：《回首五十二年（1949—2001）》（内部资料），2002 年，第 99 页。

④ 同上。

⑤ 同上。

件下，人们提高学历多数是奔着工资待遇去的。人们为了自己的职称、工资待遇纷纷自觉参加了各种函授、自考和学历进修活动，经济激励作用对学历提高的影响力日趋加大，也促进了西部农村地区教师学历结构的迅速改善。

第三，教育的普及、提高与在职教师学历大幅度提高是农村教师学历结构改善的根本性原因。教育普及和在职教师学历大幅度提高是国际国内教师教育总体趋势，也是西部农村教师学历发展的趋势。20 世纪 50 年代，全国特别是西部地区教育水平整体不高。50 年代初期，全国 150 万小学教师中，约有 60 万人文化程度达不到初师以上学历，西部地区达到这一学历的更少。① M 县具备小学文化程度的人不到其人口总数的 6%，初中毕业的更是寥寥无几。许多人初师毕业，甚至小学毕业后经过短期培训就当了老师。为满足教育发展需要，1956—1958 年，M 县初等师范学校连续培养了三批，每批培训一年，共计 150 多名初师毕业生，他们陆续成了当时当地小学教师的主力。（88 岁高龄的 M 县教师进修学校原任校长卯老师曾经感叹道：五六十年代的 M 县师范教育表面是师范教育、实质是中学教育或初中教育。学校没有专门的教育学、心理学老师，也没有教育学、心理学教材）与此同时，县初等师范学校对来 M 县支援建设的部分知识青年（他们多数是初中文化程度）进行了 3—6 个月的短期培训，使他们很快成了具备中师文化程度的中学教师。20 世纪 60 年代，M 县自行培养的高中毕业生陆续出现以后，有些人通过 M 县师范学校的培训学习成了小学教师，有些直接做了小学教师，导致 M 县具备高中、中专学历的教师在十年内增加了 30 多个百分点。这是这一时期西部农村小学教师学历提高的主要原因之一。而此时本地区中等师范学校培养师资的陆续出现，进一步促进了当地小学教师学历结构的改进。此时本省高等教育发展和本省籍高等学校毕业生出现，又进一步促进了当地中学教师学历结构的改进。而此时外县籍高学历教师也开始陆续补入山区农村中学，一些有初师、中师文凭的本县籍中学教师又普遍参加了由本省师范类院校组织的本专科学历函授教育，并取得了相应文凭。种种措施促成了本专科学

---

① 　中央教育科学研究所：《中华人民共和国教育大事记》，教育科学出版社 1983 年版，第 106 页。

历教师比重大幅度提高。20 世纪 70 年代，广大农村地区的不少教师参加了"五七大学"、"工农兵大学"的学习，则是此时农村教师学历结构变化的原因。20 世纪 80 年代后，在国家有关中小学教师学历达标政策引导下，西部地区教师进修、函授教育有了较大发展。随着本地教育学院、教师进修函授教育的发展，农村地区大批中小学教师参加当地教育学院、教师进修学校以及本地函授教育的学历补偿学习，教师本专科化程度有了大幅度提高。同时，随着这一时期自学考试教育的发展，农村地区大批师范、师专学生为了个人就业前景，边在校学习边分别参加专科、本科学历自学考试。不少学生等到中师、师范专科学校毕业，即将离开学校时已经拿到专科、本科学历文凭。多数毕业生工作以后，通过继续自学考试学习，也很快完成了相应学历教育，也成为当地教师学历结构快速变化的原因。据不完全统计，1988—1998 年的十年间，M 县 85% 以上的中小学教师的本、专科学历是通过自考、函授等方式取得的。而从 90 年代初开始到 90 年代末，西部地区中等师范学校为扩大农村边远地区小学师资队伍的规模，提高师资质量，解决民办、代课教师后顾之忧；当地高等师范学校为解决农村地区教师紧缺问题，对各县未取得合格学历的中小学教师进行学历教育，并进行了定向招生、定向培养，则是 90 年代农村中小学教师学历变化的主要原因，又成为 20 世纪八九十年代农村中学教师学历结构大幅度变化的重要原因之一。1998 年后，随着全国各地中等学校撤并升格、高校扩招和高等教育的大众化、普及化发展，导致 2002 年后中师毕业生基本退出历史舞台，则是 2008 年后西部农村地区中小学中专学历教师比例大幅度下降，本专科学历教师，特别是本科学历教师比重显著上调的重要原因之一。

第四，农村地区信息不畅、生活条件差、环境恶劣是教师学历结构不能得到根本改善的主要原因。任何时期、任何国家的农村地区的生活环境都劣于城市。50 多年来，西部地区的生活环境在不断改善，西部农村地区的生活环境也有了巨大变化。但与城镇乃至城市环境相比较，城乡之间各方面差距仍在不断拉大。20 世纪 80 年代后期，从 M 县西安乡调入县城的张老师感叹道："在农村就把人待超了、待烧了！"他在西安学校任教时，还不知道有函授、自学考试，幸好县城一位老师推荐他一块进修了本科文凭，后来才调到了县城。而他的一位大学同班同学——原来的一位同事至今还拿的是大专文凭，至今还待在原学校。所以，信息封闭是农村教师个体学历不能提升、农村教师整体结构不能改善的原因之一。而高学历教师不愿意下去、下去的待不住是农村教师学历结构不能得到彻底改善的另一原因。M 县教育局周股长无可奈何地指出，迄今为止，M 县获得一次性本科学历的教师基本都不愿意到农村学校去，20 年前 M 县各乡镇获得一次性专科以上学历的农村教师，只要想往县城走的多数都调走了。而偏僻乡村至今很少有大专学历的教师去任教，成为许多农村中学至今不断聘用中等师范毕业生，甚至初、高中毕业生任教和农村地区不合格学历教师难以根治的重要原因之一。

　　第五，本地不同层次学校合格学历教师数量长期不足是低学历教师不断流入教师队伍和农村教师学历结构不能循序渐进的根本原因。受文化历史传统影响，西部农村地区，尤其是农村偏远地区具备合格学历的教师数量本身不足。50 年代西部农村学校主要依靠不同学历外省籍教师任教，形成具备初中学历的教师在小学任教、具备高中以上学历的教师在中学任教局面。60 年代，农村贫困地区学校主要依赖本省外县籍教师任教。70 年代后期，随着外省、外县籍教师返乡和城市化高潮出现，由于本县籍教师数量严重不足，造成不同层次学校层层向下级学校选拔低学历教师局面：高中学校不断向初中学校调动专科教师，初中学校不断向小学调动初师、中师文化程度的教师和小学选用更低层次的教师的局面。20 世纪 80 年代，在全民"下海"浪潮的推动下，城市、东部发达地区众多中小学教师开始"下海"经商，促使西部农村本地高学历教师不断涌入生活条件更好的城市、东部地区，进而加剧了农村地区各级学校层层向下选用较低学历教师局面。这也是 80 年代后期，西部农村地区教师学历整体下降的原因之一。而 2000 年以后的最初几年，由于农村教师编制紧缺，M 县中小学整体没有再吸纳过正式教师，不少学校又极缺教师，成为其他学历非正式教师补入的原因。需要说明的是西部农村教师数量不足在 80 年代之前是整体性的，80 年代，特别是 90 年代后，音乐、美术等一些短线学科教师数量整体不足，成为各学校聘用相关专业低层次学历教师的原因，又是影响农村教师学历结构总体改善的原因。

　　第六，教师个体对其政治、经济和教育地位的追求是引导教师结构变化的具体原因。从发展动因看，教师学历变化起源于教师个体对其身份地位的追求。教师个体身份地位主要体现在政治、经济、教育几个方面。但在 20 世纪 80 年代前，教师身份地位主要由其政治出身和政治地位决定。20 世纪 80 年代至 90 年代，经济对个体身份起到了主导作用。2000 年后，随着西部地区逐步由传统工农业社会向信息化社会过渡，对个体身份起决定作用的因素逐步从政治、经济过渡到了学校知识，学校教育对个体身份地位发展逐渐发挥了主要作用。教育作用本质是学历和知识作用，而学历表示的则是知识层次和水平。一般而言，学历层次越高，知识层次和水平越高；学历越高、个人升迁的机会越大；学历越高、个体的经济收入相应要高；学历越高、越容易赢得本专业其他教师支持，个体在本专业的话语权也越大。因此，随着社会知识化速度的加快，学历在教师个体政治、经济、教育身份地位中的功能影响力也越来越大，教师个人获取其各方面身份地位的努力，逐渐演变为其学历变化的动力。

三　西部某县教师身份结构变迁与转化的原因

引起农村教师身份结构变迁的原因也很多。首先，教育政策因素是农村教师身份变化的根本原因。教师身份的任何变化都是政策制度制定和执行的结果。新中国成立初期，我国广大农村地区就存在非正式教师，他们主要是从私立学校转化过来的民办教师。20 世纪 50 年代中期，为满足广大普通民众子女的上学诉求，各级政府部门连续下达指示：发动群众出钱办学，允许并鼓励农村地区发展小学民办教育。该政策的出台，有效推动了西部农村地区非正式教师队伍的进一步发展。1958 年，根据"生产大跃进"、"教育大革命"的要求，农村民办教师又有了新发展。1959 年，M 县民办教师达到 173 人，占 M 县小学教师总数的 40.4%。"文化大革命"期间，大批农村公办小学教师下放到大队，大批小学骨干教师抽到中学任教，农村小学民办教师数量及其比重又有了新提高。"文化大革命"结束之后，根据人才培养和基础教育发展的需要，农村民办教师得到了快速发展。1978 年，M 县本县籍民办教师达 979 人，占当地小学专任教师总数的 60.1%。西部农村地区民办教师比重达到了历史最高值。[①] 1980 年 12 月，中共中央颁布《关于普及小学教育若干问题的决定》，指

---

① 　M 县教育局教育志编写组：《M 县教育志》（内部资料），1991 年，第 152 页。

出农村中小学民办教师比例过大，影响了农村教育的发展，因此，几年内要使民办教师比例下降到 30% 以下。[①]　为此，1981 年 3 月，M 县对本县民办教师进行了统一的文化课考试，同年 8 月又对全县民办教师政治思想、业务能力、教学效果和文化知识进行了综合考评，并以此为依据辞退了 253 名不合格民办教师，降低了民办教师比例。[②] 1986 年 12 月，国家教育委员会、劳动人事部、国家计划委员会联合下发通知要求：今后各地一律不许吸收新的民办教师，如果发现擅自吸收的，必须坚决清退，并追究领导责任。[③] M 县因此采取措施，促进了本地民办教师人数进一步下降。1988 年，M 县民办教师降到了小学专任教师总数的 18% 以下。1992 年 8 月 6 日，国家教委、国家计委、人事部、财政部在《关于进一步改善和加强民办教师工作若干问题的意见》中指出，辞退不合格民办教师和清退计划外民办教师后，短时间内补充不上公办教师的，可以由县级以上教育行政部门进行严格考试，聘请具有高中毕业以上文化程度，具备教师资格的临时代课教师，为民办教师减少和向临时代课教师转轨提供了政策依据。[④] 1996 年 9 月，中共中央办公厅、国务院办公厅转发中共中央组织部、国家教委、人事部《关于从党政机关和事业单位选派人员支援基层教育的请示》的通知，"缓解城乡薄弱学校特别是贫困地区中小学当前突出存在的师资紧缺问题，帮助贫困地区乡村中小学和城镇薄弱中小学加强校长和教师队伍建设，普遍提高这些学校办学水平和教育质量"。H 省党委、人民政府积极响应，成立自治区支援基层教育工作领导小组，并在教育厅下设办公室。M 县县委、县政府和文化教育体育局对此也高度重视，成立了县支教领导小组，对支教工作全面管理、指导、协调和督察。1996 年 10 月，县人事局、教育局派县直属部门新分配的 28 名大中专毕业生到乡下支教一年。1997 年至 2000 年，H 省对口支援省福建厦门市以及自治区党政机关又连续派遣支教队伍到 M 县进行支教，促进了西部农村非正式教师以新形式在 M 县的存在和发展。1997 年国务院办公厅发布了"关于解决民办教师问题的通知"，要求在 20 世纪末期基本解决民办教师问

---

①　马戎、龙山：《中国农村教育问题研究》，福建教育出版社 2000 年版，第 162—164 页。

②　M 县教育局教育志编写组：《M 县教育志》（内部资料），1991 年，第 152 页。

③　王献玲：《中国民办教师始末》，知识产权出版社 2007 年版，第 96 页。

④　同上书，第 345 页。

题，推动了非正式教师群体的进一步减少。但随着民办教师问题解决，代课教师逐渐成为非正式教师群体的主流。为此，2006 年，教育部提出要在较短时间内将全国 44 万余名代课教师彻底予以清退。M 县以代课教师身份出现的非正式教师因此开始逐渐减少。时至今日，西部农村地区的非正式教师已经降低到了历史最低点。

首先需要说明的是，在 20 世纪 80 年代民办教师减少的同时，国家又向西部农村地区派遣讲师团、支教教师。2000 年，省级教育行政部门要求师范院校毕业的代课教师自然转正，而地方政府以"凡进必考"为名，拒绝让合格代课教师自然转正。2006 年后，在清理代课教师过程中，国家还在不断派遣大学生志愿者和支教教师。说明各级政府制定、执行教师政策上的不协调、不统一及其在非正式教师上的阶段性清理政策并不能从根本上解决农村地区非正式教师的去留问题。

其次，经济是教师身份变化的基础原因。20 世纪 80 年代之前的计划经济时代，国家经济处于困难时期，国家无力支持西部农村地区，更无力扶持更多的中学生接受师范教育，农村地区群众也普遍无力供养子女接受师范教育。在正式教师合格师源严重短缺情况下，M 县从有一定文化知识的工人、农民、退伍军人中聘用民办、代课等非正式教师成为发展当地教育的必然要求。因此，民办等非正式教师成为 M 县教学主力也是必然。80 年代后，随着经济社会发展水平的提高，国家制定实施了义务教育制度规划，将投资重点开始向教育倾斜，尤其对西部农村地区的教育投资力度有了明显提高。西部地区师范教育有了快速发展，西部地区自身培养的师资力量也在迅速增加，促进了其公办教师数量有了大幅度提高。2000年后，随着国家西部农村地区"两免一补"政策落实，农村学校办学经费有了明显改善。农村中小学校长普遍有了自行聘用教师的经济权利，他们也可以为临时雇用教师提供更多的经费，从而有效稳定了当地现有教师身份结构。从个体角度看，大部分非正式教师追求身份转化的目的也是为了获得稳定的经济收入。关桥中学马老师回忆说，70 年代高中毕业后他当了四年兵，努力"转干"没转成。从 1980 年开始又当了两年工人。1982 年，根据当地小学教育教学发展需要，当了一名收入不高但相对稳定的代课教师。1992 年，从代课教师转为民办教师后，工资翻了一番。1997 年，从民办教师转正后，工资又翻了一番。因此，经济因素在个人追求自我职业身份转化过程中起到了至关重要的作用。

第三，从教育系统内部分析，50 年来，西部农村正式教师数量一直不足和不能有效发挥作用，是其非正式教师长期存在和能够发挥作用的原因。20 世纪 80 年代前后，随着依靠支教教师形成的西部农村正式教师的快速故里化流动，为填补农村正式教师之空缺，依靠本地临时代课教师发展起来的非正式教师群体成为西部农村教育发展的内在要求。特别是 1986 年国家提出普及九年义务教育之后，由农村学校入学孩子数量明显增加引发的教师数量不足问题开始显现。由于一些 50 岁以上农村教师知识结构老化、不思进取、不愿意承担教学任务、占着编制又提前离岗，1995—2005 年期间每年分配到西部农村去的师范毕业生数量非常之少，远远不能满足教学需求。因此，继民办教师强制消失之后，代课教师应运而生，并逐渐成为西部农村非正式教师的主力。非正式教师在西部农村地区能长期大量存在，更重要的是非正式教师个人定位低、工资待遇需求不高，容易获得经济生活上的满足，适应了西部农村地区经济生活发展水平。

第四，自然环境是制约农村教师身份变化的外在原因。20 世纪 80 年代前，西部农村地区自然环境极其恶劣，直接影响了当地经济社会和文化教育事业的发展。为满足西部农村学生发展需要，形成以东部和发达地区外派正式教师为支柱、以西部农村民办代课教师为主体的教师身份结构，成为政治和教育发展的自然选择。而且，80 年代前，西部地区城乡生态环境差距也不大，一些具备基本书化素质的人愿意到农村做民办、代课教师。随着经济社会的发展，城乡之间生态和自然环境差距越来越大，城市越来越适宜人居住，更多的人选择在城市生活，更多的有一定学历的人选择了在城市民办、私立学校做代课教师而不愿意到农村贫困地区任教，这也是农村非正式教师减少的原因。

引起农村教师身份转化的原因也很多，但相关政策的制定执行是引起教师身份转化的最直接、最根本性原因。我国非正式与正式教师之间的转化活动最早出现在 20 世纪 40 年代。20 世纪 40 年代的解放区因经济困难，实施了最初的公办教师民办化行动。新中国成立初期，政府部门为发展公立学校教育，对私立学校实行接管政策，导致私立学校教师公立化，非正式教师正式化。1953 年，由于国家经济困难，政府放开了民办教育控制权，M 县出现了民办等非正式教师 16 人。50 年代后期，教育部在全国教育工作会议上进一步提出，小学教育必须打破由国家包下来的思想。① 同时，西部农村地区普遍掀起了"四清"运动，一些有知识、有学历、家庭身份不好的正式教师纷纷被清理出学校正规教师队伍。但由于农村学校极其缺乏教师，一些从正式教师队伍中清理出来的教师陆续又变成了民办教师，导致西部农村小学非正式教师大规模增长。至 1959 年，M 县民办等非正式教师人数已经发展到 173 人，占小学教师总数的 40.4%。"文化大革命"期间，西部农村地区普遍实行民办教师自招政策，使其非正式教师有了快速发展。"文革"结束后，M 县统一考察了民办教师，并对 957 名合格教师颁发了任用证书，为民办教师公办化和正式化创造了条件。1979 年 10 月 31 日，经国务院批准，教育部、财政部、粮食部、国家民委、国家劳动总局联合下发了《边境县（旗）、市中小学民办教师转公办教师通知》，"通知"要求边境 136 个县（旗）、市中小学民办教师（职工），经考核后合格的全部转为公办教师。为此，自 1981 年 3 月以后，M 县在业务培训和提高的基础上，通过考试录取到进修学校学习、转正等方式，使其非正式教师大规模减少。② 同时，根据国家知识分子新政策，县上又对五六十年代"精简"回去当了民办教师的那些家庭出身不好的教师进行了平反、恢复工作，也是教师身份转化的政治原因之一。1992 年 8 月 6 日，国家教委、国家计委、人事部、财政部下发《关于进一步改善和加强民办教师工作若干问题的意见》，要求要认真贯彻执行国家计委、人事部、国家教育委员会《关于从优秀民办教师中选招公办教师问题的通知》，通过师范学校定向招生和"民转公"等方式，逐步将一部分优秀民办教师选招为公办教师。在贯彻这一"意见"和"通知"过程中，M 县和西部地区非正式教师数量有了明显减少。1995 年 12 月 20 日，人事部、国家计委、国家教委联合发表民办教师转正通知，并下达 1995 年度从民办教师中选招公办教师专项指标，推动了农村非正式教师进一步正式化。1997 年 9 月 7 日，国务院办公厅下发《关于解决民办教师问题的

---

① 王献玲：《中国民办教师始末》，知识产权出版社 2008 年版，第 43 页。
② M 县教育志编纂委员会：《M 县教育志》，兰州大学出版社 2003 年版，第 324 页。

通知》，要求到 20 世纪末基本解决民办教师问题。为此，M 县贯彻和制定政策，对教学成绩突出的民办教师实行免试政策，进一步扩大 M 县教师进修学校定向招收民办教师的数量，推动了民办教师正式化。1998年，M 县的民办非正式教师从 1988 年的 735 人下降到了 676 人，下降了 8 个百分点。M 县关桥中学的马老师就是在这一背景下转化为正式教师的。关桥中学的马老师特别指出，他 1982 年开始工作，当了十年雇用教师，五年民办教师。1986 年，函授了 H 省广播卫星中专文凭。1997 年，赶上民办教师转正，直接被转为正式教师。

2000 年后，国家、地方为缓解大学生就业压力，陆续实行了大学生志愿者政策、编制外教师政策和特岗教师政策，等等。一些学校招聘教师时也要求应聘者必须有一年以上工作经验。为适应国家、地方、学校有关教师就业政策的要求，也为了积累教育教学经验、适应用人单位聘任要求，一些应届大中专学生被迫在农村地区做了每月只有数十元的各种身份的非正式教师，导致非正式教师的不断产生和教师身份的不断变化。贾唐学校的杨老师 2002 年从师范专科学校毕业后先做了一年代课教师，又通过参加国家、省组织的西部大学生志愿者行动计划做了两年志愿者。2005 年 9 月又参加了自治区教师招考，成了一名编外教师。杨老师指出，按当时的编外教师政策，工作满三年、经考核合格者能自动转化为正式教师。因此，许多人等着转正，没有参加其他形式的教师转正考试。但后来并没有对其转正，导致编外教师期满后，只能继续做代课教师的局面。说到此，杨老师认为，编外政策影响了其正常就业。

2006 年 3 月 27 日，教育部新闻发布会称："在很短时间内将把 44.8万代课人员全部清退。对其中学历合格、素质较高、取得教师资格的代课人员，可以根据需要，参加当地统一组织的新聘教师公开招聘会。"[1] 教育部政策出台后，M 县很快出台相关政策，要求在短期内彻底解决代课教师问题。随即部分代课教师类非正式教师在短期内通过参加各种教师招考活动转化成了正式公办教师。而同年教育部、财政部、人事部、中央编

---

[1]　庞丽娟、韩小雨：《我国农村代课教师：现实状况及政策建议》，《教育发展研究》2007年第 2 期。

办下发的《关于实施农村义务教育阶段学校教师特设岗位计划的通知》（教师〔2006〕2号）中要求，应聘教师工作满三年、经考核合格后方可以转为正式教师。这项政策大幅度减少了应届大学生直接成为正式教师的可能性，推动了可能的正式教师快速非正式化发展。据了解，2006年实施特岗教师计划以来，仅M县已经累计形成特岗教师1100多人，占到全部教师总数的30%左右。需要说明的是由于各级政府教师任用政策制定、执行的不统一、不协调，有些应该转正的非正式代课教师也存在未能正常转正的现象。2000年，M县招考了三四十名师范学校毕业的中师生，但由于当时招考本身存在问题，以后政府又出台了"凡进必考"政策，要求应考者必须是一次性专科学历、年龄在31岁以下者。这是导致这些函授、自考专科学历，或者年龄超过31岁的人不能正常转正的另一原因。

　　而个人及家庭因素也是影响教师身份转化的最具体、最大原因。不同时期、不同农村教师的动机需要与价值追求不同，导致其身份变化的过程、方式和方向不同。有些人因为嫌民办、代课教师工资低、待遇差，转正时间遥遥无期而坚持不住，最后自动放弃了转正。有的人因为执着追求而如愿转正。新庄小学的马老师说，1980年县里组织民办教师进行转正考试，这是我梦寐以求的愿望。当时竞争对手少，少数民族女教师还会受到一定照顾。所以，只要参加考试，转正的希望还是很大的。于是和丈夫、婆婆商量想去报名试试，但遭到全家人的反对。他们的理由很实际，家里人多，劳动力少，又怕我转正后远走高飞，不回这个山沟沟。认定这辈子要做教师的她瞒着丈夫、公婆报了名。考试当天起得很早赶到了县城，没想到丈夫也赶到了县城，二话没说，打了她两巴掌，并将她带回了家。因此，失去了一次转正机会。回去工作15年后，连续两年被评为县优秀教师，1994年又被评为省优秀教师，由此获得了直接转正资格。

四　西部某县教师专业结构变迁原因

　　第一，政治制度和政策措施是农村教师专业变化的根本原因。50多年来，西部地区学校、教育行政部门明文或不成文规定，教师都应当是师范专业毕业的。因此，各学校选拔教师时有意无意地优先选择了师范专业毕业生，排斥了非师范专业毕业生，这是毕业于师范专业的教师比重长期居高的主要原因之一。20 世纪 50 年代初期，随着国家普及小学教育任务要求的提出，西部农村地区受教育人数开始大幅度提升，于是，师资紧缺矛盾十分突出。为此，1951 年，M 县人民政府向甘肃平凉地区行政公署提出申请：将 M 中学转为 M 师范（简师）。1952 年，经甘肃省人民政府文教厅决定，将 M 中学改为 M 初级师范，并规定当年招收的一年级即可为师范班，并按师范学校课程施教。M 师范成立后，于 1954—1957 年连续招了四届短期师训班，培养了 150 多名师范专业毕业生，其中包括不少外地支援西部建设的知识青年，推动了公立小学师范专业毕业教师比例大幅度提高，也成为这一时期西部农村小学教师专业结构改善的主要因素之一。1958 年，中共中央、国务院颁发《关于教育工作的指示》，提出在三到五年普及小学教育、15 年普及高等教育目标，给师范专业招生数量、规模提出了新要求，刺激了师范专业人数的快速增长。1961 年的全国高等师范学校比 1957 年增加了 3 倍，中等师范学校增加了 2.3 倍，师范生和师范专业毕业生有了相应增长。H 地区以及 M 县的简师、初师、中师教育在这一背景下也获得了迅速发展，农村地区师范专业教师数量比重相应得到了迅速补给和提高。20 世纪 60 年代后期至 70 年代初，受"文化大革命"政治运动和生源质量影响，全国各级师范教育质量受到重创，M 县师范教育时办时停。尽管其小学师范专业毕业生数量仍在增加，但远远赶不上中小学发展速度。因此，各农村中小学师范专业毕业教师比重持续下滑。而根据中学教育知识性、专业性更强的特点，一些师范专业毕业的高水平小学教师又被选用到了中学，造成小学教师专业性发展的同时中学教师专业化下降的情况。

1977 年，为结束教师队伍管理中的混乱状况，提高教师队伍专业化水平，教育部制定了《关于加强中小学教师队伍管理工作的意见》。为贯彻这一意见，1978 年 4 月，H 自治区教育厅制定了具体办法，规定各级各类师范院校毕业生应全部回到教育系统工作，中小学教师不得借到其他部门和单位工作。该意见对农村教师队伍专业化发展提供了制度保证。[1]1978 年 10 月 12 日，教育部颁布的《关于加强和发展师范教育的意见》中指出：大力发展和办好师范教育是发展教育事业、提高教育质量的一项

---

[1] M 县教育局教育志编写组：《M 县教育志》（内部资料），1991 年版，第 20 页。

基本举措，必须高度重视。因此，各地都要建立师范教育网，积极扩大招生。为贯彻国家政策精神，1979 年 9 月，M 县决定将本县原"五七"学校改为县教师进修学校，并于当年通过统一考试录取了第一批学员。1979—1989 年期间，M 县教师进修学校招收 8 期学生，培养 310 名师范专业毕业生，同时使 168 名公办教师获得了教育专业学历。因此，在国家相关政策规定下，地方政府通过举办教师进修学校、扩大招生等方式对当地中小学教师队伍师范专业结构改进起到了举足轻重的作用。[①] 1980 年 6 月，教育部召开了第四次全国师范教育工作会议，并于同年 10 月颁发了《关于大力办好高等师范专科学校的意见》和《关于办好中等师范学校教育的意见》，对师范教育和师范专业发展起到了推动作用。1985 年 5 月，《中共中央关于教育体制改革的决定》中提出，要改革大学招生计划制度，改变高等学校全部按国家计划统一招生的办法为国家计划招生，用人单位委托培养和招收少量自费生的办法。国家计划招生又分为定向与非定向两部分。定向招生是为保证工作、生活艰苦地区及其行业能分配到一定数量毕业生，由国家提供培养经费，职业院校定向培养的方式。根据国家相关政策，从 20 世纪 80 年代后期开始到 90 年代末期，H 地区的数所普通高校的师范专业连续在各县进行定向招生。1991—1993 年，固原师范学校 80% 的招生名额切块到各县；1994 年银川师专招生的 50% 的名额定向到了各农村县。这期间 M 县又将 15%—30% 定向招生人数分派到各个乡镇，导致 90 年代后期毕业于师范专业的西部农村地区中小学教师比重大幅度提高。[②] 1986 年 3 月国家教委下发《关于基础教育师资和师范教育规划意见》，要求综合性大学和有条件的其他高等学校要把为中等教育培养师资作为重要任务之一，并提出非师范院校也应该根据需要承担培养某些专业课程师资的任务。同年，教育部还下发《关于加强和发展师范教育的意见》。该意见针对实施九年制义务教育的要求和西部农村地区初中教师缺口大的矛盾，提出扩大现有师范院校招生名额，采取指令计划委托其他高校举办两年制师专，选择优秀电大、夜大毕业生进行短期培训和教育实践以补充师资。因此，H 省电大、地区电大开始招收师范生，成为

---

① 　M 县教育志编纂委员会：《M 县教育志》，兰州大学出版社 2003 年版，第 227—228 页。

② 　同上书，第 299—303 页。

80 年代后期 M 县非师范专业小学教师比重从 1978 年的 15% 上升到 28% 的原因之一。1996 年 9 月，原国家教委召开了第五次全国师范教育工作会议，并在会后颁布了《关于师范教育改革和发展的若干意见》。该意见指出，要坚持有中国特色的、以独立设置的各级各类师范院校为主体、非师范院校共同参与的师范教育体系，继续采用和完善单独招生、提前录取、招收报送生、举办师范预备班等办法。导致了教师来源渠道的多样化，也促进了 M 县中小学教师专业结构的改善。① 1999 年 4 月，《M 县教师队伍建设及管理暂行规定》中提出：凡在 M 县从事教育教学工作的教师，应具有相应的教师资格和师范专业学历。非师范院校中专毕业生须参加各种师范专业的学历进修，否则，2000 年后全部安排到后勤工作，不再安排其从事教学工作。② 也是这一时期西部农村中小学教师专业结构改进的主要原因之一。

可以看出，20 世纪 50 年代至 2000 年前，国家政策上一直要求师范院校、教育专业毕业的才可以成为正式教师，国家、地方政策、制度一直要求师范院校毕业的师范生必须回到教师岗位工作，国家、地方以及学校政策、制度上很少要求、甚至拒绝非师范院校毕业的非师范专业学生从事教育事业，是师范院校毕业生长期居高不下的根本原因之一。2000 年后，国家在政策上提出，任何高校、任何专业毕业的学生只要取得教师资格，通过单位的选拔录用都可以成为教师。教师资格考试内容尽管是教育学、心理学知识，但基本上是常识性、知识性内容，多数学生通过短期内背诵记忆即可以顺利过关。为非师范专业毕业生取得教师资格、走向教师工作岗位创造了条件。2000 年后，西部农村学校特岗教师招考前两年，部分地区考试内容完全是教育学、心理学知识，对师范专业学生有一定优势。两年后一些特岗教师招考试题中，教育学、心理学知识仅占 20% 的分值，一定程度降低了师范专业毕业生学习过教育学、心理学知识的优势，导致非师范专业教师比例的上涨。由此可以看出，西部农村教师专业结构变化总体是政策制度要求的结果。

第二，经济结构变化是农村教师专业结构变化的基础原因。邓见兰从

---

① 陈永明等：《教师教育研究》，华东师范大学出版社 2002 年版，第 132—136 页。

② M 县教育志编纂委员会：《M 县教育志》，兰州大学出版社 2003 年版，第 341 页。

经济地位变化过程分析指出，不同时期中小学教师经济地位不同，但总体上各个时期农村中小学教师经济地位普遍不高，这是农村中小学教师专业化程度总体不高的根本原因。[①] 50 多年来，西部农村地区经济经历了计划经济向市场经济转轨的过程。计划经济时代，公职人员的职业和专业是预设性的，是政府部门统筹安排好的，个人没有自行更改的权利。教师职业、专业也是政府部门提前安排好的，个人不能随意更改。市场经济时代，教师职业和专业更多的是个体选择的结果。经济学假设，人是利益性动物，人普遍为利益而来，为利益而去。人们选择专业、从事职业的核心因素是经济。人们选择师范与非师范专业，进入教师行列考量的主要也是经济，是经济的稳定性和保障性。50 多年来，西部农村教师专业结构变化一直深受经济条件制约。为吸引广大学子献身教育事业，从 20 世纪 50 年代至今，国家阶段性采取减免学杂费，提供生活补助费，提供奖助学金等方式，引导青年学子、特别是家庭经济困难学生提前进入师范教育专业行列。大批学子考量到教师收入的稳定性、可靠性，也主动加入到教师教育专业，推动了教师队伍的专业化发展。但 50 多年来，也一直有非师范专业毕业学生为了生存就业、谋取经济利益，不断步入教师行列，成为教师队伍非专业化发展原因之一。2000 年后一些西部农村地区非师范专业教师比重不断提高，既有师范专业毕业生不断离弃教师行业、进入经济收入更高职业的原因，也有高校扩招、大学生就业压力持续加大情况下，非师范专业学生为了就业谋生而采取的权宜之计。

　　第三，农村地区教师数量、质量上的矛盾是教师专业结构变化的根本动力。教师队伍数量、质量上的统一发展是教师队伍建设的根本目标。数量发展是质量提高的前提，教师队伍质量发展又会影响其数量发展。在出身于师范专业的教师数量不足的情况下，为了开展教育教学活动，补充出身于非师范专业的教师是教育发展的基本需要。而西部农村地区一直存在出身于师范专业的教师数量不足的问题，也是其出身于非师范专业教师人数需要不断补入的原因。但补给出身于师范专业的教师数量，提高农村地区教师队伍专业化水平和教师队伍整体质量，将教师队伍数量发展与质量

---

① 邓见兰、朱家德、宋宜梅：《从中小学教师经济地位的变迁谈教师专业化》，《教师教育研究》2006 年第 8 期。

提高结合起来，是提高农村地区教育教学质量、促进农村学生又好又快发展的需要。因此，农村地区一直将快速发展师范和教师教育，补充出身于师范专业的教师数量作为教师队伍建设的首要任务，也是毕业于师范专业的教师比值长期居高的根本原因。

50 多年来，我国各地各级各类师范教育总体处于快速发展过程中，师范学校数量和招生人数不断扩大。1950 年，H 地区中等师范专业毕业生只有 115 人。1958 年发展到 358 人，1968 年降低到 155 人，1978 年猛增到 1058 人，1985 年进一步增长到 1310 人。① "文化大革命"前 17 年，H 地区共培养中等师范专业毕业生 5584 人。"文革"师范教育受到严重破坏的十年中，H 地区也培养中等师范专业毕业生 7112 人。可以说，普通中等师范教育的快速发展为农村地区教师专业化发展创造了条件，② 而农村地区教师队伍的发展一定程度上又促进了当地教师专业化快速发展。1955 年 M 县初等师范毕业生仅有 15 人，1956 年发展到 28 人，1971 年毕业生 30 人。③ 1980 年 M 县教师进修学校师范专业毕业生只有 50 人，1988 年发展到 62 人，2000 年时已经发展到 122 人。④ 各级各类师范教育的快速发展导致师范专业毕业生大量涌向基础教师队伍行列。而普通中小学新录用教师的时候，普遍倾向于优先招用师范专业毕业生。学校领导以及教师普遍认为，教师工作是一种专业性较强的活动，非师范专业毕业生不会依照教育教学程序和规律来教书，他们的介入必然影响学校教育教学质量，也影响教师职业形象及其社会地位。在师范专业发展和中小学有意选用毕业于师范专业教师的情况下，师范专业毕业教师的数量远远高于非师范专业，是农村地区教师队伍专业结构发展的内在原因之一，也是西部农村地区师范专业教师比重提高的重要因素之一。而 50 多年来，随着经济、社会和人才需求量的不断增长，西部地区基础教育工作总体呈持续发展局面。基础教育发展需要大量师资队伍，但是，由于地区经济文化落后、人口总体素质不高，社会上普遍将教师工作看作是一种职业而非专业，社会

---

① 《宁夏教育年鉴》编写组：《宁夏教育年鉴（1949—1985）》，宁夏人民出版社 1988 年版，第 47—49 页。

② 同上书，第 50 页。

③ M 中学校史编写组：《M 中学五十年》（内部资料），1995 年，第 7 页。

④ 《M 县教育志》编纂委员会：《M 县教育志》，兰州大学出版社 2003 年版，第 230 页。

上对教师特别是小学教师专业性认识不足。教育行政部门受社会因素影响，对教师教育的专业化要求不高。同时，由于师范教育总体上滞后于基础教育发展需求，专业性师资队伍难以得到充分补给，又成为西部农村地区非师范类毕业生，甚至不合格学历毕业生不断涌入教师队伍的原因，也是20世纪90年代前西部农村小学教师队伍非专业化发展的内在原因之一，更是西部地区非师范类教师队伍长期存在的内在原因。

第四，从教师个体角度分析，个体择业的动机、愿望、要求变化与教师专业结构变化息息相关，教师个体职业价值变化与教师专业变化也紧密联系。任何时期、任何地域、任何人选择职业的基本动机欲望是满足其物质利益需要，任何时期、任何地域、任何人择业的基本理想是实现自我价值。而教师职业在任何时期、任何地域能满足任何人基本的物质需要，也能实现其个体或社会价值，这也是西部农村地区中小学教师专业化程度长期保持较高水平的主要原因之一。但20世纪50年代以来，西部农村地区教师动机、需要及其价值观发生了巨大变化。20世纪80年代前，国家、社会的价值就是个人价值，国家、社会利益改变了个人兴趣，人们从事教师职业主要是国家、社会要求的结果。20世纪80年代后，人们逐渐开始追求职业和专业的个性化选择，人们对教育职业的专业化与非专业化选择，更多地从个人价值、动机要求上进行。改革开放初期，西部农村教师下海经商、行业外流动的较多；改革开放后，西部农村教师更多地在行业内向城市发达地区流动，反映了教师待遇的提高以及农村教师在获得经济待遇需要的同时，也渴望专业上更多、更大的发展，实现个人理想信念和社会价值的需要。说明随着社会的发展变化，改革开放初期，西部农村教师的动机需要与当下西部农村教师的动机需要也有了很大差异。而职业动机、愿望变化与职业的价值变化有一致的地方，也有矛盾和不统一的地方。但总体而言，西部农村地区教师社会地位不高、教师收入低，西部农村地区小学教师职业社会地位更低、其收入更低是制约教师队伍专业化发展因素，也是引起教师队伍非专业化发展的原因，同时是20世纪50年代后至20世纪80年代前，西部农村地区小学教师专业化程度长期下滑的主要原因。20世纪90年代后，农村小学教师开始专业化发展。2010年，笔者对多位非师范专业毕业生做了访谈，结果90%以上的人不愿意到农村做"地位低"、"收入不高"的小学教师。这应该是近五年M县新用师范专业毕业教师平均比重超过 90% 的主要原因，也是近年来西部农村地区小学新录用师范专业教师形成高稳定比重的根本原因之一。由于初中教师社会地位、收入相对高，在愈来愈大的就业压力面前，为了先就业后择业，多数非教师专业毕业生在理想职业未达成之前，他们选择教师职业也是先选择初中教师后选小学教师，是初中新录用教师专业化比重持续走低和持续低于小学教师的主要原因之一。

五　西部某县教师性别结构变迁原因

首先，文化观念对农村教师性别构成产生了稳定、持久的影响，是西部农村教师性别结构变化的深层次原因。20 世纪五六十年代经济困难时期，女性完全是传统文化的牺牲品。农村女性在传统文化滋养下，默认了传统文化对男女性不同受教育机会、受教育层次要求，随意放弃了在初中及以上学校受教育机会，进而很难走上教师工作岗位。这是农村地区本地女教师，特别是西部农村本地中学女教师严重短缺的原因，也是 M 县外地女教师占到当地女教师 23% 以上比例的根源。20 世纪七八十年代，随着改革开放和西部村民思想文化意识的觉醒，女性开始广泛介入社会公职行业。但西部农村地区家庭、社会普遍认为女性适宜于从事关心、照顾人的医务工作，许多女性也顺其自然地选择了卫生护理等院校，随后从事了"伺候人"的医务等工作。这也是 20 世纪 80 年代前后，西部护理学校、卫生学校女性比例极高的主要原因。据西部地区主管学生工作的一些卫生学校、师范学校负责人回忆，其时卫生学校的女生人数占到其总人数的 80% 以上；师范院校女性比例过低，仅占其总人数的 10% 左右。这可能是 20 世纪七八十年代西部某些农村地区小学女教师比重下滑到 10% 左右的重要原因之一。20 世纪 90 年代以后，随着经济社会发展和职业门类的增多，男性顺应了家庭、社会对男性的更高职业期待，逐渐淡化了对中小学，特别是小学教育职业的选择，以谋求更高社会地位、更高收入的职业，同时有意识从教师职业流向更高社会地位职业。女性在遵从传统文化"男强女弱"观念的同时，大多顺应了家庭对女性的职业期待，选择了"保障性"好、有稳定收入的教师职业，并希望在固定工作岗位上长期奉献而不愿意外流。有研究认为，人面对风险有三种态度，即爱好风险、中立风险和厌恶风险。女性大多数是风险厌恶者。在不确定性条件下，多数女性会据最大、最小原则，选择那些预期效用虽然小，但收益相对稳定的职业，而男性更喜欢有风险的工作。① 因此，有关调查发现，在社会变化速度加剧时期，女性越来越多地选择了教师职业，而男性更愿意选择冒险性、挑战性职业。2001 年女性最青睐的十大职业中，教师职业位列榜首。这也是近十年来农村女教师数量、比重大幅度提升的重要原因，也是近五年西部一些农村地区小学新录用女教师比例开始超越男教师比例、中学新录用男女教师比例逐步持平的重要原因。同时成为教师职业性别结构女性化发展的深层次原因。这样，女性在补充男教师空缺过程中，逐渐成为西部农村教师队伍的重要力量。

经济形态变化是西部地区教师队伍性别结构形成及其变迁的基础性原因。经济形态既是农村男女儿童受教育程度不同的基础，也决定了女童成为教师的可能性和男女教师比例结构。因此，经济形态是农村男女儿童从业时间不同和教师性别结构变化的根本原因。一般而言，受传统文化观念影响，经济越落后的地区，女性受教育程度越低、从业时间越早，而男性受教育程度相对要高，从业时间相对要晚；经济越发达地区，女性受教育程度普遍要高，从业时间比较晚，男性相应会接受更好教育、从业时间也晚。而受教育程度高低、从业时间早晚直接影响其成为教师的可能性及其从教学校层次。传统文化背景下，经济落后地区的女性既不能接受教育，又需要及早进入生产领域，帮助家庭改善经济条件，帮助男性接受教育。从 20 世纪 50 年代计划经济至 80 年代实行包产到户和生产责任制，西部农村地区经济长期处于落后状态，农民普遍没有经济能力供养子女接受高层次教育。因此，除个别女童能接受到初中教育以外，多数女孩子最多只能接受到小学教育。少数有经济实力的家庭也是将主要财力用于男子教育。农村女孩子普遍需要尽早承担起家庭责任，帮助家庭改善经济条件。20 世纪 60 年代经济困难期，M 县农民人均年收入 55.52 元，② 普遍无力供养子女上学，仅有 4% 的女生接受了小学教育。③ 从 1949 年到 1960 年的 12 年间中 M 县仅有 146 名适龄儿童接受了初中教育，其中 6 名女性接

---

① 吴贵明：《中国女性职业生涯发展研究》，中国社会科学出版社 2004 年版，第 146 页。

② 固原地区统计局：《回首五十二年（1949—2001）》（内部资料），2002 年，第 25、37 页。

③ M 中学校史编写组：《海原中学五十年》（内部资料），1995 年，第 387—390 页。

受过初中教育，占初中生总数的 4.11%；20 世纪 60 年代的十年，M 县受过高中教育的 112 人，其中女性只有 17 人，占高中生总数的 15.88%。[①] 这是 20 世纪七八十年代西部农村职业女性及小学女教师短缺的根本原因。1978 年，M 县接受过中学教育的女性 2051 人，占中学生总数的 25.17%，[②] 女性文化层次有了明显提升，为 80 年代后期中学女教师比重提升创造了条件。1981 年，随着土地承包和生产责任制实施，农民人均年收入提高到 93.89 元，[③] 更多家庭有更多资金可以用来供养子女上学，接受小学教育的女生人数占小学生总数的 38.8%，[④] 接受中学教育的女性 3424 人，女中学生人数占在校学生总数的 31.5%，为女性通过接受不同层次教育、成为不同层次教师创造了条件，也为 90 年代后期中小学女教师数量、比重大幅度提高创造了条件。1991 年，M 县农民人均年收入提高到 391 元，[⑤] 并随着 90 年代国家义务教育减免学杂费政策实施，女性受教育率又有了明显提高。1995 年，M 县全县小学入学率达到 89%，女童入学率也达到了 76.4%。1998 年 M 县农民人均年收入 890.68 元，[⑥] 2000 年女童入学率相应提高到了 90.38%。[⑦] 而随着社会职业种类和经济来源渠道增多，家庭、社会期待男人在收入更高单位创业天下，希望女性能在有稳定经济收入的事业单位从业即可。也是近年来西部农村地区新录用中小学女教师数量和比重逐年攀升、小学男教师数量及比值开始明显下降、中学男教师增长幅度放缓的主要原因之一。

　　政策制度变化是西部农村教师队伍性别结构变迁的关键原因。不同职业对从业人员性别规定和要求不同。有些职业只需要男性从业人员，有些职业只需要女性从业人员。因此，政策规定往往是职业性别结构形成的关键。在集权制度下，政策控制着女性进入各种职业领域的时间、方式、途径和可能性，也成为教师性别结构变化的因素之一。1949 年

①　M 县教育志编纂委员会：《海原教育志》，兰州大学出版社 2003 年版，第 95 页。

②　固原地区教育处：《固原地区教育统计资料汇编（1978—1990）》（内部资料），1991 年，第 35—38 页。

③　固原地区统计局：《回首五十二年（1949—2001）》（内部资料），2002 年，第 99 页。

④　同上。

⑤　同上。

⑥　同上。

⑦　M 县教育志编纂委员会：《海原县教育志》，兰州大学出版社 2003 年版，第 75、95 页。

以前，由于社会动荡、政局不稳，农村教育极其落后，政府无力关注教师队伍中的性别结构问题，成为农村中学教师队伍中女性力量长期缺失的主要原因之一。20世纪50年代，根据"教育大革命"需要，M县通过初师培训了7名小学女教师，占当地小学女教师总数的7.07%。其余小学女教师是国家从北京、上海等一些东部发达城市派遣的"支教"人员、右派分子及其配偶，这是五六十年代M县小学女教师比例达到26%以上的主要原因。① 在新中国成立初的十年，M县全县几乎没有普通高中毕业的女性，M县中学女教师全部是外地支边、被遣送的右派分子及其配偶及为回避政治风险而躲避到该县的地主、富农分子的后代。这也是1958年M县初中女教师能达到23%以上的主要原因。据当地当时的几位教育局长、中学校长回忆，当时外地干部、教师配偶占到全县中小学女教师人数的80%以上。由于当地教育发展速度缓慢，依靠政策推动和外地女性建立起来的中小学女教师队伍得到迅速发展。依靠外地女教师建立和维持的教师性别结构一直延续到"文革"结束。"文化大革命"结束后，随着外地教师及其配偶陆续离去，根据本地高中教育迅速扩展的需要，许多接受过师范专业教育的女教师被迫上调到中学填补空缺，由外地教师支撑的小学女教师数量及比重开始大幅度下滑。1978年，M县小学女教师比例也降到了历史最低点。20世纪80年代后，为提高女性受教育程度以及社会公职行业中女性的比例，政府主管部门实行城市汉族女生中考、高考加10分，少数民族女生加20分；农村地区汉族女性中考、高考加20分，少数民族女性加30分政策，导致录入师范院校女性比例和90年代后西部农村中小学女教师比例大幅度提升。这也是1998年M县初中女教师数量较1988年提高三倍以上的原因。20世纪90年代，为促进民族女童教育工作发展，当地政府部门要求中等师范学校连续招收了五批一年制民族师范生，每年招收名额80名，同时规定女生低于男生20分录取。受招生录取政策的影响，这一阶段被录取师范生中80%以上的是女生。这也是1998年M县小学女教师数量较十年前翻两番的原因，同时是90年代后期西部农村小学女教师比重迅速上升的重要原因。2005年后，为缓解高校扩招就业压力连

---

① M中学校史编写组：《海原中学五十年》（内部资料），1995年，第387—390页。

年加大问题以及农村地区教师数量严重短缺局面，国家制定实行了特殊岗位（特岗）教师政策。特岗教师政策实施初期，由于政策规定特岗教师任教三年期满后，只要不发生大的教育教学事故，他们基本上都能转为正式教师。抱着对"特岗"政策的较高希望，许多专业的、非专业的大学生都报考了特岗教师，"特岗"政策因此也吸纳了大量男性，进而导致中小学新录入教师中男教师比例的显著提高。2006 年，M 县小学新录用男教师比例占到新录用小学教师总数的 70% 以上，普通高中新录用男教师比例占到新录用高中教师总数的 80% 以上。但特岗教师政策试行一年后，许多特岗教师以及准备在教育行业上求职的大学生感觉到特岗教师并非他们期望的工作身份，特岗教师的经济待遇比本来经济收入不高的中小学正式教师还低，其社会地位更低。因此，男大学生越来越淡化了对"特岗"的选择，而是选择了收入更高的职业，女大学生越来越成为义务教育阶段新录用教师的主力。这也是 2007 年后 M 县特岗女教师比例提升的主要原因之一。

　　归根结底，西部农村中小学男女教师数量和女教师比重持续上涨是其本地教育发展的结果。女教师比例偏低是由本地区教育发展水平总体滞后和男女教育不平等造成的。由于政治、经济、文化诸因素影响，西部农村男女儿童受教育机会、受教育过程和受教育结果始终不平等，导致男女两性文化层次和文化程度上的差异，最终影响了他们在教育行业的就业与发展。而随着经济社会的发展以及女性社会地位的提高，女性在受教育机会、受教育过程和受教育结果上都有了大幅度提高，导致了中小学女教师比例的相应提高。马克思说过，每一个了解历史的人都知道，没有妇女酵素就不可能有伟大的社会变革，社会进步可以用女性的社会地位精确衡量。[①] 因此，应看到在西部农村地区女教师因经济社会地位提高导致其所占比例大幅度提高而形成正面效应的同时，也应看到农村中小学教师队伍因中小学教师职业地位、经济地位不高而女性化的危险。农村地区教师性别结构的合理化发展不仅依赖于女性进入，也依赖于其有节制的适度进入。只有将文化观念解放、经济水平大幅度提高以及政治制度的文明进步统合起来，并结合教育自身发展需要才能形成合理的教师性别结构。

---

① 《马克思恩格斯全集》第 32 卷，外国文书籍出版局 1954 年版，第 571 页。

六 西部某县教师年龄结构变迁原因

首先，农村教师年龄比例变化是教师年龄政策制定和执行的结果。从 M 县中小学教师年龄比例 50 多年的变化历程来看，政治、政策因素依然是教师年龄结构变化的根本因素。20 世纪 40 年代，由于政治动荡不定，有关教师教育的各种政策措施无法出炉与实施，西部农村地区极少培养教师。因此，50 年代的西部农村本地教师基本上是从新中国成立前过来的旧知识分子。这批教师队伍中的许多人如范达、段继英等，其时都是二三十岁的年轻教师，农村地区鲜有老教师存在。这也是 1958 年 M 县中小学教师年龄结构偏低的基本原因之一。由于在 20 世纪五六十年代，西部农村地区受过专门教育的不少中小学教师是"地、富、反、坏、右"分子，随着六七十年代政治清理运动的进行，这些人陆续被清理出教师队伍，70 年代末，M 县 25 周岁以下中小学教师数量在教师年龄阶段比例中成为主流，西部农村教师年龄开始普遍年轻化，中老年教师比例明显减少。

20 世纪 50 年代后期至 60 年代，根据国家支援西部落后地区建设的政策需要，教育部和西部各省市自治区先后分别出台政策，从师范院校选拔大批青年学生到西部农村地区从教。同时，从上海、北京派遣大批初中毕业的知识青年到西部落后地区从教。在国家强大政策的宣传、号召和要求下，年轻学子纷纷表态——到祖国最需要的地方去，到最艰苦的地方去。也是这一时期西部农村地区 25 周岁以下年轻教师比例大幅度提高的原因之一。在国家和地区特殊政策的引导和要求下，1958 年 M 县 25 岁以下小学教师数量发展到其小学教师总数的近 70%。20 世纪 60 年代后期至 70 年代初期，受教育调整、整顿以及政治斗争形势和"文化大革命"影响，农村地区新聘用教师数量锐减，同时，50 年代至 60 年代初期聘用教师变成了 30 岁左右的教学骨干，也是这一年龄段教师比例大幅度提高的主要原因之一。而六七十年代，M 县教师进修学校招收的学员年龄上限在四五十岁，也是这一时期 M 县四五十岁小学教师比例不断提高的原因之一。20 世纪 70 年代末至 80 年代初，大批中老年知识分子由于政治平反而重新走向教师工作岗位，成为这一时期老教师比重进一步增加的原因之一。十一届三中全会以后，根据教育发展的需要，教育机构继续大量补充教龄在 15 年以上民办教师，是这一时期年轻教师数量增加、比例提高和四五十岁教师比例相应提高的主要原因之一。1992—1997 年期间，M县教师进修学校每年用一半名额招收 35 周岁以上的民办教师，是 1998 年M县小学中老年教师数量、比例成倍增长的原因之一，也是西部农村地区小学老教师数量和比例不断增加的重要原因之一。[①] 20 世纪 90 年代后期，随着就业政策的放开，许多师范专业年轻大学生毕业后越来越多地选择了其他社会行业。而 2000 年至 2005 年期间，由于农村小学教师编制不足，西部农村小学极少补充教师，成为这一时期年轻教师比重持续下降和中老年教师比例连续提高的原因之一。2006 年，国家实行西部农村特岗教师政策后，明确要求报考特岗教师者年龄不得超过 31 周岁，导致农村年轻正式教师比例持续走低和中老年教师比例的持续提高。2008 年，M县 25 周岁以下小学教师仅占其小学教师总数的 2% 左右。

再次，西部农村教师年龄结构变化也是地区经济发展变化的结果。经济状况是教师年龄结构变化的动力因素，多数地区教师年龄结构变化都是经济影响和引导的结果。从多数国家的情况看，教师工资收入与其从教年限即工龄、教龄息息相关。工作时间越长的老教师工资收入越高，工作时间短的年轻教师工资待遇相对较低。因此，年轻教师容易随外围行业经济条件变化而变化，老教师相对稳定。这是四五十岁以上小学教师比例持续增长的原因，也是近十年来农村 25 周岁以下小学教师比例大幅度下降和近 20 年来农村 25 周岁以下初中教师比重下滑的原因之一。20 世纪七八十年代，西部地区行业不多、行业间经济差距不太明显，年轻教师滞留在教师行业，成为这一时期青年教师比例提高的原因之一。近一二十年来，随着行业增多和行业间经济差距的逐渐拉大，许多师范专业大学生大学毕业后不愿意从事教师职业，尤其许多年轻学生不愿意到农村地区从事小学教育工作，一些从事了农村教育工作的年轻人又陆续自动离开了农村，也是西部农村小学青年教师比例迅速下降的主要原因之一。

第三，西部农村教师年龄结构变化也是当地教育发展演变的结果。20世纪 50 年代初期，西部地区教育极其落后，农村教育更加落后。农村教师数量少，仅有的一些教师基本都是从 1949 年以前的国民党学校转过来

---

① 　M县教育志编纂委员会：《M县教育志》，兰州大学出版社 2003 年版，第 238—239 页。

的中青年知识分子。从 50 年代后期到 70 年代后期，根据小学教育普及和快速发展的需要，西部农村地区快速补给了教师，小学年轻教师队伍保持了稳定、快速的发展。由于青年教师数量远远不能满足当地教育发展的需要，四五十岁民办、代课教师的继续补给成为这一时期教育发展之需要，也是这一时期农村中老年教师不断增长的主要原因之一。随着普及小学教育任务的完成和农村地区受教育人口的减少，新教师补充速度也陆续减缓，教师老龄化发展成为趋势。70 年代后期，随着"文化大革命"结束，根据教育快速发展的需要，西部农村中小学开始大量补给青年教师，是这一时期 M 县 25 周岁以下青年教师比例迅速上升的原因。20 世纪 80 年代，随着改革开放和知识分子政策的落实，西部农村地区教师队伍呈现出"快出快进"的特点。西部农村地区大量的中年骨干教师开始向城市地区、发达地区流动，导致该年龄段教师比例减少，而青年教师快速补充、青年化速度加快和老龄化趋势加重特点[①]。据行业人士估计，20 世纪 80 年代以来，M 县农村地区外流教师队伍中，80% 以上是三四十岁的骨干教师。青年教师由于经验不足、40 岁以上老教师由于知识结构老化，鲜受发达地区欢迎，流动成行的相对也比较少。而高中教育由于其教育历史滞后和经济投入不足，始终处于缓慢发展过程。但从 20 世纪 90 年代开始，根据地区经济社会发展的需要，西部地区高中教育开始了快速的发展过程，导致中青年教师大量补充，也造成老教师比例持续下降。而 50 年来不同教育阶段教师的文化程度和学历要求不同。国内外长期普遍要求高中教师学历高于初中教师，初中教师学历高于小学教师。由于学历要求上的差异常常引起中小学教师入职年龄上的差别。高中教师由于受教育时间和培养过程较长，25 周岁下教师比重相对少；初中教师受教育时间相对短、培养过程次之，25 周岁以下教师比例相对较多；小学教师受教育和形成时间相对最短，其 25 周岁下教师比例因此最高。这也是农村地区 25 周岁以下小学教师比例长期高于初中和高中的原因之一。

最后，从业人员受教育年限不断延长也是西部农村中小学教师年龄结构不断变化的体制性原因。20 世纪 50—70 年代，西部农村地区初等、中等教育学制一直为"五、二、二制"。由于受初等、中等教育的时间短，

---

① 韩建军、解光穆：《M 县第一中学校史》，宁夏人民出版社 2005 年版，第 219 页。

受正规师范教育的时间也只有两年，完成专业教育走上教师工作岗位者的时间普遍早，农村教师平均年龄总体偏低。而且由于西部农村地区教师极其缺乏，不少教师都是小学毕业后进行了三个月至一年的短期性初等师范教育，总计接受了六七年的学校教育，在 15 岁左右的时候就成为了教师，从而推动了年轻教师比例大幅度提高。20 世纪 80 年代后，我国中小学学制改为"六、三、三"制，即多接受三年中小学教育，再进行四年师范教育（师范教育也增加了两年）以后才可以成为小学教师，小学教师入职年龄推迟了五年左右。20 世纪 90 年代后期，随着三级师范向二级师范转轨，小学教育逐渐向专科、甚至本科化发展，导致小学教师入职年龄比 80 年代增加三至四年，25 周岁以下农村教师数量和比例进一步大幅度下降。

第三节　政治、经济、文化、教育、人口、自然变迁与教师结构变迁的辩证关系

通过上述分析可以看出，教师队伍结构各个方面的变化都是在相关政策制度、经济、文化、教育、人口、家庭、自然等多方面因素影响下及其自身力量推动下形成的。但需要看到教师队伍结构的调整对政策制度、经济、文化、教育、人口、家庭、自然等因素的变化也会产生各种影响力。不同教师结构的发展轨迹不同，其受影响的因素和影响状态也有所不同。但不同教师结构的变化对政策制度、经济、文化、教育、人口、家庭、自然变化的影响也不同。因此，对于不同教师结构的变化关系又需要从其不同因素出发，从不同方面进行具体分析。

一　教师地缘变迁与社会政治、经济、教育变迁的辩证关系

从 M 县教师地缘结构 50 多年演变历史看，教师地缘变化与政治、经济、文化教育的变化都有联系，教师地缘变化是政治、经济、文化教育等因素共同影响的结果。但从作用效果看，政策制度、经济形态、文化教育发展水平对教师地缘构成具有不同影响力。经济形态和经济发展水平是吸引外地教师或驱使本地区教师队伍地缘结构变迁的根本动力和长期性、直接性原因，也是引起教师地缘政策调整的基本因素和主要依据；政策制度

既是短时间内引起农村地区教师队伍地缘结构大规模变迁的外在力量，也是引起西部农村教师结构阶段性变化的标志性因素，也更是经济、教育发展要求的结果；婚姻家庭是教师地缘变动的连带力量，不少教师的地缘变动都是婚姻家庭许可、要求或带动的结果。而农村地区教师数量、质量的构成及其比例关系矛盾是其地缘结构变化的本体原因。在本地师资数量不足、质量不高的情况下，只能依靠外援和外力来解决，从而引起地缘构成上的变化。反过来，教师地缘变迁又会引起教育变迁，并对教育政策制度的调整提出要求。但从历史层面看，政治、经济、文化、教育在不同时期对教师地缘变化所起的作用不同。20 世纪 80 年代前，我国教师地缘变化主要由政治制度引起；20 世纪 80 年代改革开放后，对教师地缘变化起决定性作用的因素上升为经济力量。而总体来看，社会流动是教师地缘结构变化的最后原因，任何时期、任何地区教师地缘上的变化都是社会流动的结果。

二　不同因素在教师学历结构变化中的相互关系

纵观 M 县教师学历结构 50 多年的变化历程可以看出，中小学教师学历变化基本是在政府部门相关政策主宰和干预下进行的。不同学历教师数量多少、比重高低的变化基本是政治安排的结果。但教师学历结构变化结果反过来会影响学历政策的制定与调整。一个时期一个地区教师学历提升主要是国家外派教师政策执行的结果，一个年代，谁能上学、谁能在高层次学校上学，谁能成为教师，谁能成为高一级学校教师，更是推荐、保送等政策制度制定实施的结果。但政策执行的结果又会影响新政策的制定。教师推荐、保送制度对教学质量和学生发展的影响，反过来又会影响推荐保送政策的调整。

教师学历政策形成的基本依据是国民经济的基本状况。计划经济时代，教师学历结构是计划安排的产物。但学历被计划和安排上去的教师对计划经济政策又具有维护和巩固的功能。在计划经济时期，家庭经济实力对教师学历的形成与变化所能直接起到的整体上的作用极其有限，教师学历变化对家庭经济的改善与提高有重要影响。计划经济时代，我国各个地区、城乡之间的自然、社会环境差异不大，自然、社会环境变化与教师学历结构变化的关系也不大，自然、社会环境变化对教师学历结构变化只具有补充和微调功能。教师学历变化对社会环境变化影响也小，对自然环境变化影响更小。

　　大学生分配制度取消以前，教师学历变化是政府相关政策主导、市场经济调控相结合的产物。1983 年，中共中央、国务院在《关于加强和改革农村学校教育若干问题的通知》中提出："要保证师范院校毕业生分配到中小学任教，不得任意截留。"[①] 政府主导下，师范专业毕业的、有专门学历的本地大中专毕业生大部分回到了当地学校，学历不高的在职教师通过离职进修、自学考试和函授教育等形式获得了合格学历。但在市场经济调控下，部分高学历教师毅然流向了城市和发达地区、流向了其他社会职业，部分师范类毕业生也选择了异地就业，从而削弱了分配政策制度在教师学历变化方面的影响力，也促进了不同学历教师数量和比重的新变化，并对教师分配政策提出了新要求。

　　随着大中专学生分配制度的取消，表面上政府在教师学历结构变化中的作用在进一步降低，政策制度对教师学历结构变化只能起调适和引导作用，市场在农村教师学历结构变化中正逐渐起到了主导作用。但实质上，各地区教师学历变化依然是政府部门政策安排的结果。大学生分配制度取消以后，大中专毕业生就业更加自由灵活，不用从哪里来必须回到哪里去。市场给不同学历教师提供了跨地域择业权。表面上不同学历层次的人到不同层次学校就业是市场引导和自主选择的结果，但实际上，政府部门对不同层次学校招收教师的学历层次和数量始终有最低要求，教师学历变化也是在政府部门政策控制下有计划进行的。反过来，教师学历结构变化对教师学历政策调整又提出新要求，并促进了地区文化环境与人口结构的改变。

三　政治、经济、家庭、自然变迁与教师身份结构变迁的辩证关系

　　纵观 M 县教师身份 50 多年的转变历程可以看出，不同时期农村教师身份的转化与变迁总体是在国家教师身份政策强烈干预和推动下进行的，国家有关政策在教师身份转变过程中起到了决定性作用。但教师身份转化

---

① 国家教育委员会政策法规司：《十一届三中全会以来重要教育文献选编》，教育科学出版社 1992 年版，第 126 页。

对教育教学质量和学生发展的影响，反过来又影响了新的教师身份转化政策的形成。教师身份转化的内在动力是经济，经济条件及其变化在国家教师身份转化政策制度的形成与调整中起基础作用。所以，国家经济困难时期出台的是公办教师民办化政策，国家经济崛起时期出台的是民办教师公办化政策。虽然教师身份转化对国民经济发展不发生正面功效，但会间接影响到家庭经济结构的变化。而任何身份转化政策的落实，针对的都是每个具体的个人。教师个体的知识、能力、品行和坚持精神等因素成为其身份转化过程的最具体和最直接条件。个体在经济困难情况下对教师职业的执着、热爱将导致其身份转正，个体对教师职业的淡漠也会引起其身份的非正式化发展。家庭出身在特定历史时期对教师身份转化则具有决定性作用。特定历史时期，家庭出身"不好"的正式教师会被强制转化为非正式教师，出身于教师家庭的非正式教师也可以转化为正式教师。而身份转化教师对身份政策制度的制定、执行会产生不同影响。身份正式化的教师普遍支持身份转化政策，身份非正式化的教师往往会抵制转化政策。区域间、城乡间社会环境的变化会引起教师身份转化，进而引起新的教师身份政策。反过来，教师身份转化对社会环境变化也会起到潜移默化的作用。因此，经济、家庭、个体和社会环境等因素为教师身份转化提出了具体政策要求，政策制度反过来在总体上决定着教师身份的转化。

回顾西部地区教师身份转化历程同样可以看出，尽管教师身份转化是在自然环境变化、经济变化和教育文化发展变化等因素的共同作用下展开的。其中自然环境是潜在性和越来越重要的因素，经济变化是引起教师身份转化的动力性因素，教育自身发展变化是教师身份转化的内在因素。但是，经济、教育、社会、自然环境变化都只是教师身份转化的依据，国家、地方相关政策制度及其变迁是教师身份转化的最直接和最核心因素。没有政策变化就不会有其他各种变化，自然、经济、教育等方面的变化要求，最终需要以政策形式体现出来。因此，尽管教师身份的变迁与转化是多种因素共同影响和作用的结果，但实现身份正向变迁与转化需要抓住影响身份转变的主要因素，有效利用各因素中的积极成分，抑制身份的负向变化，防止因身份负向变化产生的消极效应。

四　教育、经济、政策变迁与教师专业结构变迁的辩证关系

从半个多世纪农村地区教师队伍专业结构变化情况来看，教师专业结构变动基本是国家政治、经济、教育等多方面政策要求和政策变化的产物。为了补充教师数量，50多年来，各地区在各教育阶段教师招考方面不断采取各种政策措施，有意将非师范专业毕业学生引入教师行列，推动了非师范专业教师的长期存在。但为吸引广大青年学生献身教育事业，国家一方面在不同时期分别采取降低师范生招生分数线、减免师范生学杂费、为师范生提供生活补助费和奖助学金等政策措施，不断引导青年学子进入师范教育专业。对于进入教师行列人员，有关行政部门则一直在政策上规定和提出不允许改行和必须从事教师工作等要求，不断推动师范专业教师比例的发展与变化。因此，政策制度既可能导致教师队伍向非师范专业化发展，也可能导致教师队伍向师范专业化发展。政策制度既可以独立对教师专业发挥作用，但更多依赖经济上的辅助方式发挥影响。政治、经济上的"软"、"硬"兼施成为教师专业结构变化的基本方式。其中，政治制度和政策措施是教师专业变化的外在形式，经济结构变化是教师专业结构政策调整的主要内容，教育事业发展，特别是师范教育事业发展、师范教育政策制度的变化是教师专业结构政策变化的最直接性因素。因此，教师专业结构变化总体是各种政策制度博弈的结果。但教师专业结构变迁，特别是教师队伍中师范、非师范专业人员比例增减对教学质量、学生质量发展变化的影响，反过来为各种教师专业政策的制定与调整提出新要求，进而引起教师专业结构发生新变化。

五　政治、经济、文化、教育等因素变迁与教师性别结构变迁的辩证关系

通过农村地区教师性别结构50多年变化历程可以看出，教师性别结构变化由多种因素引起，教师性别结构变化又直接或间接地影响其他因素的变化。其中经济变化是引起教师性别结构变化的基础性因素。经济困难时期，经济困难地区，男教师多，女教师少；经济发达地区，经济快速发展时期，女教师比例高，男教师比例低。尽管教师性别比例变化并不会引起社会经济结构的变化，但对家庭经济结构却有一定影响。政策制度体制

变化是决定教师性别变化的根本性因素。政策体制直接决定着不同性别教师入职、离职的数量，决定着男女教师比例结构的变化，进而影响到教育教学质量和男女学生的发展变化。而男女教师性别结构变化对教学和学生发展的影响，反过来为教师性别结构政策的调整提出新要求。

教育自身变迁是教师性别结构变化的前提基础。有了教育多方面的变迁，才可能有教师性别结构的变迁。反过来，教师性别结构变化制约着教育自身结构的改善。农村教师队伍发展过程总体是男教师比例下降和女教师比重增加，教师性别结构和教育结构总体趋于平衡的过程。而自然社会环境变化是教师性别结构变化的制约性或调控性因素。环境恶劣地区女教师比例小，环境优越地区男教师比例小。反过来，性别结构变化也影响社会环境变化，特别是女教师的增加对农村受教育环境和女童受教育程度有重要影响。因此，各种因素在教师性别结构变化中的功能价值不同，但其功能价值不可相互取代。在推动教师性别结构功能正向化发展的过程中，既要发挥各因素的整体功效，也需要突出重点、逐一解决。

六　政策、经济、教育变迁与教师年龄结构变迁的辩证关系

通过教师年龄结构的变迁因素与变迁原因可以看出，教师年龄结构也是在多种因素影响下变化的。其中，教育变迁是教师年龄结构变迁的前提条件，教师年龄变迁首先是不同时期教育发展需要的结果。在快速补充教师时期，教师队伍往往向低龄化发展；在不需要教师的时期，教师队伍容易向老龄化发展。反过来，由教师年龄结构老化或年轻化引发教师知识结构老化或经验性知识欠缺时，又影响到教育质量和教育效率的变化，进而影响到教师年龄结构政策的调整。教育政策制度总是以"规定"、"限制"和"要求"等方式对教师年龄结构变迁起决定性影响。不同地区、不同学校、不同教育阶段能正式引进什么年龄段的教师，基本都是政策制定和要求的结果。当新进教师年龄限定在30岁以下，工龄限制在两年以上工作经验的时候，25周岁以下本科学历教师数量比例将大大减少；当政策对从教之前的工作年限不做限定时，25周岁以下教师年龄比重则会相应增加。而当教师队伍老龄化或年轻化发展影响到教学和学生发展的时候，反过来又会对教师年龄政策调整提出新要求。经济变迁则往往以推拉的形式对教师年龄变迁产生推动或延缓作用，教师队伍年龄结构的状况对教师

队伍经济政策调整往往提出新要求。因此，教师年龄结构变化是关键因素，但不是某一因素发展的结果，而是多种因素共同作用的结果。调整教师年龄结构，发挥其正向功能影响力，既需要抓关键，也需要综合各因素的整体影响力。

小　结

影响教师群体结构变迁的因素有很多，其中包括政治因素、经济因素、文化因素、人口因素、教育因素、地理环境因素以及教师组织结构分层，等等。但不同因素在教师结构变迁不同方面的效应不同。政策、制度是教师结构变化的最直接、最根本和决定性因素，可以说西部农村教师结构的一切变化基本都是政策制定、执行的结果，其他多数因素作用的发挥主要依赖于政策作用的发挥。经济是影响教师结构变迁的最基础性因素。经济是引导农村教师结构变好的基础因素，也是导致农村教师结构可能变坏的基础因素。同时，经济也是引发教师政策变化的基础因素。文化传统及其变迁是影响教师专业、性别等结构变迁的深层次因素。文化传统潜移默化地影响着教师结构变化。而且在越落后地区，传统文化对教师结构的影响力越大。传统文化对西部农村教师结构变化的影响力远远大于城市和经济发达地区。教育发展水平制约着教师队伍某些结构的发展变化，或者教师结构的一切变化都在教育内部进行。人口结构变化在某种程度上制约教师结构变迁，因为教师结构变化其实就是人口结构变化。同时，观察分析每个人的变化是了解整个群体结构变化的前提条件，教师队伍结构变迁是教师个体变化的必然结果。自然、社会环境在教师结构变迁中则具有绝对影响力，许多教师结构的形成及其变化都是环境被迫与挣脱的结果。教师队伍自身的短缺、补充与排斥则是教师结构变迁的根本动力。因此，西部农村教师结构变化是以上各种因素综合影响的结果。改善农村教师结构状况也就需要在整合以上几方面力量的基础上进行。

第四章　西部农村教师结构及其变迁的
价值、功能与合理性问题

从价值结构、价值类型特征看，教师结构某些方面的变化可以满足学校教育教学和学生发展的需要，教师结构变迁可以影响学校教育教学和学生的发展，具有教育教学与学生发展以及教师自身成长等几个方面的正负价值与功能。但教师队伍的结构内容、性质不同，各结构形成的价值、功能也会不同；教师队伍结构变迁的性质特点不同，其变迁的功能价值也不同。在西部地区，教师结构变化还具有其特殊的地域价值与功能。

第一节　西部农村教师结构及其变迁的价值

一　教师队伍地缘结构及其变迁价值

地缘结构在行政管理学上称为户籍结构，是人口行政地理位置上的构成。教师地缘结构是教师队伍地理位置的构成。根据地缘逻辑和地缘大小依次可以将其划分为村籍结构、乡籍结构、县籍结构和省籍结构。由于人口村级结构、乡级结构统计在行政管理上所产生的功能影响较小，为避免统计过程的复杂性和统计结果的不精确性，政府和教育行政部门在进行人口和教师档案登记、来源结构统计时，一般将其地缘限定在县籍和县籍以上区域。本书所谓的教师地缘构成是本县、本省外县和外省籍教师的比例构成。这种比例构成具有更重要的教师个体、群体功能价值，也具有学校教育教学与学生发展的功能价值。

首先，教师地缘结构可以满足教师个体及其群体发展的需要，具有教师个体及其群体发展的价值。人的发展需要在感受、比较、学习和借鉴不同文化信息中进行。不同地域的教师有不同的文化背景和文化特征，他们在一起教学过程中，随意传播、交流了各自的文化观念、文化方式，促进了教师个体思想文化意识的更新与发展，也促进了教师队伍的整体发展。传统社会中单一地域下的教师交流难以促生思想激情与火花，也不利于教师自身的发展。当社会进入完全信息化时代，人们之间交流不受空间影响，不同地域的教师随时可以进行交流互动时，同一学校教师的地缘文化价值将大大降低，教师地缘仅仅满足的是教师团队存在与发展的价值，地缘与教师个体发展本质无关。

其次，教师地缘结构与变化可以满足教育教学发展的需要，具有教育教学活动发展的价值。教育教学活动的开展不仅需要显性的课程资源信息，需要特定的学科知识信息以及教师直接表达出去的知识信息，也需要隐性的课程资源信息，需要渗透在教师实体身上特有的文化信息。教育教学活动的根本任务是通过教师传播学科知识与信息。在本地教师数量严重不足的情况下，外地师资力量可以满足传播特定学科知识信息的需要，可以维持农村学校教育教学活动的存在，也可以满足农村学校教学发展的需要，同时可以满足学校多元文化发展的需要。在本地师资力量充足的情况下，外地高水平教师可以更好地满足本地教育教学发展的需要。而不同水平的外地教师都可以满足学校多元文化形成与发展的需要。不同地域的教师在同一学校散发的各自特定的地方文化因素是教育教学活动的鲜活内容，具有丰富学校教育教学生活、促进教学发展之价值。

再次，教师地缘结构可以满足学生发展之需要，具有学生发展价值。学生发展过程是学习知识的过程，也是学习文化的过程。学生学习文化知识的过程既是掌握书本书化知识的学习过程，也是与教师交流学习的过程。既是与教师个体的课程知识信息互动交流和学习过程，也是与教师个体多元文化信息交流的过程。书本知识为学生提供了静态的文化信息，不同地缘教师则可以为学生提供课程知识的动态信息，也可以形成差异性、动态的文化信息。不同地缘教师自身形成的课程知识信息可以满足学生知识发展的多种需要，不同地域教师形成的不同地缘文化特征、文化观念，也可以较好地满足学生对异质文化的兴趣，对多元文化知识形成需要。

二　教师队伍学历结构及其变迁价值

学历价值是个体学习经历和学业程度能满足其自身需要的属性。教师学历价值是教师学习经历、学业程度能满足教师自身、学生以及教育教学需要的属性。教师学历发展具有多方面价值，从教师自身的需要关系上分为内在价值与外在价值，从学历发展的个体与群体属性上分为个体价值与社会价值，从学历发展的手段与目的属性上分为功利价值与发展价值。具体而言，教师队伍学历结构的发展不仅能形成其知识、能力本体和内在方面的价值，具有其道德情感、认识能力、智慧水平发展方面的功能价值，也具有旁征博引、深入浅出地进行教育教学活动、满足教育教学质量提升和学生发展需要的外在工具价值。因此，在教师自身、学生以及教育教学等不同层面，教师学历发展有不同价值。

首先，教师学历发展变化可以满足教师自我精神层次的需要，实现其内在精神价值与外在物质、功利价值相统一。从教师自身层面看，其学历结构变化价值总体体现在内在本体、精神价值及其外在物质价值、功利价值两大方面。内在价值属于本体价值或自在价值。在内在价值层面上，教师学历结构变化追求的是教师自身认识水平、智慧能力和道德情操的不断提高，也是其更高精神需要的获得与满足，从而实现其自我超越的价值诉求。外在价值属于工具价值或目的价值。从外在价值层面上看，个体学历程度越高，其社会评价和社会地位相应较高；个体学历程度越低，其社会评价和社会地位相应较低。从教师群体学历结构变化情况看，教师群体学历结构的改善，意味着教师队伍社会地位的提高；教师群体学历结构下降，意味着教师队伍社会价值的总体下降。农村地区教师学历的改善可以满足农村教师改善其在全国教师队伍中的地位、价值的需要。同时，从外在的就业和物质价值层面考量，一般而言，学历越高其工作就业环境和经济待遇也越高，学历越低其工作就业环境越差、经济待遇也低。因此，教师学历变化过程既是改善其工作环境、满足其物质需要、实现学历经济价值与功利价值的过程，也是满足其社会评价和精神需要、实现其自身社会价值的过程。

其次，教师学历结构发展变化可以满足教育教学活动发展的需要，实现教师学历的教育教学发展的工具价值。教师是从事教育教学工作的知识分子，教师学历发展的目的是为了准确、深刻地理解教育教学内容，切实提高教育教学质量。因此，学历价值本质是目的价值、工具价值。一般而言，教师学历结构发展价值从空间地缘上表现为流动教师引起的输入性学历价值，也可能是在职教师学历提升形成的本体性学历价值。不同学历教师的流入能满足当地教育教学数量、质量发展的不同需要。高学历教师的流入满足了当地教育质量提升的需要，低学历教师的流入能满足当地教育教学数量形成的需要。从当地中小学教师学历总体变化趋势看，当地教师学历总体处于不断提升过程。教师学历的发展变化意味着其个体、群体知识、能力结构和思想观念的发展变化，意味着其知识精细化程度和认识问题、分析问题、解决问题能力的提高。而教师知识能力结构的变化可以直接满足教育教学质量、教育教学效率提高的需要。任何时期教师的学历都是分层次的。但总体而言，高学历教师既可以满足应用型教学需要，也可以满足研究型教学需要；低学历教师只能够满足一般教学型、技能型或应用型教育需要。因此，将不同学历教师结合起来，可以更好地满足不同方面的教育教学需要。

最后，教师学历结构变化的终极价值是满足学生发展需要，实现其目的价值、工具价值。学生发展是多样的，身体、心理，知识、技能以及思想道德等方面都需要发展，但知识发展是其发展的主要和核心内容。学生知识来源渠道多种多样，书本是其主要知识来源渠道之一，教师个体内隐性、私人知识是学生鲜活知识的关键来源。教师学历的高深程度直接影响到其个体知识的精细化、科学化水平，进而影响到学生知识的正确程度。教师个体学历结构变化总体是发展、提升的。教师学历发展变化的总体目标是满足学生对精准、高深知识及其精神发展的需要。广大教师普遍希望以学历发展的方式，丰富其教育教学内容、提高其教育教学水平，进而满足学生学业发展及身心成长的需要。但不同学历教师的流进流出能满足学生不同需要。高学历教师流进、低学历教师流出，意味着教师整体知识结构素质的改善，可以更有能力研究学生的需要，更好地满足学生学习需要。低学历教师流进、高学历教师流出，意味着教师队伍整体知识结构的下降，但却能满足学生学习发展的最基本需要。

三 教师队伍身份结构及其变迁价值

"身份"（identity）源于拉丁语 statum（拉丁语 stare 的过去分词形式，意思是站立）——地位，在我国文献中有时被译为"认同"。对于身份界定，当代英国学者阿兰·德波顿（Alain de Botton）认为，身份指个人在社会中的位置。狭义指个人在法定团体职业中的地位（如已婚、中尉等），广义指个人在他人眼中的价值和重要性。[①] 我国社会学者张静认为，身份是社会成员在社会中的位置，其核心内容包括特定的权利、义务、责任、忠诚对象、认同和行事规则，还包括该权利、责任和忠诚存在的合法理由。[②] 青年学者景晓强等认为，身份是自我关于"我是谁"的观念。"我是谁"决定了"我想要什么"（利益）和我以什么样的方式生存。[③]本书认为，身份是"我是谁"、"我在什么社会位置、我有什么价值和权利"的观念。"身份"的本质是指其内在社会地位的统一性、稳定性和绝对的一致性。因此，身份主要是指个体的社会身份。

对于教师身份的界定，根据泰弗尔（Tajfel，1978）对社会身份的定义："个体认识到他（或她）属于特定的社会群体，同时也认识到作为群体成员带给他的情感和价值意义"。[④] 以及张静对社会身份界定：社会身份是基于具体个人自然属性（性别、年龄）以及社会属性（教育、收入、等级、地位、关系）形成的身份，其背后有社会承认的角色及其权责期待。没有尽到这些角色期待的行为往往被社会理解为行为不当。[⑤] 我们认为，教师身份是教师对其自身社会身份：社会地位、社会价值、权利与义务观念的认同与反映。教师身份结构则是同一时期、同一教育机构或一定区域内不同社会地位、不同价值和权利教师的构成及其比例关系。

国际上根据教师聘用时间长短、工资待遇高低和办学机构的认可程度，将教师身份划分为正式教师和临时教师两类。正式教师的教师身份被办学机构完全认可，聘用时间长、工资待遇高。临时教师聘用时间短，未被办学单位完全接纳，工资待遇相应较低。从我国教师工资、待遇以及办学机构对其接纳情况看，也可以将教师社会身份分为正式教师与非正式教师两类。广义讲，正式教师包括公办教师、特岗教师（准公办教师）和

---

①　阿兰·德波顿：《身份的焦虑》，陈广兴、南治国译，上海译文出版社 2009 年版，序第5 页。

②　张静：《社会身份认同研究》，上海人民出版社 2006 年版，序第 4 页。

③　景晓强、景晓娟：《身份建构过程中行为体的施动性——基于社会化理论与社会身份理论的比较研究》，《外交评论》2010 年第 1 期。

④　涂有明：《社会身份理论概述》，《延边党校学报》2009 年第 5 期。

⑤　张静：《法律身份与社会身份：未经区分的重叠认同》，载张静主编《社会身份认同研究》论文集，上海人民出版社 2006 年版，第 198 页。

从其他学校公办教师队伍中抽遣去的支教教师等各类教师，也包括被国家教育行政部门认可、被民办学校长期聘用的教师。因此，正式教师可以是公办学校教师，也可以是民办学校教师。狭义的正式教师是国家公办教育机构中，进入国家和所在学校正式教师编制制度体系、享受国家和所在学校公办教师工资待遇的从教人员。未被国家行政部门认可、只是被教学单位临时雇用的代课人员，只能是非正式教师。因此，非正式教师包括历史上的雇用教师、民办教师（仅仅被县级教育行政部门承认其临时身份的教师），同时也包括当下没有取得教师资格证书的代课教师、没有任教经历的"支教教师"和大学生志愿者，等等。正式教师工资待遇高，其身份得到了政府部门承认，有较高社会地位；非正式教师工资待遇和社会地位低，其教师身份也没有获得政府、社会和自我的完全认同。但从教师法和教师资格证书制度实施以后，所有教师都应取得教师资格证书，成为被国家和政府部门完全认可的教师。一旦其被从教学校聘用，他将是完全合法教师，而不能成为非法教师。但合法教师既可以是正式教师，也可以是临时的非正式教师。合法教师不等于正式教师。教师法实施以后，没有取得教师资格证书的教学人员既是非正式教师，也是非法从教者。由此教师身份转化便是正式教师与非正式教师之间的相互转化。但从历史进程和未来趋势看，教师身份转化主要是非正式教师向正式教师的转化，很少出现正式教师向非正式教师身份转化的现象。

从我国古代开始，一直存在由非正式的私立学校教师转化为公立学校正式教师的案例，极少发生由公办（公立、官办）正式教师转化为民办（私立）非正式教师现象。古代社会由于学在官府，教师身份的官师合一性，为师的多数期望在官府中成为官办教师，享受稳定的收入待遇和较高的社会地位，而不愿意由正式的官办教师转化为非正式的私立学校教师。只是在20世纪40年代和70年代两个阶段，由于国家财政困难，出现了正式公立学校教师转化为非正式民办教师的情况。说明两种等级身份的教师存在相互转化的可能性。但教师身份转化的总体价值是由社会身份低、待遇低的教师转化为身份较高的教师。由于私立和民办教育办学方式、资金来源及教师聘用制度与公立学校存在巨大差别，非正式的私立民办学校教师与正式公立学校教师身份转化也不是农村和西部农村教育的主要问题。因此，从公立学校层面考察公立学校中正式与非正式教师的构成及其比例关系状况，从公立学校教育层面考察教师身份结构及其转化问题，对于解决公立学校教师队伍身份紊乱状况，形成其合理的身份关系和身份结构形态有重要意义。

从身份发展变化的价值层面看，教师身份结构及其发展变化首先可以满足教师发展需要，具有其内在的本体价值。多样性、差异性是事物发展的前提，单一性导致事物走向终结。因此，不同身份教师的存在能满足教师队伍自身发展的需要，有利于教师队伍组织自身的发展与壮大。不同身份教师在相互比较竞争中，可以互相吸收对方优势，促进自身及教师组织的整体发展。正式教师以其相对较好的专业知识、专业能力满足了教师队伍专业化发展的需要，非正式教师以其知识、能力结构及艰苦奉献精神满足了落后地区教育发展需要。在经济社会水平仍很滞后的西部农村，缺少任何一种身份的教师，都不利于教师队伍的整体建设。但任何一种身份都在发展变化，教师身份变化在更大程度上实现了自身发展的需要。

从教育教学工作层面看，教师身份结构及其变化具有教育教学发展的工具价值。国家为了教化民众、培养各种层次的人才，个体为了获得向上发展的更多机会，他们会对教育提出普遍而广泛的要求。各种身份的教师可以满足社会与个体对教育的基本需要，但不同社会身份的教师也能满足不同时期、不同地区、各种层次和各个类型学校教育教学差异性的需要。不同时期、不同地区经济社会发展水平不同，教育发展水平和层次也会因此而不同。不同身份教师适应了特定时期、特定地区基本的教育需要。公办、正式教师可以满足城市发达地区、农村贫困地区对稳定的教育教学质量、稳定的教育教学效率的需要，民办、代课等非正式教师也可以满足不同地区补给师资力量的需要。

正式公办教师多数受过正规师范教育，他们大多数有专业知识，更加注重教育教学方法，更有助于教育教学质量的提高。国外非正式的临时代课教师大多接受过专业训练，有专门知识，但因为教学时间短、教学经验不足，对教育教学质量贡献相对较小。在我国，非正式的民办、代课、支教等临时教师大多没有接受过专业训练，没有专门知识，教学方法简单，对教育教学质量提升的价值不大。但任何时期、任何地区都有一些教育教学能力和水平较高的非正式教师，其教育教学影响力远远超越了正式教师。20 世纪 80 年代之前，在国家财力严重不足、西部农村地区教育极其落后的情况下，临时民办教师满足了当地教育教学的底线需要，实现了当地基础教育教学的存在价值。20世纪80年代后，随着国家财力好转和农村地区教育水平的提高，正式公办教师在西部农村教育质量提高中发挥了更大价值。因此，在农村教师身份结构变化的过程中，各种身份的教师可以满足教育教学方面的不同需要，可以实现教育教学方面的不同价值。

从学生层面看，教师身份结构及其变化具有学生发展的工具价值。不同社会身份的教师的存在能满足各种层次、各个地区、特别是西部农村地区学生发展的多样性需要。人人需要发展，只有发展才能过上更美好的生活。各个少年儿童都需要发展，发展才能使他们有更美好的未来。发展是人的基本权利，不同地区的儿童都有发展权。儿童发展的最理想渠道是接受教育，接受教育的前提条件是有教师存在。不同身份的教师有不同使用价值，农村地区的正式教师以其长期稳定的工作方式影响着当地学生，满足了学生生活信念的需要，而一些新补录的临时代课教师则可以以其最新的知识、信息和理念带动学生发展。我国农村贫困地区的许多非正式教师以自身不计报酬、任劳任怨、埋头奉献的精神感染和感动着每个学生，满足了农村师资短缺地区学生获取基本知识和自立自强的需要。因此，在教师身份转化过程中，学生的需要也在不断发展变化，但总体上通过教师身份转化，可以实现学生多方面发展的价值。

四 教师队伍性别结构及其变迁价值

性别结构是社会群体中的不同性别构成及其比例关系。性别结构表面是社会群体先天形成的不同生理性别构成及其比例关系，实质是后天社会性别构成及其关系的反映。教师性别结构是教师组织中的不同性别构成及其比例关系。教师性别结构表面是教师组织先天形成的不同生理性别构成及其比例关系，实质是其后天社会性别构成及其关系的反映。教师性别结构是教师队伍组织结构的重要组成，是呈现和说明男女教师数量差异及其功能关系、影响教育教学活动开展及其质量效率的潜在因素，也是影响学生人格成长及其身心健康发展的重要内容。因此，深刻认识和理解教师性别结构功能价值有重要意义。

人的性别特点既是先天生理引起的，也有后天社会文化环境的原因。但国外多项研究证明，生理特征对人性格的影响非常有限，人的性格差异更多的是后天环境习染的结果。后天环境对男女性格不同影响是男女性格气质差异的重要原因。而由男女性格气质差异形成的教师性别结构可以满足学校教育教学活动有效开展的需要，也可以满足男女教师发挥不同教学优势以及学生人格发展的需要。因此，教师性别结构具有多方面价值。

首先，从教育教学活动层面看，教师性别结构变化可以满足性别刻板印象下学校教育教学活动的特殊需要，具有学校教育、教学活动开展的工具价值。传统习俗下的教师性别结构既能满足学校教育、教学活动开展之需要，也能满足学校教育教学整体功能形成之需要。俗话说："男女搭配、干活不累。"合理的性别结构是形成教师队伍凝聚力，形成团结、合作、积极向上教师队伍集体的生物原因，也是提高教育质量与效益的内在基础。苏联教育家马卡连柯（Makarenko, Anton Semiohrich）认为，一个师资水平一般但很团结的学校要比一个师资水平高却不团结的学校教育教学质量高。学校教育教学活动开展依靠的是教师整体力量和水平，一个学生的成长依靠的是所有任课教师的智慧与力量。而在常人看来，一个男教师过多的学校缺乏由女性引起的浪漫情趣与活力，一个女教师过多的学校缺乏由男教师引起的胆识、魄力与凝聚力。因此，合理的师资性别结构对教师有效合作、开展各项活动非常有必要。从男女性格的非生理性理论看，合理的教师队伍性别结构本质是教师性格结构，是自然形成的教师的男性、女性性格气质结构。如果舍弃传统男女性格气质上的差异性教养方式，自然主义基础上的教师性别构成将是教育教学发展的需要。

合理的教师性别结构能满足教育教学活动发展的不同需要，具有教学发展方面的多种价值。受传统男女性格行为差异的刻板影响，教育实践领域普遍认为，男教师动手操作能力强，喜欢创造性活动，也易于引导儿童创造性学习；女教师教学踏实、认真、负责，一丝不苟，易于训练儿童勤奋、刻苦、细心的学习品质。男教师逻辑思维和理性认识能力强，更适宜于开展理科教学和理论探究活动。而且男教师身体的力量感优于女教师，也适宜引导学生开展体育、劳动等运动课教学。女教师感情丰富、感性认识和语言表达能力较强，身体的柔韧性、协调性优于男性，更适宜于从事语言或言语类教育教学活动，也适宜于承担学校音乐、舞蹈等表演课教学。但实际上有抽象逻辑思维能力、动手操作能力很强的女教师，也有语言表达能力和身体柔性很好的男教师。在社会习俗影响、暗示以及对男女儿童相应差异性教养模式的影响下，男女教师许多"应该"具备的性格特点逐步潜移默化地变成了事实。因此，一定程度上说，根据不同教育阶段教育教学内容的特点，在中小学形成适宜于其教育阶段的合理的男女性别结构，能更好发挥男女教师不同的影响。形成男女共同的社会性别结构，也能更好地推进文科、理科以及音体美等各门学科教学的协调发展，也才能全面提升学校教育质量。

其次，教师性别构成及其变化也能满足学生身心发展的需要，具有学生身心发展、人格塑造方面的价值。心理学理论认为，性格能养成性格，人格可以塑造人格。因此，依照传统性别观念以及教养模式，男教师往往勇敢、坚定、刚毅、果敢、稳重，利于学生男性气质、性格的塑造；女教师热情、活泼、细心、体贴，情商高，利于学生女性气质、性格的养成。[1] 男女教师不同气质、性格特征赋予男女儿童不同的成长价值，潜移默化地陶冶着不同性别儿童健全人格的形成。如果一所学校、一个班级教师组织中只有男教师，将使女学生与男学生一样习得较多的男性性格，而不利于其女性性格的形成与发展，[2] 也不利于对男学生的教导及其全面性格的养成。陶行知先生说过，女子富于感化性，能将坏男子变好，并且可以融化男子的性情与人格。[3] 女教师的阴柔性格在融化男学生暴烈性格的过程中会起到春分化雨、润物无声的作用。但是，如果一所学校、一个班级教师队伍中只有女教师，将使男学生习染上较多的女性性格，而不利于其男性性格的形成与发展，同时也不利于女学生完整性格的养成及其教导和发展。因为一定年龄阶段的女学生更乐于接受男教师的教导和要求，对女教师持排斥态度。因此，形成和保持各教育阶段适当的男女教师性别比例关系，有利于不同阶段、不同性别儿童人格的全面养成和发展。但是，从性格气质起源及形成方式看，男性性格气质、女性性格气质主要是后天环境和教育的结果。男性可以获得较多的女性性格，女性也可以养成较多的男性性格。因此，男女教师的气质性格差异对男女儿童性格气质差异没有绝对性影响。合理性教师性别结构不在男女教师数量和比重上，而在教

---

① 时蓉华：《现代社会心理学》，华东师范大学出版社 1989 年版，第 131—154 页。

② 周卫：《教育沉思录》，宁夏人民出版社 1999 年版，第 224 页。

③ 陕西省陶行知研究会：《陶行知论乡村教育改造》，陕西师范大学出版社 1989 年版，第 201 页。

师组织中所养成的男性、女性性格气质的结构比例关系。

再次，教师性别结构发展变化可以满足教师队伍整体发展的需要，也可以满足男女教师个体发展的需要。具有教师队伍群体以及男女教师个体两方面发展价值，也具有教师性别结构及其变迁的教师自身价值。社会结构功能理论认为结构决定功能。有什么样的社会群体结构，就有什么样的社会功能；有什么样的教师群体性别结构，就有什么样的教师群体性别功能。教师队伍整体功能的发挥需要合理的性别结构，教师队伍性别结构合理性不止针对教师队伍自功能而言，更主要的是其外在的功能结果。教师队伍性别的比例关系对其自身身心发展有正面影响，而其外在的教育教学发展和学生成长功能是其性别结构合理化的根本追求。男女之间形成良好的生理、性格生态结构，便于教师之间的沟通交流和相互合作，有利于其身心发展，更有助于教育教学活动开展和学生人格气质的养成。但合理的性别结构表示的不是男女教师数量无差别的对等状态，而是其生理、性格、气质差异性平衡状态。依照传统男女教师性格气质的要求、形成特征，在小学阶段基于学生身心关怀的需要，形成较大比例的女教师性格是一种合理性；初中阶段基于学生独立与依赖的特点，以及知识训练与能力培养并行发展的需要，保持男女教师性格均等状态和管放结合方式是一种合理性；高中阶段基于学生自立自主特点和批判性、创造性思维能力发展的需要，教师性别结构适度向男性性格倾斜则是一种合理性。随着性别偏见和教养方式的改变，在任意教育阶段形成自然主义性别结构具有合理性。

因此，全面把握教师性别结构及其变化特点，认真总结农村教师性别结构变化的原因及其合理性，切实控制好农村教师性别比例关系，对西部农村教师结构功能价值的形成有重要意义。

五　教师队伍专业结构及其变迁价值

专业化是教师队伍发展的价值诉求和必然趋势。无论发达国家还是发展中国家，近百年来都在努力推动教师职业的专业化发展。但非专业性教师既可以满足特定时期部分地区学校教育教学和学生发展的需要，可以满足专业教师人数短缺地区教师队伍建设和发展的历史和现实需要，也可以满足教育落后地区教学和落后地区学生发展之需要。因此，教师职业的专业性与非专业性存在都有价值，教师专业结构变化也始终存在价值。当然，教师专业结构变化的不同特点对教师队伍发展、教育教学和学生发展等方面有不同价值。

首先，教师专业结构及其发展变化可以满足学校教育教学活动发展的需要，具有学校教育教学活动发展的工具价值。一般而言，教学工作发展需要学科专业和教育专业两方面专业知识做支撑。学科专业知识是具体教学内容，是从事教育教学工作的前提和基础。教育专业知识是如何教、教什么的知识，是形成教育教学质量与效率的手段。教的方式是实践智慧，它可以在具体教学实践活动中自然生成。学科知识是预设性知识，需要在教学活动之前提前具备。因此，没有教育专业知识的情况下，亦可以自然从教；没有学科知识的情况下，将永远无法从教。教学工作的核心任务是学习和掌握学科知识。任何从教人员在从教之前必然具备了一定学科的专业知识，成为活的专业学科知识的载体。非师范专业教师在从教之前也一定具备了一定的学科知识。因此，在师范专业教师短缺的情况下，引导和利用非师范专业人员从事教育教学工作，扩大教师专业结构中非师范专业人员的比重，是完成教育教学基本任务，推动教育教学活动发展的基本需要；在师范专业毕业生数量充足的情况下减少教师专业结构中非师范专业毕业生数量的比重，则容易形成较高的教育教学质量和效率，是教育教学发展的需要。因此，非师范专业从教人员具有教育教学内容、方式形成的基本价值，师范专业从教者则可以实现教育教学质量效率提升的价值。

其次，教师专业结构及其变迁可以满足学生多方面发展需要，具有学生发展方面的工具价值。从学生发展的内容和要求方面看，学生需要在学校形成知识、能力、道德、情感、价值观等多方面品质，以实现学校全方位的教育和培养目标。因此，为了满足各阶段学生各方面发展的需要，无论师范专业毕业教师还是非师范专业毕业教师，需要提前具备最基础的所授学科的知识结构、最基本的人品和师德素养。在师范专业毕业教师数量充足的情况下，利用师范专业毕业教师的教育教学专业知识优势，可以满足学生更好、更快发展的需要。在师范专业毕业教师不足的情况下，补充一定数量非专业性毕业生，可以满足学生求知与发展的基本需要。但从另一方面看，生活中的知识多种多样，出于人的本能，学生也普遍希望获得多方面的知识。为了全面了解生活、过各种可能性生活做准备，学生也需要掌握多方面知识。传统师范院校形成的师范教育专业毕业生所学知识面狭窄，从传统师范学校教育专业毕业的教师难以满足学生多方面的知识需求。因此，在传统师范教育模式没有改变之前，形成辅助于师范专业教师的非师范专业教师队伍，可以满足学生多方面的知识需要；在传统师范教育模式过渡到综合性大学办师范教育之后，综合化师范专业毕业教师可以有意无意地吸收到理、工、文、史各方面知识，可以满足学生多方面知识需要。

再次，教师专业结构及其发展变化可以满足教师自身发展的需要，具有教师自身成长价值。专业化是教师队伍发展的价值诉求和必然趋势。一般而言，职业的专门化程度与职业本身的社会地位紧密相关。职业的专门化程度越高，其社会地位相应要高；职业的专门化程度低，其社会地位相应要低。而在某种意义上，职业社会地位的高低决定着职业社会价值的大小。社会地位高的职业其社会价值和自我价值相应较高，社会地位低的职业其社会价值和自我价值相应较低。因此，教师队伍要提高自身社会价值，需要不断提高其社会地位，需要证实其工作的专门性和不可替代性，需要不断增加其专业化程度，提高其专业化水平。但非专业型教师在国内外偏僻落后地区的各个教育阶段一直存在，也是我国西部和农村地区教师队伍建设和发展的历史和现实需要。在专业教师不足或缺乏的情况下，形成一定数量非专业型教师队伍，是维系本地教师队伍存在之需要，也是完善教师知识结构、推动当地教师队伍发展之需要。在专业教师数量充足、传统知识结构欠缺问题不能匡正的情况下，形成一定数量非专业型教师队伍是完善教师队伍知识结构、推动教师队伍健康发展的需要。

六　教师队伍年龄结构变迁价值

教师年龄结构是指教师队伍的年龄构成，是保证教育工作连续性的前提，也是促进学生稳定发展的基本方式。教师年龄结构不仅反映了教师队伍供应和更新的速度，也反映了教师队伍的活力与发展前景。人的一生是一个从成长到成熟、再到衰老的过程。人的能力随着年龄的增长而增长。到一定年龄后，由于生理这一自然规律的作用，人的能力转为随年龄增长而下降，这个转折点的年龄叫"能力转折点"。科学研究表明，体力劳动者的能力转折点是 35 岁，脑力劳动者的转折点是 45 岁。因此，多数学者认为教师队伍合理的年龄结构应以中年教师为主，"老"、"中"、"青"教师要保持一定比例，通过以老带新、老中青搭配，发挥教师群体的最佳功能。[①]

首先，教师年龄结构及其变化可以满足教育教学活动以及课程发展的需要，具有教育教学以及课程发展的工具价值。从课程方面看，青年教师体力充沛、精力旺盛，可以满足运动课、活动课程开发的需要，适宜运动课程、活动课程的组织和开设。同时，可以利用其精力和体力进行高负荷、高强度劳动，弥补农村学校因教师紧缺而引起的教学缺失。老年教师教育教学经验丰富，适宜于经验性课程的组织和开展。因此，不同年龄结构教师的组合与变化，可以满足不同类型课程的教学需要。从教学方面看，教育教学活动需要稳定性与变化性。青年教师思维敏捷、思想活跃，善于捕捉和利用新信息组织教学，满足教学内容充实、扩展和发展变化的需要。老教师保守，但依据经验，善于把握教学的重点、难点，也可以维持教学的长期性、稳定性需要。因此，新老教师的结合具有教学稳定发展之价值。

其次，教师年龄结构及其变化也可以满足学生发展的需要，具有学生成长方面的工具价值。从历史发展的层面看，教师年龄结构的合理性变化可以满足不同时期学生发展的需要。一般情况下，教师补入都依照学校教育教学的稳定性需要正常有序进行。在教师数量稳定和入职、离职数量遥相呼应的情况下，此阶段不合理的年龄结构，在彼阶段依旧不合理。因此，合理的教师年龄结构可以满足不同时期学生发展的需要，具有发展学生的持久性价值。而不合理的年龄结构既不能满足此时期或此阶段学生发展的需要，也不能满足彼时期、彼阶段学生发展需要，对学生发展可能会带来负面价值。从文化传统层面看，中国文化是后喻型文化，是向老年人学习的文化类型。传统文化长期累积下来的"姜是老的辣"、老教师经验丰富、知识渊博的形象，也更容易使学生屈服，在短期内获得立竿见影的教育效果。年轻教师热情，富有朝气，与学生代沟小。由于其职业初期求生需要，他们更容易接近学生，更容易与学生沟通交流，也更容易引导学

---

① 曾晓东、曾娅琴：《中国教育改革30年：关键数据及国际比较卷》，北京师范大学出版社2009年版，第140页。

生。学生发展既需要学习老教师做事过程中深思熟虑的态度，也需要学习年轻教师做事过程中积极热情、单纯和果敢的品质。不同年龄阶段教师的有机结合具有学生发展的各种价值。

第三，教师年龄结构的合理化发展可以满足不同教师群体自身发展的需要，具有教师队伍自身发展的本体价值。"老"、"中"、"青"教师是相互学习、相互补充、互相促进的机体。初入教师职业领域的青年教师处于职业发展的求生阶段，他们普遍渴望得到教师群体的认可和接纳，希望尽快融入教师队伍行列。中老年教师因为职称高、教学阅历丰富、教学成绩多而更渴望树立权威，并希望得到青年教师的尊重。因此，以恰当的比例保持不同年龄阶段教师长期稳定性存在，可以满足不同年龄段教师发展的需要，促进教师队伍平稳、有序、健康地发展。另一方面，青年教师通过自己在书本上获得的最新知识信息和经验，满足中老年教师获取新信息、新经验的需要；中年教师以其理论与实践磨合起来的教学实践能力，可以满足青年教师、老教师获取能力方式、能力内情之需要；老年教师以其丰富的教育教学经验可以满足中青年教师获取实践性知识之需要。因此，"老"、"中"、"青"教师是相互学习、相互补充、互相促进的机体。每个年龄阶段教师的存在都具有其年龄阶段教师发展的价值。

总之，各年龄阶段教师都有其存在价值。如果不从能力大小和工作业绩出发来评价其价值，而是单从年龄大小来衡量其价值，可能造成年龄歧视、人才资源浪费和对人工作积极性的挫伤。因此，如何形成和发展不同年龄群体的价值，是形成良好教师年龄结构的基础。①

第二节　西部农村教师结构及其变迁的功能影响

教师结构变迁对学校教育教学活动有何影响，教师结构变迁对学生、对教师自身能产生何种影响，教师结构功能形成的机制是什么，是分析教师结构状况始终需要考虑的主要问题，也是分析其结构合理性的核心问题。认真分析西部农村教师结构功能，既是改善教师结构之需要，也是控制其结构变化之需要。

---

① 姜向群：《年龄歧视与老年人虐待问题》，中国人民大学出版社 2010 年版，导论第 3 页。

一 农村教师结构变迁的教育教学功能影响

从教师地缘结构的教育教学功能层面看，回顾和分析 50 年来西部地区农村教师地缘结构及其变化情况可以看出，农村地区教师地缘变化对本地学生、教师以及当地教育教学活动的开展产生了各种影响。这些影响可能是正向的也可能是负向的。从教育教学质量、效率和教育事业层面看，20 世纪 50 年代国家通过遣送"右派分子"，派遣东部地区支教教师、讲师团到西部农村地区支教等方式，保证了西部农村地区教育教学活动的正常开展，为西部农村教育事业的发展、人口素质的提高做出了巨大贡献。因为许多政治身份不好的"右派分子"、"阶级分子"是国内外著名综合性大学如牛津大学、剑桥大学、北京大学、南京大学、复旦大学、中国人民大学等学府毕业的。他们有良好的教育背景、较高的学历水平和宽广的学术视野，他们利用自己的学识水平潜移默化地影响了当地教育教学活动的发展。当然，正如在 M 县做过 20 多年中学校长的 T 所讲，50 年代国家派往西部地区的支教者大多数是高中或中专学历，他们的文化程度普遍不高。但东部发达城市教师素质明显比本地高。其中一些中专学历教师的水平甚至比当地大学学历教师教学能力还强。东部发达城市教师毕竟见多识广、知识面宽，能大大弥补本地教师视界之不足，极大地影响了当地教育教学的质量与效果。以至于在恢复高考前三年，M 县兴仁中学应届高中毕业生连续三年"全锅端"，一个不剩地上了大学。随着外地教师的陆续离去，当地教育质量开始明显下降。但从历史上看，有些外地"右派分子"在西部农村学校并没有发挥其应有的作用，"他们在教学中既怕冒尖又不敢消极怠工，非常难为"[1]。50 年代从浙江来到 M 县 M 中学的翻译家黄嘉音先生，学校没让他带自己擅长的英语课，而是美术课，其教学方面的核心功能根本发挥不出来。有些"右派分子"在学校搞后勤、不带课。而且许多外地教师一直存在回家乡工作的心愿，努力将工作调动回自己原籍，这势必影响所在学校教学工作的稳定性和连续性。而现在来到 M 县的外省籍教师的教学能力及水平并不比本地的强。河北保定籍教师张某在

---

[1] 马凤虎：《海中学习生活回忆》，载韩建军、解光穆《M 县第一中学校史》，宁夏人民教育出版社 2005 年版，第 95 页。

M县关桥乡中学给学生上了两年课，因不能胜任教学工作，被学校安排在教学办公室做教学辅助工作。说明在不同环境下形成的农村地区教师地缘结构对本地教育有不同的功能。他们对本地教育教学活动开展既可能会产生正向功能，也可能会产生消极的负向功能。但总体而言，20世纪80年代前的外地教师是自带户籍去西部的，到西部农村后基本上都安家落户了。一般而言，他们工作相对稳定，教学有保证，所产生的正向功能效果要远远大于其负向功能。20世纪80年代后去的外地教师绝大多数是临时支教教师，他们在当地工作的时间短，不带户口，大多是为了临时性体验和锻炼，工作的稳定性较低，对当地教育的正向功能非常有限。2000年后，在自由自主择业、大学生就业压力增大和特岗教师政策影响下，西部农村地区陆续又来了部分外县、外省籍教师，促使外省籍、外县籍教师比重提升。但此时的外地教师也是城市和东部地区就业挤压下来的人员，他们真正的知识实力已不复存在，又没有五六十年代支边、支农教师那样敬业。很多人抱着先在异地勉强就业再伺机流动回原籍工作的心态从事教育教学活动，且不少人在两三年内都流回了原籍或生活条件更优越的地区。因此，教师地缘结构变化对当地教育教学质量的正向功能没有实质性改善，反而影响了当地教育教学工作的稳定和发展。而由行政区域变更形成的新的本地教师，由于普遍存在对当地新管理体制的担忧，又会影响其在教育教学活动中精力的充分投入。

从教师学历结构变迁的教育教学功能层面看，教师结构变迁会出现正向、负向和零功能。从理论层面上讲，教师学历结构的变化必然引起教学能力和水平的变化，教师学历层次提高意味着其知识层次的提高和分析问题、解决问题能力水平的提高。但在实践领域中，教师学历结构变化对教学可能会产生正向功能，也可能产生负向功能。本书调查了在西部农村地区工作的多位中小学校长和教师，他们都认为，现在教师的学历普遍比过去高了，知识面宽广了，但他们的教育教学能力并没有因此而得到相应的提高。学历结构的改善并非意味着教学功能的增强与改进。2003年前，不少西部农村中小学教师学历的变化多数是通过函授、自考等方式完成的。函授、自考学历与脱产学历质量本来就有差距，有些中文、数学专业毕业的函授自考的却非本专业文凭。据教育部2005年对8369名小学教师数据统计结果表明，当时获得最高学历的专业分别是教育学33.6%，中文 41.7%，两项之合占 75%。相反，数学、科学、外语等专业毕业的比例极低，分别为 3.98%、1.11% 和 3.05%。① 但在中小学实际教学工作中，对数学、外语等专业毕业教师的需求量远远大于其实际情况。这说明单纯的学历提高对特定专业知识形成、对专业发展和专业教学能力提高的影响有限。因此，M 县一中、三中校长、几位中学教师都认为，取得本科学历的教师并不一定比取得专科学历的教师教得好。有部分教师甚至认为师范专科学校毕业的教师普遍比本科院校毕业的教师教得好。专科学校毕业的教师可以更好地适应应试教育需要，本科及以上学历的往往想试验新的方式方法，最终影响了应试结果。因此，一位在兴仁中学任教 40 年的老校长认为，专科学历的教师完全能胜任高学教学，关键看其是否尽心了。一方面，教学是实践智慧，不论什么学历出身的教师，都要过好实践关，学会从实践中总结教学智慧与经验。另一方面，教学是个良心活儿，关键看你是否认真、尽心去做。几位中小学校长甚至认为，中小学就那点儿知识，不需要高深学问，中师、师范专科学校毕业的就完全可以胜任。1957 年从 M 县初师（初中）毕业的王××老师，在小学任教三年后，1960 年调入杏仁中学做了会计工作。经过发奋自学，60 年代末，在学校教师非常紧缺的情况下，做了初中教师。经过几年刻苦磨炼、努力奋进，其学识水平和教学能力不断提高，不仅胜任了初中语文教学，70 年代末，又成了高中语文教师。1982 年，他所带班级的高考语文成绩还成了全县第一。② 而且多数学校领导认为，现在引进教师的文化程度普遍高了，知识也多了，但由于圈养式教育和生活条件的改善，吃苦精神、敬业精神比过去差多了。有 30 年教学经历的 M 县三中李校长说，原来一直觉得自己教学很认真。80 年代，一次浏览本校资深老校长的教案时，感叹老先生备教案的精细、认真程度，自愧不如。回头看现在年轻教师的教学认真程度，远远赶不上 80 年代的教师。M 县关桥中学校长也说，国内某 211 重点师范大学毕业的、在 M 县各个学校工作的教师，有的逐渐变成了实验员，有的变成了图书管理员，有的变成了档案员，教学好的太少了。高学

---

① 马立：《全国中小学教师队伍现状、预测与对策研究》，人民教育出版社 2006 年版，第 12 页。

② 王发成：《我的自学》，载《海原县兴仁中学校志》（内部资料），2008 年，第 176 页。

历者到了农村贫困地区往往认为屈才了，这种高不成、低不就者产生不了应有的教育效果，有时甚至出现负功能。[①]

从教师身份结构变迁的教育教学功能层面看，50 多年来，西部农村教师身份变化对教育教学存在正向功能，也可能导致负向功能。20 世纪80 年代前，在农村教师身份非正式化发展过程中，由于非正式教师学历相对较低、专业化程度不高，除少数教师外、多数教师教学水平总体不高。而正式教师由于数量比重下降，其教育教学质量效率总体也在下降。80 年代担任 M 县教师进修学校校长的卯老师说，当时在教师进修学校进修的，有小学三年级水平的、有小学毕业的、有初中毕业的、有高中毕业的、有高中肄业的。进修学员水平差距太大，教学实在太困难。有一位四十五六岁，留有长胡须的进修学员去找他要成绩，说自己啥都不知道，自己是替儿子进修的。儿子是民办教师，但因为水平太差、不愿意来进修学习。自己硬着头皮顶儿子来进修。但教育局送进来的学员，一般都得毕业转正。毕业者的水平差距自然很大，有些人毕业了也教不了书。20 世纪80 年代后，随着正式教师数量、比重大幅度提高，由于正式教师的知识层次、文化程度、专业化程度相对较高，他们对教学质量的历史贡献和整体贡献率相对要高。而随着社会各项事业的发展，支教、代课等非正式教师群体的学历水平和文化素质有了明显提高。90 年代前的小学民办、代课教师以初中学历为主。2000 年后，西部农村地区的代课教师普遍达到了高中以上学历，甚至不少人达到了大学学历，其中师范院校毕业的专业教师数量也不在少数。2000 年后，非正式教师的教学功能有了重要变化。贾唐学校的田校长反映，他的两个代课教师非常好，一个是中等师范毕业的、一个是师范专科学校毕业的。他们教学都很认真、教学成绩年年优秀。固原师专毕业的杨老师经历了从被雇用到支教教师、编外教师、再到被雇用教师三重身份的转化，但教学质量并未受影响，近两年其任教班级的全县统考成绩都在前三名。正式教师不好管理、不听话，非正式教师更听话、更有奉献精神。说明随着经济社会和教育事业的发展，非正式教师应然的教学正向功能在不断增大。关桥学校钟校长也说，现在的代课教师转正后，他会把命搭上去干的。非正式教师转正后，其教学工作更加稳定

---

① 王安全：《教师学历功能及其正向化方式》，《中国教育学刊》2012 年第 2 期。

和安心，有助于形成教学的连续性，也有助于保证教学质量。

而教育公平和教育均衡发展则是教师身份结构变化的道德目的。20世纪80年代前，农村教师身份结构的非正式化发展趋势，短时间内为农村地区聚居了大量教师，为西部农村地区所有学生都能接受教育，为西部农村学生与东部及城市地区学生一道接受教育、推动义务教育数量上的公平发展做出了贡献。但对非正式教师不实行积极的转正激励措施，也影响其教学上的投入。不能保证城乡之间、东西部之间教育质量上的均衡和公平发展。20世纪80年代后，教师身份结构正式化发展趋势以及非正式教师学历水平的提高，对保障和提高农村教育教学质量起到了重要作用，为农村学生也能公平享受较高质量的教育奠定了基础。

从教师专业结构变迁的教育教学功能层面看，西部农村中小学教师专业结构50多年变迁过程显示，由于从师范专业毕业的中学教师数量、比重在持续增长，其功能效果也在不断增加。小学师范专业毕业教师比重在20世纪80年代后期也开始增长，其产生的功能影响在数量、比例形式方面不断增加，但其所能产生的实质功能未能得到有效体现。50年代，M县招录了四批3—6个月师范速成班学员，将小学师范专业教师比重提升到20世纪80年代前的历史最高值，其表面的教育影响力大大增强。但这批速成班学员在学校并未系统学习教育、心理学课程，只是通过少数几次课程，对教育心理学知识有点了解，谈不上掌握了教育、心理学知识，更缺乏实习、实践经历。师范专业毕业生更多的是一种名称或形式，未能对农村教育教学质量、教学效率发生实质性影响，师范专业毕业生未能产生其应有的教学专业知识上的功能影响力。20世纪六七十年代，受"文化大革命"影响，西部农村地区的师范专业也呈现出时断时续的发展状态，师范专业毕业生数量有所增加，但由于师范专业毕业生远远不能满足实际需要，促使中小学教师队伍中非师范专业人数、比重有了更大发展。小学师范专业化师资来源渠道不畅，而其部分高水平师范专业化师资又不断被抽调到中学教师行列，造成小学师资队伍的非专业化发展和教育教学功能的下降，也降低了中学师范专业教师的学科知识水平及其学科教学质量。20世纪60年代，从北京师范大学师范专业毕业到M中学的钱老师也指出，当时的北京师范大学师范专业也没有系统地给学生开设教育学、心理学课程。由于教育学、心理学专业出身的教师稀少，学校只给学生安排了少数几次教育、心理学讲座，学生所学教育学、心理学知识都很零散。因此，师范专业毕业生普遍没有达到师范专业应有的专业水平，其教育教学理论素养并不比非师范专业教师强。20 世纪 80 年代后，师范专业院校普遍开设教育学、心理学课程，师范专业毕业生可以系统学习教育、心理学知识，并有严格规范的教育实习实践经历，在师范专业师资比重提高过程中，其专业能力、专业素养有了明显提高。但作为公共课程的教育学、心理学教学时数普遍维系在半年以内、每周教学时间也在 3 课时以内。且多数教育学、心理学教材教学内容单薄、空泛，远远达不到国际教师教育水准。而且多数学校的多数教育学、心理学教师自身专业素质不高，难以实现高质量教学，导致这类课程普遍不受重视。许多师范院校具体专业学生也普遍以为，只要有了具体学科知识就能教好学生，无须专门学习教育学、心理学知识。由此导致这类课程长期处于边缘化状态，对师范专业毕业生的实际影响力有限。而 20 世纪八九十年代，师范教育实行定向招生、定向就业和一考定终身政策，使部分学生在朦胧中不自然地成了教师，影响了其从教的积极性和工作热情，也影响了其教育、教学效果。因此，在教师专业比重提高过程中，师范专业教师的教育、心理学理论知识功能也没有充分体现出来。

从教师专业结构功能 50 多年变化历程看，有过教育实习、实践经历，系统学习过教育学、心理学的人与没有实习、实践经历的非师范专业毕业生的教育教学能力还是有明显差距。尽管受师范院校教育学、心理学开设情况限制，农村地区师范专业毕业生的教育学、心理学理论知识普遍不足，但其教育学、心理学知识要比没有系统学习过该课程的非师范专业毕业生普遍好。更重要的是师范专业学生普遍有数月见习、实习经历，对教育教学知识、教育教学活动的认识理解更深刻，这对其专业能力、专业素质的形成起到了决定性作用。非师范专业毕业生普遍缺乏实习经历，其教育教学知识基本是空白。正如在杨明乡从教 20 多年、中间担任该校校长，后来担任 M 县教育局综合股股长的周××所言，现在很难断定非师范专业毕业生以后任教效果。但在最初的两三年内，他们的教学效果明显不如师范专业毕业学生。从正规师范院校师范专业毕业的学生普遍了解教学的基本程序、基本规律，非师范专业毕业的学生不懂教学的基本规程，"上不了犁沟"，最起码需要几年的磨合适应才能上道。

20 世纪 50 年代至 90 年代前，M 县非师范类小学教师基本是学历不高的民办、代课教师，其具体专业学科知识不足，缺乏教育教学专业知识，其教育教学功能根本无法与师范专业毕业教师抗衡。农村小学教师非专业化发展过程，也是其整体教育教学实力及其学生正向功能下降的过程。20 世纪 70 年代后期至 80 年代，由于非专业化教师大量引入及其比例最大化，西部农村地区小学师范专业教师整体的功能影响力已经降到了历史最低点。20 世纪 90 年代后，特别是 2000 年后，M 县非师范类教师普遍毕业于各类专业或普通本科院校，其专业和学科知识素质、学科能力有了明显提高。但其教育教学专业知识不足、教育教学组织管理能力缺陷问题仍然十分明显。2008 年从北方民族大学酒店管理专业毕业的张某，大学毕业后考上了 M 县关桥中学特岗教师，现在给初中生教数学。谈及教学工作时说：吃力得很，许多中学知识丢掉了。"拾" 知识本来就难，更难的是不知道咋样用最简单的方式把复杂的问题讲清楚。由此感叹，非师范专业和师范专业毕业的学生绝对是两码事。因此，2000 年前，西部农村中学教师专业变化过程是其专业功能总体增强的过程。2000 后，随着农村中学教师专业结构变化以及非师范专业师资力量的增加，其整体的专业功能呈现下降迹象。90 年代前，小学教师专业结构变化过程是小学教师专业正向功能呈现下降过程；90 年代后，小学教师专业结构变化则是其正向功能逐渐呈现的过程。

从 M 县中小学教师性别结构 50 多年变迁的教育教学功能层面看，20 世纪五六十年代，城市和沿海发达地区女教师在西部农村地区的补入，推动了农村学校许多学科的正常开设，活跃了农村学校教育教学气氛，推动了农村地区教育教学活动的发展。20 世纪七八十年代后，随着外地教师陆续离去，由于 60 年代动荡和困难时期当地女童受教育比例偏低，导致随后小学女教师性别比重大幅度下降，小学女教师在 M 县教育教学发展中的功能影响力已经降到了历史最低点。20 世纪 90 年代以后，西部农村地区中小学女教师数量及比重都有了大幅度提高，女教师在整个教师队伍中的影响力越来越大，女教师的教育功能价值也发挥到历史最大值。因此，纵看 M 县教师性别结构 50 多年变化历程可以看出，西部地区农村女教师，特别是中学女教师逐渐从数量少、比例低、弱势地位和可有可无的力量演变成教育教学主力，男教师的长期优势支配地位正在下降，而其教学主力、领导者和管理者角色功能已经弱化到历史极值。

从 50 多年来西部农村教师年龄结构变化的教育教学功能情况看，教师队伍年龄结构变迁对学校教育教学功能没有明显影响。有研究也认为，不同年龄结构教师讲课水平没有显著性差异。[①] 从知识层面看，无论 50年代还是现在的年轻教师，其新的知识信息总体比其他职工多。M 县第三中学李校长认为，现在大学毕业生其他东西没学多少，知识却学了不少。而另一些教师在评价新用大学毕业生时则认为，太年轻了，没有经验。说明教师年轻化发展丰富了学校教育教学的理论知识而缺乏实践性知识；教师队伍老龄化发展丰富了学校实践性知识而缺乏理论性知识。但理论、实践性知识对教育工作者都很重要。从思想道德和敬业精神层面看，与过去教师相比较而言，无论现在的年轻教师还是老教师，其敬业奉献精神、工作的认真努力程度都在下降。由于老教师多数都已评完高级职称，对事业、前途没有更多的想法。农村地区 40 岁以上教师多数抱着混日子的态度工作，工作态度和敬业精神下降。一些农村地区规定老教师 50 岁可以提前内退，有些农村学校甚至让 45 岁以上教师提前内退。但这些教师仍然占用学校正常编制，因此，统计结果上尽管出现教师年龄结构的老龄化趋势，但老龄教师没有真正发挥其应有作用。

总而言之，不同教师结构状况及其变迁对教育教学活动始终存在正向功能、负向功能以及零功能几种不同的功能影响，而且，教师地缘、学历、年龄、身份、性别结构变化上的数量功能可能远远大于其质量功能。因此，克服教师结构变化上的负向功能、零功能，提升教师结构变化的教育教学质量功能，是农村教师队伍未来建设的基本任务。

二　农村教师结构变迁的学生功能影响

从教师地缘结构变迁的学生功能层面看，20 世纪五六十年代，外县、外省籍教师在本地强力介入，为当地儿童接受基本教育创造了条件，也保证了当地多数适龄儿童受教育的机会，使当地多数儿童接受到了三至五年的小学教育，提升了其生存能力。而 60 年代，外省、外县籍高学历教师

---

① 李红、周庆环、王杉：《教师队伍的结构与教学效果相关性研究》，《医学教育》2001 年第 5 期。

的进一步介入，则让不少学生接受到了中等教育，也使许多人有机会接受高等教育，从而促进这些学生获得不同层面上的发展，并大大改善了这些人的前途命运，也大大提升了当地人口的文化素养。20 世纪 80 年代后，随着本地教师数量、比重的逐年增加和外地教师比值大幅度下降，当地更多学生可以接受到更多、更为稳定和年限更长的基础教育，但高学历外地教师的离去也大大降低了农村学生就地接受教育的信心，也引导了农村学生的城市化流动。2000 年后，到农村地区求职的外地教师普遍是被城市和发达地区挤压出来的弱者，他们对当地学生的正向功能已经弱化到了极致。

　　从教师学历结构变迁的学生功能层面看，教师学历结构变化将出现几种不同的功能效果。从教师学历达标理论上看，教师学历结构变化过程必然引起其知识、能力结构的变化，进而对学生智力发展产生持久影响。20 世纪 50—70 年代，西部农村地区的小学教师主要是初师毕业的学生（小学毕业后，进行三个月至两年不等的师范培训成为教师），其学历层次仅相当于初中文化程度。1949—1952 年，H 地区师范学校毕业生共计 368 人，其中中师毕业的 24 人，占毕业生总数的 6.52%；初师毕业的 344 人，占毕业生总数的 93.47%。[1] 另外，还有不少民办教师是小学毕业的，其中一些民办教师甚至只有小学三年级文化程度，他们对学生只能发挥智慧启蒙的原初作用。由于经济困难时期、经济困难地区教师自身知识层次不高、知识结构存在严重缺陷，对学生知识获得、智慧开发起到的作用相应有限，有些甚至是负面影响。有些小学教师汉字笔画顺序、汉语拼音前后鼻音都搞不懂，不能正常开展教学工作，或者只能给学生传授错误知识。只不过当时教师的吃苦敬业精神对学生的正面影响大。20 世纪八九十年代，西部地区的小学教师主要是中师毕业的，其知识结构和教学能力有了明显提高，对学生发展的整体影响力也有了明显提高。但少数民办教师速成班毕业的学生入学前知识基础本来很薄弱，进校后很多课程根本听不懂，硬是在任课教师和学校领导的一路关照下勉强获得了高一级文凭。因此，他们所获得的文凭对其自身素质提高的作用不大，对学生正向功能更加有限。2000 年后，随着中等师范学校的撤并升格和三级师范向二级师

---

[1]　宁夏教育年鉴编写组：《宁夏教育年鉴》，宁夏人民出版社 1988 年版，第 47 页。

范转变，中小学教师逐渐形成以专科学历为主的学历结构，其教学活动中的错误性知识减少了许多，其知识的正向功能相应有了显著增长。但在市场经济条件下，许多教师干一把活儿都考虑报酬，敬业奉献精神少多了。一些教师将本该课堂上讲授的内容留在课外有偿辅导上，直接影响到其在教育教学中的全身心投入以及学生知识、能力的充分获取，也影响到师生关系的正常发展。

从教师身份结构变迁的学生功能层面看，教师身份结构变化对学生发展有正向功能，也有负向或零功能。从教育发展的终极取向看，学生发展是教师身份结构变迁与转化的最终目标，也是其身份变迁、转化合理与否的根本指标。但在 20 世纪 80 年代前，在农村教师身份结构非正式化过程中，一些学生感觉到新补充的民办教师教育教学能力存在明显问题。20 世纪 40 年代，在兴仁小学担任校长的旧知识分子范老师，因家庭地主身份在 20 世纪 60 年代被精简后，村长聘用了本村二年级文化水平的 N 老师担任民办教师。N 老师识字不多，又不识拼音，导致该村学生普遍不能正常考入行政村小学上学。因此，教师身份变化的正向功能在弱化。20 世纪 70 年代后期，农村地区的非正式教师数量远远超过了正式教师数量，非正式教师的学生功能影响力相应超越了正式公办教师。由于非正式教师知识、能力普遍不足，农村教师队伍整体的学生功能持续在弱化。20 世纪 80 年代以后，从城市和经济发达地区派遣的支教教师、志愿者教师，在农村任教时间只有一至三年左右，而且当他们在教学过程中找到更好的正式岗位身份后，会突然离开任教学校，这会给农村学生在其任教前后的教学适应随时会带来负面影响，同时，也会给学校教学和学生正常学习活动带来更大的负面影响。从与学校领导和教育行政部门领导访谈中我们也明显感觉到，在 20 世纪 80 年代之前，民办、代课等非正式教师教的学生成绩总体弱于正式教师。XR 学区 WF 校长指出，80 年代转正的民办教师现在基本都过了 50 岁。他们文化程度普遍不高，知识结构老化，且不愿意参加培训学习，只能凭老经验上课。由于完全凭经验上课，其教学的正向功能越来越弱。但在访谈中了解到，一些学生并不清楚哪些教师是民办、代课教师，哪些是公办正式教师，他们只关注谁教得好或不好。许多学生也没有明显感觉到教师身份变化给自身带来什么样的影响。但总体而言，20 世纪 80 年代后，随着正式教师数量、比值大幅度增长和非正式教师数量、比重下降，非正式教师对学生负向功能自然在下降，农村教师队伍整体的学生功能在逐渐增强。而近几年新补充代课教师所教学生成绩与正式教师任教成绩并没有明显区别，有些代课教师所带学生成绩甚至高于正式教师。M县J、G乡两位代课教师所教学生的全县统考成绩均排在前五位。说明随着社会发展变化，非正式教师数量比例在减少，但其质量明显在提高。而一些非正式教师转正后更加注意自己的穿着打扮，更注意自己的身份和形象，对学生的综合影响力在有意识加强。因此，不同时期、不同身份的教师对学生功能影响不同，不同时期，临时民办教师对学生的影响力不同。非正式教师在学生成长中起到基础性和保障性功能，正式教师在学生成长中起到巩固、提高功能。但二者在学生发展中的相互补充、促长功能总体在加强。

从教师专业结构变迁的学生功能层面看，教师队伍师范专业化过程总体是学生功能增强过程。通过M县农村教师专业结构50多年变化情况可以看出，随着教师队伍自身师范专业化功能增强，教师专业的学生功能也有了明显提高。20世纪八九十年代是西部农村教师专业化程度提高的过程。教师队伍师范专业化程度提高对学生的整体功能影响力也在增强。学生的教育实习是在学校严密组织和安排下进行的，每个学生通过两个多月教育实习，对学生教育管理工作有了切身体会，可以针对性进行学生教育工作，有助于中小学学生的发展。2000年后，随着非师范专业毕业学生大量进入教师行业，由于非师范专业毕业生未系统学习过教育、心理学知识，不了解学生身心发展的特点和规律，不能针对性对学生进行教育，农村学生受教育的质量和效果明显受到了影响。

从教师性别结构变迁的学生功能层面看，教师性别结构变化对学生产生的影响力极其复杂。理论上讲，教师性别结构变化对教师自身、对学生发展、对教育教学质量的形成与发展可能会产生正向、负向和零功能几种不同功能结果。如果一所学校、一个班级教师组织中只有男教师，使女童感受不到来自女教师方面的榜样感、激励感和安全感，无形中影响女童入学率和巩固率。但从实践领域看，教师性别构成变化与学生性别比例变化关系不大。M县教师性别结构变化与其女学生构成及其发展变化没有直接的相关性。20世纪60年代，M县小学女教师占小学教师总数的近三分之一，但其小学女生占不到小学生总数的10%。20世纪80年代，M县小学女学生人数占小学生总数的 40%，但其女教师仅占小学教师总数的 10% 左右。20 世纪 90 年代以后，M 县适龄女童基本都能在校就读，但 M 县小学女教师仅占小学教师总数的三分之一左右。说明教师性别结构以及女教师的比例变化与女学生能否正常接受教育以及受教育人数比例没有直接联系。而且在调查中发现，多位中小学生不知道男女教师对自己个性、人格及其学习质量有什么不同影响。他们普遍认为教师性别比例情况与其个性、人格及其学习质量发展关系不大，这应是排除传统性别刻板印象以后的结果。在传统性别刻板印象背景下，男女教师不同性格、教学方式和教学态度对学生成长会产生不同影响，这种影响是潜移默化和深入持久的。据英国广播公司于 2008 年 10 月 6 日报道：英国负责师资培训的"训练与发展机构"针对 1000 多名男性做了一项调查。调查中近一半人认为，小学时代的男教师对他们的学习生涯影响最大。接受调查者还表示，男教师是促使他们更努力用功的动力；22% 的人表示，男教师增加了他们的自信。英国政府顾问、临床心理学家坦尼亚·拜伦博士也认同男老师的重要性，认为"他们是男孩早期的榜样。"从这些论述及相关研究可以看出，男孩比女孩更需要男教师，男教师的缺乏给男孩造成的损失超过女孩，并使男孩在校园的困境进一步恶化。① 也说明教师性别结构对不同性别学生产生不同影响，但总体对学生各方面成长有重要影响。而随着社会文明的进步，人们对男女性格、气质的刻板印象总在改变，男女间因社会风俗要求的性格差异将会大大缩小。目前人们已经普遍不认同大家闺秀、黄花闺女的存在，说明传统性别刻板印象和由刻板印象形成的性别差异的缩小是必然趋势。而随着对传统男女性格、气质刻板印象的改变和男女教师性格、气质差异的缩小，男女教师性别结构差异对学生人格功能影响差异将大大降低。其时考虑教师性别结构影响将没有意义，也不再是学生教育需要考虑的问题。

从教师年龄结构变迁的学生功能层面看，教师年龄结构变化有时候能促进学生发展，有时候会抑制学生发展。从 M 县农村教师年龄结构 50 多年变化结果看，教师年龄青年化时期，由于青年教师教育教学经验不足，

---

① 孙云晓：《拯救男孩：男孩为何需要男教师》（九），2010 年 3 月 3 日（http：//chuzhong. eol. cn）。

教育方法不当，不能理智与学生交往，极易导致交往中极端情况的发生。一种情况是由于要求不严，容易发生教育松弛现象。另一种情况是要求过严、不近人情，引起学生反感情绪的产生。两种情况都不利于学生的教育引导和健康发展。教师年龄老化过程中，将逐渐拉大师生间的代沟和心理距离，影响师生间的有效交流和教育效果。但老教师的实践经验、行动智慧又是理智解决学生发展困惑与问题的有力依据。而教师年龄结构的合理化发展，则有助于发挥教师队伍结构的整体功能影响力。因此，教师年龄结构变化有时候对学生产生正面的功能效果，有时候会产生负向的功能效果。但在不同年龄结构状况下，其学生功能效果不同。

　　总之，农村教师不同结构变化对学生始终有不同的影响力，有些结构有的时候对学生产生的是正面功效，有的时候产生的是负面功能。但总体而言，西部农村地区教师地缘、身份、性别结构变化的正面影响力大于其负面功能，教师年龄老龄化、非师范专业化对学生的负面影响力大于其正向功能。

三　农村教师结构变迁的教师自身功能

　　从教师地缘结构变迁的教师自身功能层面看，教师结构变迁既会影响教师群体结构功能的发挥，也会影响教师个体功能效果。从农村地区教师队伍整体发展的层面看，20 世纪五六十年代外地教师的大量输入，迅速充实了当地师资队伍，也为本地培养了师资，特别是小学师资力量，使本地教师在教学理念、教学态度和教学方式方法等方面足不出户，不能获得向外地教师学习的机会和条件，促进本地教师教育教学能力的提高和专业化发展。外地教师吃苦耐劳、艰苦奉献精神更是深深感染和影响了当地一大批教师，其地缘结构变化上的正向功能是显而易见的。20 世纪七八十年代后，随着本地师资力量的崛起，外地教师的继续存在一方面给当地教师发展带来竞争压力，迫使其改进教学方法，努力提升教学质量。反过来又将这种压力变成工作动力。随着外地教师逐渐离去，为本地教师留下较多工作岗位和更多的发展机会，促进了本地师资队伍的发展壮大。但这也使许多本地、本县籍教师因失去了榜样目标而失去了工作信心和动力。2000 年后，在国家自由自主择业政策和特岗教师政策影响下，西部农村地区陆续又来了部分外县、外省籍教师。但此时的外地教师是城市和东部地区就业挤压下来的人员，其真正的知识实力已不复存在，又没有五六十年代支边、支农教师那样的敬业奉献，对当地教师队伍质量提升功能有限，甚至远不如当地师资力量。从教师个体层面看，每个教师地缘方面的变化对其自身发展都会产生重要影响。尤其从城市和经济发达地区流向西部农村地区的教师，其行为意识都会发生很大变化。

从教师学历结构变迁的教师自身功能层面看，教师结构变化将产生各种复杂的功能效果。教师学历结构及其变化最原始、最根本的功能是自身的功能影响，或者是本体功能。从教师个体角度看，学历结构变化直接影响教师个人收入、待遇、能力、知识、技术、兴趣、价值观、审美观和个人修养变化，影响到不同教师在其群体结构位置变化，进而持久地影响到其一生的发展变化。从整个行业、职业层面看，学历变化一直影响个体在整个职业领域收入、地位的变化。1961 年从北京师范大学历史系毕业来到 HM 县、现在 H 大学历史系退休教授钱老师自豪地指出，他来到 M 县的月基本工资是 61 元，当时比县长潘杰的工资都高。县长学历不高，月工资只有 40 多元。尽管现在的情况有很大变化，但在各个行业中，仍然是学历越高，收入待遇越高，学历的物质功能是普遍的。

从教育系统内部看，一般而言，学历层次越高的教师其任教学校层次也越高，学历层次低的教师只能在低层次学校任教。因此，20 世纪 90 年代前，我国教师学历政策规定，中师毕业的只能在小学任教，专科毕业的在初中任教，本科毕业的在高中任教。2000 年后，随着高校扩招的运动的推进和大学毕业从教者的剧增，有关政策开始规定，小学教师要达到大专以上学历，初高中教师要达到本科以上学历。而任教学校层次越高的教师，其社会地位和收入相应要高；学历层次越低的教师，其社会地位和收入待遇相应低。西部农村地区的一些中学教师也有补课费、辅导费，西部高校教师普遍有更高的津贴收入，而农村小学教师普遍缺乏这笔收入。因此，一些教师为了能在高层次学校工作，以提高个人收入待遇和社会地位，多年来一直在不断努力提高个人学历。但是，随着高等教育大众化发展，近年来，越来越多的本科、研究生学历者开始在西部农村中小学任教。学历在中小学教师之间，在中学与大学教师之间的界限越来越模糊了。许多家长、学生开始悲叹：上了四年大学还是当了个小学教师，而且是农村小学教师；上了几年研究生，仍然做了个中学教师，而且是西部农村中学教师。于是，人们开始认识到提高学历并非一定能彻底改变命运，学历提升的零功能，甚至负向功能开始凸显。为提高学历而提高学历，甚至为提高学历不择手段，只有学历结果而无学历过程。造成学历提高了，水平却没有提高；学历提高了，道德却在下滑的事实。

而且从同一层次教师看，其学历发展存在正向的物质功能，也存在零功能。一般而言，学历越高的教师其工资待遇越高，本科学历毕业的教师比专科学历毕业教师知识分子津贴、基础工资和其他绩效奖励工资相应要多，学历的激励功能大。三营小学何万里老师认为，一般情况下，获得高一级学历的比低一级学历的多拿几十元钱，获得本科学历的比专科学历的教师多拿二三十元，收入差距变化不大。但高学历的获得越早越好。高学历最重要的好处是评职称快，专科学历教师职称要比中专学历教师早评七年。而职称早聘一年，每月要多拿二三百元工资。但学历提高也可能不产生功能。对于工作时间长、已取得高级职称的教师而言，学历提升并不能带来物质、经济上的实际意义。一位在 M 县从教 18 年的中学英语教师毫不客气地指出，他在职攻读了教育技术硕士学位，但没有实现工作转换目标，工资也没涨一分钱。所以，他认为读硕士学位没有作用（当然社会上熟悉他的人也是这么认为的）。

从个体社会声誉层面看，龙湖小学马岩老师认为，工作年限和职称提升以后，学历对自己工资待遇影响不大。但毕竟获得大专学历的教师比中专学历教师名声好听，获得本科学历教师比拿到专科文凭的社会评价高。说明随着个体学历结构的改进，其精神需要将会得到更大满足。

从学历对个体未来发展的价值层面看，某城镇小学副校长李晓娟认为，高学历在当时感觉不出来，但说不定什么时候就用上了。但总体是学历越高，被提拔重用的机会和可能性越大，学历越高身份转化的可能性越大。三营镇中心小学校长就是本乡文化程度最高的。

从个体专业知识发展层面看，某乡镇小学办公室主任哈老师认为，自己在教师进修学校进修了两年中专文凭，确实掌握了不少知识，收获较大。90 年代自考专科文凭过程中，知识结构又有了进一步发展。但 2004 年自考本科文凭后，其知识结构改进并不大。说明最初的专业学历提高对个人专业发展意义较大，以后学历层次的进一步提升对个人专业功能影响力可能在降低，也说明学历提高与文化素质提高没有必然的对应关系。

从学历结构的功能方向看，教师学历结构的改进总体将形成正向功能，但也存在负向功能或零功能。从持续半个多世纪西部农村教师学历发展情况看，多数学历提高是个人努力和社会客观、公平选拔的结果，产生了良好的教育教学效果，体现了教师学历提高的价值理性。但有些学历的提高建立在弄虚作假的基础上，是以不正当手段获取的。20世纪六七十年代推荐上学过程中，一些只有初中文化程度，甚至只具备小学学历的人被推荐上了大学。80年代函授、自学考试过程中，一些人通过考场作弊、抄袭，以至于以买卖文凭等方式，促进了个人学历水平迅速提高，促进了教师队伍学历结构的整体改善。而这些教师个体、群体的知识、能力、水平并没有因此获得真正提高，教师学历提高形成了教师个体发展的零功能。从教师道德人格发展层面看，那些以弄虚作假、买卖文凭获得学历升迁方式的教师，败坏了其道德形象，影响了其人格发展，对其个人发展产生了负向功能，也给教师群体的公众形象带来了负面影响。

从教师身份结构变迁的教师自身功能层面看，教师身份结构变迁既会影响教师群体发展，也会影响教师个体发展，教师身份结构功能既是群体性的，也是个体性的。但由于教师身份变迁方向不同，其功能效果也不同。从教师身份结构对教师群体发展的功能影响层面看，一般而言，不同身份地位教师有不同的心理感觉。正式教师因得到官方承认、有稳定和较高收入，社会地位高，比临时和非正式教师有更多的优越感。民办、代课教师因其教师身份不被官方、社会完全认可，其收入待遇、社会地位相对更低而自卑感强，在与正式教师一道工作时也会加重他们的心理负担。但与正式教师一道工作也能促使民办、代课教师更加努力地开展教学工作，更加有效地提高教育教学质量。从教师身份变化过程看，20世纪80年代前，农村教师队伍身份结构非正式化过程是不同层次学校较高学历正式教师向上流动和各层次学校教师队伍数量持续补充的结果。大批文化程度较低的民办、代课等非正式教师补充到了教师队伍，导致教师队伍知识、能力结构整体下降，影响了教师队伍整体素质、质量及其正向功能效果。20世纪80年代后，农村教师队伍身份多元化和正式化过程中，吸纳了大量师范院校毕业的大中专毕业生，大大提高了教师队伍的整体素质，也使教师队伍质量获得迅速提高。从教师队伍身份结构变化对教师个体发展的影响力方面看，20世纪80年代后，西部农村教师身份正式化过程中，转正后非正式教师工资待遇有了显著提高，其政治权利有了基本保障，其评优、选优的机会也大大增强。民办、代课教师转正后，直接吃上了国家财政饭，生活有了根本性保证；特岗教师转正后增加了住房公积金、医疗保险金。因此，教师身份转正对教师个体生活质量的改善，政治、经济、社会地位的提高起到了重要作用。但教师身份结构变化并不能给人们带来其期待的一切功能。M县关桥中学马老师曾经感慨道，1982—1992年做雇用教师时，每月工资只有50元。1992年，从雇用教师转为民办教师后每月工资涨到了92元。1997年，从民办教师转正后月工资就涨到了200多元。现在每月可以拿到2000多元。因此，随着社会发展和身份转变，个人工资水平和生活质量不断在提高。但在谈及自己身份的几次转变时，马老师也认为，身份转变并没有给自己带来职业满足感和幸福感。他指出，当老师就比农民好一点，但远远比不上其他行业。在乡下当小学教师，每天要批改几十到几百本作业，要上四五门课程，把自己捆死了！在调研中也发现，2000年前的少数非正式教师身份转正后，其教育教学能力并无明显变化。代课教师、民办教师在成为正式教师之后，其知识结构和专业化程度并没有明显变化，其教育教学能力没有得到显著改善。仅有部分教师身份转正后，其知识结构和教育教学能力有了明显提高。但2000年后，各种非正式教师在身份转化过程中，其教育教学能力和水平普遍在不断提高。2002年，成为雇用教师的贾唐学校杨正老师经历了被雇用、支教、编外教师身份，又回到被雇用教师的身份变化，其收入也经历了从少到多、从多到少的变化。但其教学水平和教学能力在不断提高，教学成绩受到学校领导、师生的普遍肯定。说明随着社会发展变化，非正式教师自身素质也在变化，其正向功能影响在不断增强。

从教师专业结构变迁的教师自身功能层面看，教师结构变迁影响师范专业教师的发展，也影响非师范专业毕业教师的发展。纵观西部农村教师结构50多年变化过程可以看出，教师专业化程度提高过程是教师队伍整体功能增强过程，教师专业化程度下降过程是教师队伍整体功能下降过程。20世纪90年代前，随着小学教师专业化程度的降低，小学教师整体功能在下降；90年代后，随着小学教师专业化程度的提高，教师整体功能也有了明显提高。而从中小学教师专业程度的比较中发现，由于高中教师专业化程度高于初中，初中教师专业化程度高于小学，导致高中教师的整体功能高于初中，而初中教师的整体功能高于小学。因此，提高教师专业化是教师职业发展的必然选择。

从教师性别结构变迁的教师自身功能层面看，教师性别结构变化影响教师个体发展，也影响教师群体功能的形成。从农村地区教师队伍性别结构变化效果看，教师性别结构变化直接影响到当地教师队伍的稳定与发展，也影响到不同性别教师以及每个教师自身的成长。20世纪五六十年代，M县新的教师队伍性别结构建立在外地教师植入基础上。据当地教育行政部门及学校领导回忆，当地当时中小学教师队伍中80%以上的女性是外地随迁教师配偶，她们的存在对稳定外援教师队伍，推动西部农村教师队伍健康发展起到了关键作用。20世纪七八十年代，西部农村女教师比例严重下降，影响了教师队伍整体功能的发挥。近20年来，西部农村地区女教师比例大幅度提高，推动了男女教师协调发展，也促进了教师队伍整体作用的发挥。而此性别教师的增加必然引起彼性别教师的减少，此性别教师的增加必然导致其功能增强，彼性别教师的减少又会造成其功能下降。因此，教师性别结构变化不仅影响教师群体功能的发挥，也影响其个体功能的发挥。

从教师队伍年龄结构变迁的教师队伍自身功能层面看，教师年龄结构变化对不同年龄教师会产生不同的功能影响。一般而言，教师队伍年龄结构变化以大量补充年轻教师或者不补充中青年教师和循序渐进补充不同阶段教师的方式进行。长期不补充教师或补充中年教师的方式将自然促进教师队伍老龄化发展；短期内大量补充青年教师必然导致教师队伍年轻化发展，逐步增大因经验型教师缺乏出现的教师年龄结构负向功能。依据教师年龄结构功能理论，补充某一短缺年龄阶段教师可能导致教师队伍年龄结构合理化发展，不补充或补充富余年龄阶段教师可能导致教师队伍不合理性发展。但无论年轻化或老年化发展，教师年龄结构变化总体上推动了教师队伍自身功能的更新。农村地区25周岁以下教师比例大幅度下降，提高了教师队伍知识、能力和经验水平，促进了教师队伍专业化发展。教师老龄化发展丰富了教师队伍经验，强化了中老年教师功能，但大大影响了教师队伍的朝气和活力；教师队伍的年轻化发展，带来了教师队伍组织的朝气、后劲和活力，但影响教师队伍健康发展。而教师队伍年龄结构有序更替和合理化发展，可以弥补某一年龄段教师知识、能力或经验上的不足，促进教师队伍知识、能力与经验上的相互补充与完善，从而推动教师队伍科学化发展。

　　总而言之，农村教师结构变迁对农村教师个体及其群体自身发展都有重要影响。就个体而言，教师地理位置上的变化影响教师个体生活水平及其专业发展水平，但教师地理位置变化方式不同，对教师个体的功能效果可能也不同。教师个体的农村化发展可能影响其发展速度和质量，教师城市化流动将提升其发展速度。教师学历发展对教师社会地位、收入待遇及其发展有正面影响力，也可能是零功能甚至负向功能。教师身份转化对其身份地位与工资身份待遇也有重要影响，但教师身份变化方式不同，对教师个体的功能效果可能也不同。教师个体的非正式化发展可能影响其发展速度和质量，教师正式化发展将提升其发展速度。因此，提升教师结构变化的自我正向功能，需要从克服其消极功能入手。就群体而言，教师队伍结构变迁可能会提高教师队伍专业化水平，也可能会影响教师队伍专业化发展。

第三节　西部农村教师结构变迁的合理性问题

一　农村教师队伍地缘结构变迁的合理性问题

　　合理性是合价值理性与工具理性的统一状态，是合人的生存、发展价值与合社会需要价值的统一状态。教师地缘结构合理性是合教师地缘的个体发展价值与合教师地缘社会发展价值的统一状态。纵观 M 县教师结构变迁的过程与特点我们认为，在西部经济极其落后、自身又没有必需的专业技术人员做保障的情况下，为了发展西部教育事业，满足西部地区人口和社会发展的需要，依靠国家政策措施，强力推进和大力引进外县、外省籍教师，以牺牲外地籍教师个人价值方式，实现西部农村地区经济社会、教育事业和西部人的发展，是一种工具合理性。如果没有政策支持和外地教师的强力介入，如果不对外地骨干教师强制"挽留"，西部农村地区的教育工作将在困顿中匍匐更长一段时间，西部农村地区人口的文化素质将长期处于低迷落后状态。

　　而在本地教师队伍基本成熟起来、当地经济水平仍很落后、城乡差距特别明显的情况下，西部农村地区形成以本县、本乡教师为绝对主体的教师地缘构成则是一种合理性。20世纪七八十年代担任 M 县教育局副局长、局长的 Y 某某说，自他就任教育领导以来，每年有大量外省籍教师申请回原籍工作。但是，由于本地教师力量严重不足，他们的请求一直被拒绝。80年代初，M 县外调一名高中教师都要经过县委常委会审议批准。80年代后期，随着国家人才流动政策的出台和本地师资力量的崛起，随着城乡之间、东西部之间经济差距的拉大，"开闸放水"成为一种趋势，随之导致外地教师迅速减少和教师地缘结构的本地化。在国家、地方财力以及本地教师严重不足的情况下，强力引导并将外地教师"扣留"在当地工作实属无奈。但毕竟强行"扣留"的教师不能全身心投入当地教育教学工作中去，他们的随时离去则将影响当地教学工作的稳定性和连续性。因此，M 县三中校长 L 某某认为，西部农村地区今后在招考教师过程中，应当适量限制外县籍教师，优先录用本县籍教师是一种合理性。

在西部经济完全崛起、地区间经济差距大大缩小、农村地区教育经费得到充分保障、教师工资收入高出城市甚至外省区收入的时候，将会有大量城市以及外省区谋职者在经济利益驱动下，主动而长期介入本地教师行列，从而推动本地教师队伍地缘结构的稳定和多样化发展，实现外地教师作为发展西部农村教育的工具价值与自我发展价值的统一，实现教师地缘结构工具理性与价值理性的统一。

但总体来讲，任何时期教师队伍地缘结构都有其合理的一面，也有其不合理性。20世纪五六十年代，西部农村教师队伍地缘结构的合理性主要是合乎了西部农村教育发展的目的。大量的外省籍、外县籍教师，弥补了本县籍教师队伍的不足，满足了当地学生学习的需求，促进了当地教育事业的发展。其不合理性在于缺乏必需的本县和本地籍教师队伍做内力，不能有效吸引和激发本地学生，特别是本地女学生的求学热情。70年代以后，农村地区教师队伍地缘结构变化的合理性在于补充了大量本县本地籍教师，逐渐形成了以本县籍教师为绝对主体的教师队伍地缘结构，也有效稳定和巩固了当地师资力量，有力推动了当地教育事业和当地学生的发展。其不合理性在于由于外县、外省籍教师的陆续离去，大大降低了当地师资质量和整体水平，也影响了当地教育质量和当地人在本地接受教育的信心。因此，教师地缘结构变动不存在绝对的合理性或不合理性，需要仔细分析其合理性高于还是低于其不合理性，然后作出理性选择。

二　农村教师队伍学历结构变迁的合理性问题

从 M 县中小学教师学历结构 50 多年变化过程看，一个历史阶段农村教师学历结构变化符合了教师学历变化的目的与规律，合乎教师学历变化的工具理性与价值理性，但另一个阶段也充斥了非理性和不合理因素。

在 20 世纪 50—70 年代富于理想主义和浪漫主义的社会背景下，在计划经济体制和东西部之间、城乡之间收入差距不大的情况下，由于西部农村地区文化教育极其落后、又急需进行开发，用政治手段组织城市和东部地区普通高校毕业生、高学历"右派"教师和有小学、初中文化程度的知识青年到西部农村地区中小学开展教育教学活动，推动了西部农村教师学历结构改善和落后地区教育事业的发展，满足了西部落后地区群众对教育的基本需要，实现了他们的社会价值，体现了教师学历变化的工具价值和工具合理性。但一些高学历"右派"知识分子在西部流放学校中并没有带主流课程，并没有发挥其基本的专业功能，具有不合理性。在政治宣传和热血沸腾的艰苦岁月里，许多有一定学历的知识青年、教师自愿或被自愿投身于西部农村教育发展行列，不少人后来成了省、地区、县，甚至国家级优秀教师、劳动模范，实现了个人人生价值，体现了农村教师学历结构变化的价值理性。80 年代现实主义和市场经济条件下，在西部农村地区经济条件不能得到有效改善的情况下，单纯利用政治手段组织高学历、本科学历支教教师、特岗教师在农村小学任教，引进部分应届研究生在农村中学任教，以实现农村教师学历结构的更大改善，更多地也追求了农村教师学历结构调整的工具理性。市场经济条件下，人们追求高学历变化的主要目的和动因是收入待遇，教师学历变化应以收入待遇变化为前提。当收入待遇跟不上去的时候，学历的激励作用发挥不出来，学历变化的不合理性则开始显现。

而农村中小学教师学历结构总体发展提高的趋势，反映了教师学历结构变化的社会制约规律。教师学历结构变化受经济社会发展变化而变化，社会经济总体处于发展趋势，教师学历必然呈现提升趋向。20 世纪五六十年代，在经济文化落后、生存和温饱问题得不到解决的情况下，人们没有时间和精力去追求学历和学历的提高，西部农村有学历的人口非常少，有一定学历的教师也非常少。形成以少量本地教师相辅助的低学历教师队伍学历结构具有教师学历发展的历史合理性。改革开放以后，随着经济社会和基础教育的普及发展，人口的学历层次整体在不断提高，农村有学历和高学历中小学教师数量及其比例在不断提高，农村教师学历层次结构的提高也成为历史的必然。

从西部教育事实、教育政策和教育制度层面看，2000 年之前，西部农村小学形成以初师、中师为主体，中学形成以专科以上学历为主体的学历结构；2000 年之后，农村小学形成以专科学历为主体、中学形成以本科学历为主体的教师队伍学历结构具有合理性。这体现了农村中小学教师队伍学历结构依据国家、西部地区中小学教师学历政策、制度变化而变化的特点。说明农村教师队伍学历结构变化是在制度下进行的，而非人为主观意志的结果，合乎了农村中小学教师学历结构规范化、科学化的发展要求。20 世纪 70 年代末期，西部农村初中本专科学历教师比重下降，导致了西部农村教育质量下滑，违背了教师学历提升的总体趋势，具有不合理性。20 世纪 80 年代至 2000 年前，农村初中教师学历本专科化，2000 年后农村初中教师学历本科化、高中本科教师数量及其比重不断提升趋势，促进了教师知识、能力结构的改善，也促进了农村教育教学质量的提高。同时，这也符合国家、地方初高中教师学历标准政策、学历制度的相关精神，具有合理性。但教师学历发展不应仅仅是知识、能力上的发展，也应该是思想道德情操方面的发展。而在市场经济条件下，许多年轻教师干一点工作就考虑津贴，多给学生进行一些辅导就考虑报酬，违背了教师职业性质的特点，不利于学校教育教学工作的开展，也有损于教师学历发展的功能结果，不具有合理性。

三　农村教师队伍身份结构变迁的合理性问题

教师队伍身份结构变化过程既是教师个体身份转化过程，又是教师群体身份结构变迁过程。因此，教师身份结构变化的合理性既是教师个体身份转化的合理性问题，也是教师队伍群体身份结构变化的合理性问题。

但从辩证法角度看，任何事物的发展变化都有其合理性，也有不合理的一面。教师身份变化既有合理的一面，也有其不合理的一面。从教师队伍群体结构变化情况看，其身份结构变化既有合理的一面，也有不合理的一面。20 世纪 80 年代之前，在经济困难时期，政府将主要精力、财力用于物质生产建设方面，无力发展教育、建设农村教师队伍。为了普及发展农村教育、提高农村人口素质，国家依靠集体、群众和社会力量发展非正式教师力量具有一定的合理性。但在 20 世纪 50 年代，西部农村地区聘用了大量支援农业、林业建设的外地人员从教，且成了正式教师。政府部门在选用非正式教师过程中，越来越注重聘用教师的政治身份和思想立场，大量聘用学历层次过低的贫下中农子女从事教育工作，保持了西部农村教育的基本数量，却没有从东西部和城乡教育均衡发展的层面采取有效措施，从东部和发达城市派遣优秀教师到西部农村地区提高当地教育质量和效率，具有不合理性。而且 80 年代前，西部农村地区中小学非正式教师比例处于上升序列，其正式教师比例却处于下降序列，这违背了教师队伍发展的正常规律，更不具备合理性。20 世纪 80 年代后，随着社会经济发展和政府财力的提高，国家用于西部农村地区的教育专项资金有了大幅度提高，依靠政府力量不断聘用和增加大量高学历、专业性正式教师，导致正式教师比重逐年大幅度提高，符合教师队伍发展的一般规律，也符合教师队伍建设的根本目的，具有一定合理性。但在高等教育大众化时代，在越来越强调东西部、城乡教育均衡发展任务的背景下，仍然放任一些乡村学校自主聘用一些学历和文化程度不高、专业不对口的代课、支教教师从教，仍然不具有合理性。因此，20 世纪 80 年代前，教师身份变化注重了教师身份的工具合理性，忽视了教师身份的价值合理性。80 年代后，教师身份变化需要注重工具理性与价值理性的统一性，才能使农村地区教师队伍身份结构更具有合理性。

从 M 县教师个体身份结构转化的层面看，教师个人身份地位不是固定不变的，而是在不断变化中的。因此，一个人不应当抱着原有的身份不放，也不应为现有身份自暴自弃，而是需要通过后天努力改变自己的原有身份，获取新的身份地位。单位和集体则不能以定式思维看待教师身份，而是需要以发展变化的眼光看待教师身份。所有教育工作者都需要看到教师身份可以从非正式教学人员转化为正式教学人员、实现个人价值理性，从而平等和更加有尊严地生活，也可以从国家工作人员转化为地方普通工作者，以较低的身份等级从事工作，体现个人工具价值。也需要看到教师身份可以从准知识分子转化为知识分子，也可能会从知识分子变为非知识分子。在普通民众看来，教师都应当归属为知识分子，但非正式教师只能是可能的知识分子或准知识分子，其知识分子身份尚未被政府部门确认和合法化。只有其教师身份被国家、社会和单位完全确认以后，才可以正式承担起知识传递与创新任务，成为知识分子。成为知识分子后其知识的合理合法性和正当性才可以被完全认可，他才可以理直气壮地从事教育教学工作。教师身份转化也意味着不同经济身份、政治身份的教师可以相互转化。吃皇粮的人可以变成吃地方粮的人，以地方粮票为生的人可以以皇粮为生。因此，任何人都需要树立身份的危机感和紧迫感，自觉维护其既有身份，自觉从一种社会身份向高层次社会身份转化。

不断追求新身份、新地位，实现个人新的更高的社会价值是每个人的追求，每个教师也期望不断实现身份转化获得个人新发展。非正式教师渴望获得教师身份的完全认同，正式教师也希望获取更高社会地位、谋取更大社会认同。教师自我身份转化是为了获取更高的社会地位和劳动价值。但任何身份转化都以教育行政部门的组织、管理和安排为前提。教育行政部门身份转化管理的目的、方式是奖惩罚懒，激发和调动人的工作热情。所以，教师身份转化主要以低身份向高层次身份转化为主，从民办、代课等正式身份教师向正式教师转化。但从正式教师向非正式教师转化，从教师身份向非教师身份转化符合社会发展需要，也符合教育教学以及学生自身发展需要。对于在既定工作岗位上不努力工作，不认真践行自己岗位职责和身份要求的正式教师，要求其向非正式教师或非教师身份地位转化，以有效提高教育教学质量，符合教育教学和学生发展的价值理性，也符合社会发展的工具理性。20 世纪 50—70 年代，M 县教育史上出现的从正式公办教师被迫转化为非正式民办教师身份就是在这一背景下形成的。教师身份转化是学校教育教学发展价值、学生发展价值理性与教师个体发展价值理性的统一方式。教师身份被动转化符合了教育行政部门和学校办学目的与教师工具价值之理。政府、学校为实现教育目的，总是有目的、有意识地掌控着个体身份转化的路径、方式，个体只能在其设计好的框架内选择转化类型、方式和方法，但教师身份转化又需要以自主、自愿为前提，促使其在新的工作岗位上认真做好本职工作。

四　农村教师队伍专业结构变迁的合理性问题

50 多年来，西部农村地区各教育阶段师范专业毕业教师保持了较高比例，有效发挥了师范专业毕业生教育教学逻辑性、程序性和教育教学能力强的优势，抑制了非师范专业毕业生教学方法普遍简单、教学经验和教育教学能力不足的缺陷，发挥了师范专业教师在教师教育中的主导作用和非师范专业教师在教师发展中的辅助功能，具有合理性。但 2000 年前，我国教师教育一直是封闭式管理。政府利用政治宣传、行政命令等手段，将尽可能多的农村学子引导到该行业，并规定进了师范教育专业，除了12% 特别优秀的学生可以不当教师，其余必须做教师。[①] 这种只允许进、不允许出的职业方式限制了年轻学生对未来职业的自由选择权，影响了学生学习的积极性，违背了职业目的与职业流动的特点与规律，不具有合理性。而且让优秀师范生离开教师职业，让水平一般的师范生长期从教也不符合教师职业的价值判断，更不具有合理性。

　　合理性是目的与规律的统一状态，教师专业结构变化的合理性是专业结构变化目的与专业变化规律的教师专业变化状态。一方面，教师专业结构变化的基本目的是发展和壮大教师队伍，提高教师队伍专业化水平，提高教育教学质量，促进学生发展。另一方面，教师专业结构变化受政治、经济、文化、教育等因素制约，也要符合社会政治、经济、文化教育发展规律。因此，农村中小学教师师范专业结构变化总体具有合理性。20 世纪 90 年代前的 30 年多年中，西部农村小学师范专业毕业教师比例保持了下降态势，违背了政府发展小学教育的总体目的要求，也违背了师范教育和教师教育发展的基本规律，不具有合理性。但非师范专业毕业教师队伍的发展合乎了农村小学教育发展的需要，也合乎了专业性人才向上流动的规律，又具有一定合理性。学历高、专业性强的教师普遍期望流动到教育层次高、专业层次要求更高的初、高中学校任教，学历低、专业性不强的非正式教师也希望流入小学教师行列，以提升个人社会地位，又可以满足当地初等教育继续存在与发展的需要，同时符合人往高处走的特点和规律，具有合理性。20 世纪 90 年代以后，西部农村小学师范专业毕业教师呈递增趋势，而 2000 年前，西部农村中学教师专业构成变化一直在政府政策制度规范要求下进行，师范专业毕业教师比重总体保持了持续增长态势，体现了政府对专业变化的目的要求，也体现了西部农村教师专业发展

[①]　吴康宁：《教育社会学》，人民教育出版社 1997 年版，第 185 页。

的内在规律，具有合理性。但 2000 年后，西部地区初中、高中教师师范专业化呈下降趋势，违背了教师专业化目的要求，违背了世界教师教育的发展趋势，也违背了教育发展的规律，不具有合理性。

五　农村教师队伍性别结构变迁的合理性问题

历史事实一再表明，在西部农村教师队伍性别结构演变的任何时期、任何教育阶段，男女教师结构比例悬殊，女教师比例均未达到一种应然理性。受动荡政治、薄弱经济和传统文化诸因素影响，新中国成立以前，西部农村地区中小学师资，特别是中学女教师长期处于严重短缺状态。新中国成立以后的 20 世纪五六十年代，受国家支持西部农村发展政策等因素影响，西部农村小学女教师数量获得了较大补充，其比例也有了明显提高。20 世纪 60 年代，在大量纳入外地籍支援教师的情况下，农村地区中学女教师数量及所占比例得到了明显改进，教师性别构成出现了合理性趋势。但西部农村教师队伍性别结构总体依然极不合理，本地女教师因数量少而对当地教育教学的功能影响范围极其有限。20 世纪 60—80 年代，在小学女教师比重本来不足的情况下，其比例却保持了持续下降趋势。这不利于小学生，特别是小学女童的成长，是极不合理的现象。相反，中学女教师保持了持续增长趋势，对教育教学和学生发展产生了正面影响，走向了合理性。

虽然目前西部农村地区中小学女教师性别比例仍然偏低，女教师的实际功能与社会期待的功能仍然有较大差距。但近年来农村地区中小学女教师数量及比例有了明显提升，教师性别结构，特别是小学教师性别结构趋于合理，女教师已经成为农村地区教育教学的一支重要力量。反映了政策制度改进、经济水平提高和农村教育发展对农村教师性别比例改变起着关键性作用。但是，农村地区女教师数量比重增长速度过快，特别是中学女教师增长速度快，也不利于农村地区未来教师性别构成的合理性发展。根据近十年西部地区中小学教师性别结构变化情况来看，未来 20 年西部农村地区可能会有更多的女性参与到当地中小学教育活动中去，女性在西部农村教师队伍中的比重将会进一步加大，农村中小学女教师超越男教师人数将是一种趋势。届时农村教师性别结构将从一种不合理性走向另一种不合理性。因此，为促进农村地区教师队伍性别结构合理化发展，需要采取措施控制教师结构的女性化趋势。

六 农村教师队伍年龄结构变迁的合理性问题

合理性是目的与规律的统一状态，教师年龄结构变迁的合理性是教师年龄结构变化目的与变化规律的年龄变化状态。教师年龄结构变化的目的是推动教师队伍建设、满足学校教育教学活动与学生成长的需要。教师年龄结构变化又具有一定的规律性，教师年龄变化是以教师职业生涯发展变化规律为基础，是一个新老互补、以老带新、新老更替、循环发展的过程。如果教师年龄集中于某个教育扩张期、不进行计划性补充，随着教育稳定和时间推移，这些人陆续到了退休年龄，会带来教师队伍结构性短缺和结构性功能缺失问题。[①]

斯特菲（Strffy）根据自我实现理论提出，教师职业发展需要经过预备生涯阶段，专家生涯阶段，退缩生涯阶段，更新生涯阶段，退休生涯阶段，离职、安度晚年或追求新的职业生涯阶段。预备生涯阶段是教学工作的准备适应期；专家生涯阶段具备了较高水平的教学能力并能激发自我潜能；退缩生涯阶段极易出现教学职业倦怠现象；更新职业生涯阶段工作状态开始复苏，并开始追求专业成长，吸收新的教学知识；退休生涯阶段开始离职、安度晚年或追求新的职业生涯。[②] 国内有学者根据教学认识发展的特点和规律认为，教师成长过程需要经历熟悉教学过程、个体经验积累和理论认识反思三个阶段。工作三年以下即 25 周岁以下为熟悉教学过程阶段，工作三年以上至十年以下为个体经验累积阶段，而工作十年即 35 周岁后进入理性反思阶段。国内也有人根据教师身份变化的特点，主张教师成长经过学徒期、成长期、反思期和学者期四阶段。其中学徒期或熟悉教学阶段持续 3—5 年，这一时期面临的主要任务是熟悉教学内容、教学过程、教学对象、教学任务，适应学校环境，积累经验。正如一位受访者所说"这一时期首先要让新教师站稳讲台，让他们先做几年班主任，积

---

① 曾晓东、曾娅琴：《中国教育改革 30 年：关键数据及国际比较卷》，北京师范大学出版社 2009 年版，第 143 页。

② CarterK. , SabersD. , CushingK. , PinnegarS. , BerlinerD. , "Expert—novice Differences in Perceiving and Processing Visual Classroom Infor – mation" *Journal of Teacher Education*, Vol. 39, No. 3, 1988.

累一些管理学生的经验和课堂教学经验，提高驾驭课堂和管理学生的能力"。[1] 这时候新教师热情有余、经验不足，把大量的时间用在课时计划的一些细节上，如：怎样呈现教学内容、针对具体问题设计方法、仔细安排某些课堂活动等。新教师在课堂中仅仅按照课时计划进行教学，并没有随着课堂情境的变化而修正计划，所以他们普遍需要拜师学艺。[2] 成长期或个体经验积累阶段一般持续5—7年。此阶段的教师已经能够独立和熟练从事教学活动，逐渐形成自己教学风格，并能创造出自己的教学特色。因此，有人认为："第二阶段比较冷静，能够把在学校学到的知识逐渐运用于教学实践当中去。"第三阶段教师具备了丰富的教学经验，工作上驾轻就熟，心态平和稳定、满足现状。但与第二阶段相比较，此阶段更冷静甚至有些麻木，因此，此阶段极易出现职业倦怠现象。第四阶段可以"随时随地进行备课"，并开始将科研能力放在较高位置。[3] 应该说在教师职业生涯不同阶段，均有其从教的优势、又有其从教之不足。将各年龄段师资力量有机结合起来，才可以弥补任意年龄阶段教师教学和工作上的缺陷和不足，更好地发挥教师年龄结构整体的功能影响力。

　　从各年龄段教师的比例关系看，某一年龄阶段教师数量与比重的变化都会影响其他年龄段教师数量与比重变化。因此，各年龄段教师数量与比例变化也有一个合理性问题。根据林崇德教授的心理发展阶段论，并参考我国教师从教时间实际情况，一般将青年教师年龄限定在35岁之前。青年教师的成长大致经历了以下三个阶段：适应期（1—2年）——25岁以前；稳定期（3—5年）——30岁前；发展期（6—10年）——30—35岁；到教学进入成熟期（11—15年）——35—40岁时，已经步入了中年期。[4] 青年时期的各个年龄阶段既相对对立又相互支持和统一。因此，青年教师比重变化存在合理性问题，其不同阶段比例的发展变化也存在合理

① 申继亮、费广洪、李黎：《关于中学教师成长阶段的研究》，《天津师范大学学报》（基础教育版）2002年第3期。

② 谢姗姗、谢静菊：《略论教师职业生涯发展的年龄段特点》，《福建论坛》（人文社会科学版）2007年专刊：第186—187页。

③ 申继亮、费广洪、李黎：《关于中学教师成长阶段的研究》，《天津师范大学学报》（基础教育版）2002年第3期。

④ 王笑梅：《关于青年教师成长规律的研究》，《教育探索》2003年第3期。

性问题。50 多年来，西部农村小学青年教师发展不稳定，影响了教师队伍的稳定供给和稳定发展，不具有合理性。但在农村教育最需要教师的时候，及时从师范院校大量补充年轻教师队伍，满足了教育教学和学生发展的需要，又具有一定的合理性。20 世纪 80 年代前，农村地区 25 岁以下新任中学教师比重持续上升，满足了其时学生数量迅速发展和教育教学发展需要，具有一定的合理性；90 年代特别是 2000 年后，由于计划生育政策的落实和人口自然减员以及农村受教育人口对优质教育资源的追逐和城市化流动，农村地区受教育人口开始大面积被动减少，25 岁以下新用中学青年教师比重下降也具有合理性。

　　另一个方面，中年教师比例变化也有一个合理性问题。50 多年来，西部农村地区 36—45 岁小学、高中教师不稳定，初中教师除 80 年代外，总体平稳具有合理性，合乎教师年龄结构变化的目的与规律。小学教师地位低、一定时期后外流欲望强烈，而此一年龄阶段高中教师大多具备了高级职称，也是外流的主要对象。因此，农村地区这一年龄阶段教师短缺具有合理性。但这一年龄段教师的短缺违反了教师队伍发展的特点和规律，又不具有合理性。西部农村地区 40 岁以上年龄小学教师比例在 20 世纪 80 年代前、初中教师比重在 2000 年前持续下滑，符合了当时当地教育快速发展、快速进人之需要，具有合理性。80 年代后，40 岁以上年龄段小学教师比例逐步提高；2000 年后，40 岁以上年龄初中教师比例开始持续增长，而 40 岁以上高中教师比重一直保持了增长态势，也符合这一时期当地教育发展需要，也有合理性。

　　从不同教育阶段农村老龄教师比例变化过程看，不同时期不同教育阶段农村老年教师比例的变化也存在合理性问题。50 多年来，西部农村地区 50 岁以上小学教师比例持续增加。十年前西部农村的一些地区 50 岁以上小学教师比重已经超过了小学教师总数的 10%，近几年该比例已经接近 20%。由于老教师工作态度和敬业精神下降，一些农村地区规定老教师 50 岁可以提前内退，有些农村学校甚至让 45 岁以上教师提前内退。但这些教师仍然占用学校正常编制，导致年轻教师不能正常入岗和发挥作用。因此，统计学上出现教师年龄结构的老龄化趋势，不但不能证明老教师正向功能的真正发挥，也可能暗含着教师老龄化给教师队伍建设和学校教育教学活动的负向功能。从老教师身体素质和小学教育需要看，由于老教师身体功能陆续退化，不能承担过量的教学任务，而农村小学教育教学任务普遍较重，教师队伍年龄老化显然不具有合理性。从老教师身体机能和小学生身心发展的灵活性看，由于老教师身体机能退化，导致其教育教学的灵活性、机智性减弱，而小学生活泼好动、富于变化，因此，老教师比例的增加严重影响了教育教学活动的正常开展，小学老教师比例过大不具有合理性。而一些农村地区 50 岁以上初中教师在 90 年代前减少、90年代后持续增加，50 岁以上高中教师比例总体一直在下降，但在任何时期都没有超过教师总数的 10%，没有给地区和学校教育教学工作带来负面影响，具有一定的合理性。

小　结

教师地缘、学历、专业、性别、身份、年龄等结构变迁可以满足教育教学和学生需要，具有教育教学发展与学生成长以及教师自身发展等几个方面的正负价值。不同教师结构变化同样具有教育教学发展与学生成长以及教师自身发展等几个方面的正向、负向或者零功能。但有些教师结构变化只具有正向功能，有些教师结构变化只具备负向功能；有些教师结构在此一时期、此一教育阶段有正向功能，到另一个时期、另一个教育阶段可能是负面功能。因此，一种教师结构在一个时期、一个教育阶段可能是合理的，在另一个时期、另一个教育阶段则可能是不合理的。有些教师结构在任何时期、任何教育阶段都既具有合理的一面，也存在不合理的一面。因此，改善教师结构需要依据不同教师结构的具体情况或者具体标准而定。

第五章　西部农村教师结构
变迁的趋势与导向

西部农村教师结构的改善与发展需要依教师结构发展趋势而定，教师结构的导向与控制也需要依教师结构发展趋势，因势利导、自然成就。而把握教师结构发展趋势的前提是搞预测。美国著名社会学家米尔斯认为，人类工程或社会科学真正的终极目标是"预测"。[①] 因此，认真研究、预测西部农村教师结构的变化趋势，并提出切实引导和控制方式极为重要。

第一节　西部农村教师结构变迁趋势

由于不同教师结构变迁的特征、轨迹，变迁的原因、方式不同，其变迁趋势也不同。因此，分析西部农村教师结构变迁趋势，需要在分别分析不同教师结构变迁趋势的基础上，形成一个总体判断。

一　农村教师队伍地缘结构变迁趋势

从近十年、特别是近五年 M 县教师队伍地缘结构数量与比值变化情况来看，由于西部农村地区经济发展水平长期滞后，教育发展先天不足，后天又缺乏动力，难以长期有效吸引外地教育力量参与建设，本地教师已经成为并将继续成为西部农村地区中小学教师队伍的绝对主体，外县籍小学教师地缘比重在未来十年将会继续维持在现有水平上。从 2000 年后 M 县初高中教师数量及其地缘比值回升原因看，随着全国各地高校招生政策

---

① 赖特·米尔斯：《社会学的想像力》，陈强等译，生活·读书·新知三联书店 2005 年版，第 126 页。

放宽和学生来源地的多样化，随着国家以及地方教师就业与流动政策改革的调整和放宽，农村地区外县籍初高中教师数量及其比值在保持现状基础上，还存在适度提高的可能性。由于小学教师在整个行业中的经济社会地位极低，对外省籍教育力量缺乏必要的吸引力，外省籍小学教师比重可能还会下降。而由于初高中教师生存环境、工资待遇的相对优越性，外省籍初高中教师地缘比值还会保持现在状况，但西部农村地区毕竟比不上城市和东部发达地区，西部农村外省籍初高中教师比重大幅度提升的可能性不大。

二　农村教师队伍学历结构变迁趋势

提高学历、改善教师学历结构是国内外中小学教师教育发展的总体趋势。我国中小学教师的学历也在逐年提高，高学历教师的比例也在逐年增加。2001—2006 年，全国普通小学专任教师的学历合格率由 96.8% 提高到 98.9%，专科以上小学教师比例由 27.4% 提高到 56.3%；全国普通中学专任教师的学历合格率由 88.81% 提高到 95%，本科以上初中教师比例由 16.95% 提高到 35.3%；全国普通高中专任教师的学历合格率由 70.71% 提高到 83.5%，硕士生学历的高中教师比例由 0.63% 提高到 1.2%，本专科学历教师成为新增教师的主体。[1] 从近两年北京、上海等一些大城市公办教师招聘条件看，中小学新录用教师学历研究生化已经成为大趋势。而东部发达地区农村公立中小学教师招聘条件与西部农村地区相差无几，基本都是以国家政策规定的小学专科化、中学本科化为基本条件。说明东部城市发达地区中小学教师招聘趋势对全国和西部农村教师学历的提高具有普适性指导意义。

从国外情况看，所有发达国家和许多转型国家都逐步要求小学新教师必须具备大学学历。[2] 美国对任何教师的底线要求是本科毕业，在中学教师队伍中不乏硕士、博士毕业生，中小学教师群体中的硕士比例已经超过

---

　　① 　李晓波、张莉：《我国应当提高基础教育师资学历标准》，《内蒙古师范大学学报》（教育科学版）2010 年第 6 期。

　　② 　[美] 马里斯·特雷莎·西尼斯卡尔科：《世界教师队伍统计概览》，丰继平、郝丽平译，华东师范大学出版社 2007 年版，第 18 页。

40%，博士超过5%。[①] 英国要求中等学校教师必须要大学本科毕业，并需要接受教育职业的训练，取得教育学士学位和教育证书。部分发展中国家如约旦、菲律宾也提出了中学教师本科化要求。说明随着经济、社会和各级各类教育的快速发展，不同层级学校之间教师学历的等级差别在不断缩小。

从1998年至今我国西部小学教师学历发展情况来看，西部农村地区小学教师学历顺应了国际、国内潮流，总体已经呈本科化趋向。尽管2000年至今，教育部以及西部农村多数地区仍然提出小学教师学历专科化的奋斗目标，中专学历者通过正式渠道进入农村小学的机会在不断减少，现在已经完全停止。而由于经济待遇等问题，本科院校毕业、志愿到西部农村小学做教师的师范生依然很少。但随着2002年前后西部许多省份本地高等师范专科学校升格，为小学培养师资力量的专门学校已经完全本科化，补充当地农村小学的师资力量将逐步完全本科化。目前，西部农村地区45岁以下小学教师基本都具备了专科以上学历。随着年轻本科小学教师不断补充和老龄中专学历教师退休，未来十年小学教师队伍将逐步形成以专科学历为主，以一定比例本科学历教师和少量中专学历教师发挥辅助作用的局面。未来20年后，随着中专学历教师完全退出教育历史和专科学历教师大幅度减少，西部农村小学也将是以本科教师为绝对主体的局面。

从近十年、特别是近五年西部一些县域中学教师学历发展情况来看，西部农村地区初中教师学历本科化、高中教师学历研究生化是总体趋向。随着普通高校大规模扩招、高等教育大众化发展和大学生就业问题突出，本科学历青年教师大量补充初级中学是大趋势。而随着西部农村初中既有专科学历教师因年龄老化而逐步退出教育舞台和中学教师学历达标要求的付诸实施，以及本科学历教师以较高比例补入，西部未来农村初中教师学历本科化则是总体趋势。因此，20世纪80年代之前农村初中教师学历专科化，20世纪90年代之后农村初中教师学历本科化具有合理性。而随着近五年来西部地区研究生招生规模不断扩大和在职教师攻读硕士研究生情

---

① 李晓波、张莉：《我国应适当提高基础教育师资学历标准》，《内蒙古师范大学学报》（教育科学版）2010年第6期。

况的进一步发展，农村普通高中教师学历研究生化是总体趋势。

　　一般而言，高学历教师是研究型教师，低学历教师是应用型或技能型教师。高校教师需要成为研究型教师，其学历层次相应要高；中小学教师需要成为应用型教师，其学历层次相应低。但从中小学教师质量发展趋势看，国际中小学教育教学普遍要求中小学教师成为研究型教师，而且，国内也要求教师应成为研究者，这意味着高学历将成为中小学教师学历发展趋势。

三　农村教师队伍身份结构变迁趋势

　　从西部农村地区教师身份转化历程看，教师身份正式化、多元化是教师身份发展的永恒目标和必然趋势。正式化是教师个体身份追求的价值取向，是国际教师身份发展的普遍趋势，也是我国教师队伍建设的必然要求。港台等地和西方一些发达国家的教师均为正式教师，不存在非正式教师之说。从我国教师身份发展历程看，正式化也是总体趋向。城市和东部发达地区中小学教师已经基本实现了正式化，西部农村地区教师正式化速度也在加快。M 县中学正式教师已经从 70 年代的 80% 左右发展为目前的90% 以上，小学正式教师从 70 年代历史最低点的 42% 左右发展到目前的90% 以上。但受西部农村地区特殊的地域文化环境和教师编制体制影响，非正式教师还将长期存在。正式化意味着从事教育教学工作必须取得教师资格证书、合理合法进行，从而从根本上保证教育教学质量。但非正式教师也能维持教育教学活动的长期存在。而在正式化基础上实现多样化则是身份转化的内在要求。

四　农村教师队伍专业结构变迁趋势

　　近十年来，国内师范院校开始普遍开设非师范类专业，而非师范类院校开始开设师范类专业。表明各级各类院校，特别是教师教育单位开始效仿西方教师教育培养方式，走综合化培养模式。也意味着能否成为教师、是否成为教师不完全由报考院校决定，甚至不由入学前报考的专业决定。教师职业、教师专业可以在报考专业院校教师专业前确定，也可以在专业学校学习过程中逐渐调整形成。因此，师范专业的自主化、人性化选择将是教师职业未来选择的基本趋势，也是教师专业精神不断提高、专业结构变迁实际功能有效增强的根本趋势。

但从近十年农村教师专业变化情况、近五年农村教师专业结构变化特点以及目前西部农村特岗教师招聘条件看，短期内农村非师范专业教师将会继续补入，农村师范与非师范专业教师还会长期并在。西部许多地区政策规定，非师范专业毕业人员只要通过教育学、心理学考试，就能取得相应层次的教师资格证，也就可以参加相应层次的教师招考活动，最终成为相应层次的教师。教育学、心理学招考试题普遍具有知识性、理论性强的特点，一般只要通过考前努力记忆就可以顺利通过考试。教师招聘考试内容则多偏重于具体学科知识，更有助于非师范专业毕业生求职应聘。因此，政策制度为非师范类专业毕业生从教创造了条件，也为其从教提供了政治和法律依据，是维系非师范专业教师持续稳定存在和现有教师专业结构的根源。

但由于小学教师工资待遇和社会地位低，农村小学教师还要经受不良环境考量，事先没有心理准备的多数非师范专业毕业生不愿意到农村学校任教。师范专业毕业生因为事先有思想准备而容易补充到农村小学教师队伍中去。农村中学生活环境相比地处偏僻村落小学教师较好，其社会地位和津贴待遇相对要高，对于难以求到更高职位的非师范专业毕业生而言，有较强的吸引力。因此，农村小学教师的师范专业化程度会持续高于中学教师。

五 农村教师队伍性别结构变迁趋势

从半个世纪西部农村中小学教师性别结构变迁轨迹以及近五年变化特点，如图2—18、图2—20、图2—22看，未来十年西部农村小学教师性别结构将日趋合理化，中学教师不合理的性别比例结构还将延续。一方面，这是近十年农村小学教师总量变化不大，小学男教师数量持续减少的表现。目前，西部农村小学教师队伍中40岁以上的多数为十年以后陆续退休的男性教师，而新补充教师中女性比例已经并将继续超过男性。随着"男退女进"情况的延续，十年后小学男女教师比例均衡化将成为可能。另一方面，随着社会分工日益精细化，不同职业之间的社会层级性、等级性日趋明显。与此同时，随着高校扩招、本科教育普及和男性文化层次提高，作为进入现代社会的男教师将会有更多机会选择更高层次的职业，同时为了适应社会对男性工作的传统要求，他们也将会努力进入更高层次的职业领域寻求发展，而将具有生存、保障功能的小学教师职业让位给女性，也将是小学男女教师比值均衡化发展的重要理由。

从近 20 年西部农村初中男女教师不同涨幅量与增长曲线以及近五年农村新录入教师性别变化情况看，如果措施得当，未来五到十年西部农村地区初中教师实现性别结构均衡化与合理化成为可能。因为近 20 年农村初中男教师增长量已经放慢，增长曲线已经平缓。农村 20 年以上工龄教师中男教师是绝对主体，随着这批人陆续退休，男教师比例将自然下降。而近年农村初中女教师一直保持了成倍增长态势，新录用初中女教师连年呈现增长态势，男教师比重呈下降趋势，这将迅速推动教师性别结构的均衡化发展。从近十年农村地区高中男女教师涨幅量、增长曲线以及 2006—2010 年 H 县新录用教师性别比例变化情况看，未来 20 年高中教师性别结构比例达到接近将成为可能。因为 1998 年至 2008 年期间，西部农村地区的一些县县域普通高中男女教师增长量已经非常接近，而近四年新录用男女教师数量比重已经相差无几。因为相比较西部地区其他职业而言，中学教师在西部农村地区仍算是中等收入和中等社会地位的职业，这对于未能进入政府部门、成为公务员和白领阶层的男性而言，仍可以是不错的选择。

中小学教师性别结构女性化是国内城市地区和国外中小学的普遍状况。从 20 世纪 80 年代开始，世界范围内女教师比例就开始上升。在发达国家，受就业机会、家庭责任、工资及职业前景等因素影响，女教师数量超过了男教师。而发展中国家，特别是贫困落后国家仍是男教师居多。截至 2007 年，全美 300 万中小学教师中，女性教师占 75.1%，男性教师占 24.9%。[①] 由于初级教育阶段教师工资收入更低，除撒哈拉以南非洲地区外，其他地区超过 90% 的小学教师是女教师。在发达地区、转型国家、拉美和加勒比地区，小学阶段的女教师比例也很大。而在欠发达国家女教师比例不超过 50%。在发达地区和转型国家，中学女教师数量超过了一半，在欠发达国家，女教师比例约占 30% 至 40% 之间。[②] 国外许多发达

---

① 于维涛：《县域教师发展支持体系建设研究》，博士学位论文，华东师范大学，2009 年，第 51 页。

② ［美］马里斯·特雷莎·西尼斯卡尔科：《世界教师队伍统计概览》，丰继平、郝丽平译，华东师范大学出版社 2007 年版，第 14—15 页。

国家因为男性普遍不愿意当教师，而出现教师性别结构女性化趋向。澳大利亚女教师已经占到其教师总数的三分之二。① 而我国中小学女教师增长速度是 WEI 项目国家中，增长速度是最快的。我国城市地区的中小学女教师数量普遍超过了男教师。2008 年，我国城市地区初中教师 682367 人，其中女教师（436923 人）占城市初中教师总数的 64.03%；城市高中教师 551589 人，其中女教师（341375 人）占城市高中教师总数的 61.89%；城市地区小学女教师 792178 人，占城市地区小学教师总数 1009183 的 78.50%。② 因此，中小学教师性别结构总体有女性化趋势。预防和控制农村地区教师性别结构的过度女性化发展，避免农村地区各教育阶段女教师比例过高导致农村教育新问题发生是发展农村教师队伍的新需要。

六　农村教师队伍年龄结构变迁趋势

从国际范围看，由于中小学教师入职学历标准从中专、大专、本科到硕士一直处于递涨过程。随着教师入职学历标准的提高和职前受教育年限的不断延长，教师入职年龄也呈现不断推迟的趋势，从而推动了教师年龄结构的中老龄化发展。但从我国农村教师年龄结构总体情况看，农村教师年龄分布既有年轻化态势，小学教师又显现老龄化倾向，总体呈现两极化趋向。③ 西部农村地区教龄超过 30 年的教师数量持续居高，且还有增长趋势。2000 年，西部某地教龄在 30 年以上的教师比例为 1.4%。2004 年，这一比例为 2.9%。而到了 2007 年，这一比例却迅速上升到 8.1%。教龄 35 年以上教师的比例在 2004 年占 0.9%，在 2007 年却上升为 1.4%。可见，教师教龄过长现象已经是西部地区一个较为明显的发展趋势。④

---

　　①　P. W. Richardson, H. M. G. Watt, "'*I*' *Vol. ve decided to become a teacher*': *Influences on career change*", *Teaching and Teacher Education*", Vol. 21, 2005, pp. 475—489.

　　②　教育部发展规划司：《中国教育统计年鉴》，人民教育出版社 2009 年版，第 70、142、166 页。

　　③　马立：《全国中小学教师队伍建设现状、预测与对策研究》，人民教育出版社 2006 年版，第 41—45 页。

　　④　陈富：《西北地区中小学教师队伍结构与质量变化调查研究》，《基础教育研究》2009 年第 4 期。

从西部农村小学近 20 年选用教师和小学中青年教师比例发展情况看，由于农村小学引进教师数量长期过少、小学中年教师比重一直偏大，导致十年后小学老龄化教师比重将不断加大，而且有进一步发展态势。从农村初中学校选用教师情况看，初中教师补充速度一直较快、中年教师比重相对一直较高。因此，按照此比例进一步发展，十年后农村初中教师中老龄化速度会加快。尽管高中教师基本保持了中年化结构，但从近十年 40 岁以上高中教师比值结构发展趋势看，随着 40 岁以上教师比例继续发展，十年后西部农村地区 50 岁以上高中教师比重会继续加大。总之，不论农村地区的中学还是小学教师年龄结构都有老龄化趋向。

而总结各种教师结构发展趋向可以看出，不同教师结构有不同的内部发展状况，也有不同的发展趋势和特点。认识和把握西部农村教师结构变化趋势，只能从不同的具体教师结构中分别进行。

第二节　西部农村教师队伍结构变迁导向

由于不同教师结构发展变化的影响因素和变迁原因、变迁方式不同，不同教师结构有不同的发展轨迹、发展特点和发展趋势，而且不同教师结构有不同的结构标准或应然状态。因此，引导农村教师结构发展变化需要结合其不同结构特征、变化趋势、影响要素和结构标准进行。

一　农村教师队伍地缘结构变迁导向

由于人才地缘变化主要受制于经济、环境和政策等因素，因此，农村教师地缘结构的发展变化需要从发展经济、加大投入、优化教育环境、改变支教方式、改变招生与用人方式等方面进行。具体而言，第一，要大力发展西部农村经济，加大西部生态和教育投入力度，努力改善西部农村地区生活环境和农村教师的经济、生活条件，为从源头上解决农村地区教师地缘结构问题提供根本保障。经济学理论认为，人是利益性动物，趋利避害是人的本能。一般而言，哪儿工资高、待遇好，哪里就能吸引人；哪儿工资低、待遇差，哪儿就留不住人才。另外，人又具有很大的惰性，好吃懒做、贪图享受也是本能。因此，经济是基础，经济是改善教师生活条件及其生活环境的重要基础，同时，它也是稳定本地教师队伍的关键，是吸引外地教师前来长期任教的前提。当西部农村地区生活环境足够优越，农村地区教师工资待遇达到城市教师水平的时候，教师的迁出迁入可能会常态化，其地缘结构将可以大大改善。为此，在建设西部农村地区教师队伍方面需要借鉴日本等一些发达国家的做法。为了振兴偏僻地区教育、稳定教师队伍，日本曾经专门制定了《偏僻地方教育法》，在教师工资等级分类基础上，还确定了偏僻地区教师津贴。所以，日本初等和中等教育教师的工资呈现出越是边远贫困地方，教师的工资津贴越高，收入也就越高的现象。[①] 同时，需要利用现代工业信息化和高科技手段，大力发展农村地区经济，努力增加西部地区地方财政收入，最低保证和有效监督其在当地生态环境和教育中的基本投入，加大国家西部农村教育专项资金力度。另外，通过试行生活补贴、住房补贴等方式，及时解决外地教师的生活困难，让他们能在当地安心工作。这是吸引不同县域、不同省区高质量教师到西部地区、到西部农村地区长期就业发展的关键措施，也是推动西部地区教师结构合理化的根本方式。

第二，应保质保量地引导和开展西部农村地区的帮教工作，让真正有水平、有能力、有经验的教师前去支教。而不能以"支教"的名义，将农村贫困地区变成发达地区的"练兵场"，将没有专业知识，缺乏教学经验、教学能力的应届大学生派遣到西部农村地区"锻炼"、"改造"。近年来，在国家政策的支持下，一大批应届大学生前往西部农村地区开展支教活动。有些非教育、非师范类应届大学生也加入到了支教行列，许多人从事了非专业性教学活动。这些人带去了知识视野，但缺乏教学经验和能力。这些教学力量的存在，顶多补充了当地教育数量，对当地教学贡献极其有限。因此，为提高帮扶质量，放大教师地缘结构的正向功效，应通过采用东西部大面积异地结队帮扶形式，将外省区和发达地区高水平骨干教师派往西部农村地区，控制和形成有效的教师地缘结构，并通过师带徒、现场示范教学和就地培训师资等方式，及时释放其功能效果。

第三，要继续实行面向全国招生和招聘教师政策，有计划地增加外地正式教师，减少并逐渐杜绝本地区临时代课和支教教师，是形成农村教师队伍良好地缘结构的合理方式。20 世纪 80 年代至 2000 年前，西部农村

---

① 李星云：《国外中小学教师工资制度对我国的启示》，《教育与经济》2008 年第 3 期。

中小学在录用教师过程中完全采用了本地化方式，外地教师难以有效和长期进入当地，是外地正式教师数量减少、功能弱化的重要原因。因此，为有效发挥外地教师的功能效果，应继续采取近五年西部农村地区招聘特岗教师的做法，面向全国招聘各类教师。近几年，包括 M 县在内的一些西部省份在招考特岗教师过程中，试行面向全国招考教师政策，导致当地外省、外县籍教师数量明显上涨。这是西部农村教师户籍结构变化的一种积极信号，是当地外地教师数量功能放大的积极方式。但外地教师数量的增加不意味着其质量水平的提高。近年来，在大学生生存压力下，一些发达省份的非师范专业毕业的应届大学生也纷纷加入到西部农村地区初高中教师行列，造成农村外地教师数量与比值均有不同程度提高。但其中不少人的专业素质、专业能力并不高，又不能真正安心于当地教育，对当地教育的贡献极其有限。只有将那些有实力、有水平的外地教师长期纳入西部农村教师队伍中去，才能推动农村地区教育教学水平的真正提高。因此，在农村地区教师招聘过程中，应采取定向招聘政策、加大本地人员比例、适当限制外地应聘人员比例政策，以保证当地教育平稳、有序、高效地发展。

在录用外地教师过程中，则要借鉴北京、江浙等发达地区早期建设中的人才吸引经验，特别是上海浦东新区、海南地区建设中的经验，适当注重外地、外省和外县籍教师的学历、专业、职称，以及工作业绩等质量指标，而不能单纯追求其数量上的变化。90 年代后期上海浦东、海南等地开发过程中，对外地教师住房、保险、子女受教育等实行了优惠政策，吸引了大批外地教师前来就业，对当时当地教育发展起到了显著推动作用。近年来，随着东南沿海一般性人才饱和，一些东部发达地区对外地教师普遍采取了提高入住学历、职称标准，抬高进户门槛的做法。北京、江浙一带已经普遍排斥外地大学学历教师，上海浦东新区 2011 年中小学教师招考中规定，本市户籍的考生须达到本科以上学历，外省市考生须达到硕士以上学历。提高外地教师入职门槛的前提是本地教师政治、经济待遇超越外地教师，但这在西部农村地区难以实现。因此，东部城市地区近年招聘教师经验在西部农村地区很难适应，但也可以起到相反的借鉴作用。

第四，取消西部地区大中专院校招生过程中的户籍限制，鼓励和吸纳外地考生在西部地区接受师范教育，优化西部地区师范生生源的质量。同时，引导在本地就读的外地大学生就地就业，是新时期优化西部农村地区教师地缘结构的有效方式。2000 年前，全国各地高校招生过程中，为提高当地学生入学比例，减轻外省区考生给当地学生入学带来的竞争压力，各地普遍采取抬高外地学生入学分数线和入学门槛的办法，推动了各地师范院校生源的本地化发展。这在一定程度上提高了当地接受师范教育人口的比例，但对于优化当地教师地缘结构，提高当地教师质量产生了消极影响。2000 年后，随着高校扩招和生源渠道放宽，更多的外地学生开始进入本地师范院校接受教育。因为总体而言，东部地区高考成绩、生源质量明显优于西部，发达地区专业学生的大量进入对当地生源质量和结构改善起到了明显的促进作用。特别是在外地生源选择本地就业后，给当地教育带来了各地不同的文化信息，促进了不同区域文化交流，对开阔视野、促进学生全面健康发展发挥了重要作用。因此，实行更加开放的招生政策，打破招生过程中的地方保护主义和地缘限制，是促进西部农村地区教师地缘结构合理化的有效方式。

第五，教育行政部门和学校需要创造良好的教育和受教育环境，使外省、外县籍教师在西部农村地区能有效发挥作用，能安心、舒心工作。也可以使其子女就近接受良好教育，避免他们为了个人事业和子女接受良好教育而长途跋涉，异地发展。实践证明，外地教师不愿意在西部地区就业发展，农村教师选择城市化流动有多方面原因。农村地区经济待遇不高只是其中一个重要原因，更重要的考虑是子女的长远发展和受教育问题。随着经济社会的发展和西部农村地区教师生存、生活问题的基本解决，自身及其子女发展成为他们越来越关心的问题。如果在西部农村地区形成办学条件设施优良，师资队伍精良、学生队伍整齐划一的教育环境，使当地教师对当地教育怀有信心、对其子女在当地接受教育怀有信心，他们向东部地区、向城市流动的欲望将自动减小。同时，这也是吸引异地优秀教师到西部农村地区工作的重要方式。

总之，教师地缘结构发展的一个核心理念是要重视任何地域的教师，但主要要依赖和信赖本地教师，让本地教师发挥核心作用，尤其要善于利用各种激励措施和手段留住本地骨干教师。同时，要让高学历、高水平外省、外县、外地教师进得来、留得住和干得好，并能发挥引领和带动作用。

二　农村教师队伍学历结构变迁导向

纵观 M 县农村地区教师学历几十年变化动因、变化方式可以看出，我国西部农村教师学历变化主要是政府学历标准宏观指导控制的结果，因此，未来农村教师学历结构的发展改善，第一，要依据教师学历发展的历史经验、国际规范和学校层次上的不同要求，不断更新和严格实行学历标准。20 世纪五六十年代，由于农村人口的整体文化素质偏低，西部农村地区实行小学教师初师学历标准，中学执行中师以上学历标准是适当的。20 世纪八九十年代，随着西部教育事业快速发展及其人口素质的提高，农村地区实行小学教师中师学历、初中教师专科学历、高中教师本科学历的标准。随着高等教育大众化发展，现阶段西部农村小学教师最低实行专科以上学历，初中教师最低实行本科以上学历，高中教师实行从本科向研究生延伸的学历标准，十年后不同层次学校将实行更高学历标准。对学历不达标教师实行限期达标要求，令其在规定的时间内通过离职进修获得最低学历；对学历未能按期达标教师实行降低任教学校层次办法，令其在低一层次学校任教，不允许人为破坏学历标准和有意降低学历标准、违规招生行为发生，是保障西部农村教师学历结构改进的基本方式。

第二，将学历层次数量提高与学历质量提高结合起来，避免单纯追求学历等级层次的工具主义、功利主义行为的发生。高等教育大众化是国际国内教育发展大趋势。高等教育大众化要求不断提高教师学历层次。学历层次提高体现在专业学校对应届学生招生方面，也体现在在职教师学历提高方面，是教师学历发展的必然选择。但在高等教育普及过程中，严格各学科教学过程性与终结性评价制度，严把应届师范学生出门关，是形成教师学历质量的关键。在高等教育普及化情况下，取消自考、函授教育，实行在岗教师完全离岗进修教育制度，则是形成在职教师学历质量内涵的根本方式。

第三，实行农村教师学历培养经费国家、地方、学校以及个人分担机制，体现了国家因地制宜，解决农村教师教育工作的合理方式，也是用人地区有偿用人的公平要求。同时，通过培养经费多方分担办法，可以大幅度降低个体学历提升费用成本，调动个人提高学历的积极性。将西部农村中小学学历未达标教师的学历达标费用统一由国家财政负担，实现国家对农村教师学历达标的基本职责。农村学历达标教师的学历提升费用由个人、学校和地方政府共同承担，体现农村教师学历发展的多重功能价值。

第四，国家应出台新的学历津贴政策，适当提高高学历津贴比重，拉大农村地区不同学历之间的津贴差距，激励和稳定农村高学历教师，使其在当地教育教学活动中能真正发挥专业引领作用。从当前人们对学历工资预期值和学历工资可能产生的激励效应看，研究生学历高出本科学历300元绩效工资，本科高出专科学历200元绩效工资是适当的刺激值。市场经济条件下，不能一味强调奉献。过低的学历津贴不能产生物质激励功能价值，过高的学历津贴也未必产生应有的激励效应。因此，要发挥经济在学历结构变化中恰当的激励调节功能，就要适度拉大不同学历之间的津贴差距。避免高学历教师因收入待遇过低而不安心工作，出现国内重点师范大学毕业生不如一般本科大学毕业生，普通本科院校毕业生不如师范专科学校毕业生，进而出现向城市发达地区学校流动或向其他行业流动的现象。

第五，在国家、地方政策层面和用人学校层面，都要强调教师学历内容的对口性。初等教育是通识教育阶段，通识教育是以基础知识和通用知识为基本内容的教育，对学历的专业性要求不高。随着教育教学内容的深入发展，对教师知识、能力的专业性要求越来越高，以提高教学内容的科学性、准确性。单纯提高学历办法已经越来越不能适应学生专业化发展要求。因此，教育实践过程中，一些学校已经逐步采取措施，要求在专业对口的基础上提高学历，或者仅仅承认专业对口基础上的二次学历。在课程安排、职称评定、工资增长方面不支持、不承认一味提高学历的做法。但为了更好地提高农村教师学历质量，国家、地方政策层面需要对此做出统一的对应要求，避免教师学历提升过程中参差不齐的现象发生。

第六，在职前、职后教师学历发展工作中，都需要加强敬业奉献精神教育，使学历提升与敬业奉献品质获得同步发展。教师职业与其他职业最大的区别在于教师工作没有校里、校外和时空界限，学生在任何时间、任何地点需要教师指导、帮助时，教师都不能找理由拒绝。因此，尽管市场经济对人的敬业精神产生了较多负面影响，但任何学历的教师仍然需要养成敬业奉献的职业品质。敬业奉献品质是教师个人职业特点、职业声望、职业能力的重要体现，也是教师学历发展的重要方面。为此，在不同层次教师学历发展过程中，都需要将教师职业伦理道德作为其专业发展的基本课程内容进行系统学习。在高学历教师晋级、晋职过程中，更需要以敬业奉献品质为考核的主要指标。将师德认识与师德锻炼结合起来，推动教师学历与敬业品质共同提高。

三　农村教师队伍身份结构变迁导向

总体而言，教师队伍身份变迁的引导和控制既要从横向上进行，也要从纵向上进行。横向上系指在教师身份转化过程中进行，纵向上系指在教师身份演变的历史进程中进行。从教师身份演变历程看，认识不同身份教师存在、变化的合理性及其演变的合理性方式是引导其结构变化的前提。不同身份教师存在，变化也有合理性，但以什么样的方式存在和变化则更为重要。不同身份教师的存在、变化方式直接影响到农村教师结构存在、变化的合理性及其存在、变化的效果。但总体来看，不同身份教师存在、变化需要在多方面原则指导控制下进行，其中辅助性、合格性、同工同酬性、地方主导与学校主体相结合的原则、方式是引导和控制其组织结构变化的最基本和最根本性方式。在正式教师严重不足的特定历史时期，非正式教师的大量存在并成为教学主力，满足了经济、社会，特别是教育事业发展和学生成长的需要，具有一定的合理性。在教师教育工作得到迅速发展、正式教师总量得到初步满足而局部地区仍很短缺的今天，以教学辅助人员身份继续维持非正式教师群体的存在也具有合理性。但以非正式教师身份出现的各学校教学辅助人员总量应明显少于正式教师，而且在具体教学活动中，这些教学人员主要承担作业检查批阅、教学辅导或者其他能力所及的课程教学活动，承担与其身份相符的活动，避免部分非正式教师因知识层次和专业化程度不高，不能准确传递知识信息和正确教学现象的发生。同时，也可以减轻正式教师的教学负担，更好地发挥其在教育教学中的引导作用。

同工同酬就是按照工作性质、工作量大小和工作任务轻重程度给予薪酬，给予相同工作任务、工作内容和工作强度的教师同等的工作报酬，给予不同工作任务、不同工作内容和工作强度的教师不同等的工作报酬。同工同酬是社会公平、正义的反映，也是激发和调动劳动者工作积极性的要求，是教师工作目的、教师流动规律相统一的方式。1993 年颁布的《中华人民共和国教师法》第三十一条规定："各级人民政府应当采取措施，改善国家补助，集体支付工资的中小学教师的待遇，逐步做到在工资收入上与国家支付工资的教师同工同酬。"① 而日、美等一些西方发达资本主义国家更要求临时教师与正式教师同工同酬，甚至要求临时教师收入要高出正式教师收入。② 但是，由于西部和农村地区地方财政收入不足，无力为非正式教师提供必要的财政保障，导致其无力为自行聘用同工教师及时发放同等数额薪酬。西部农村义务教育工作全部纳入国家保障机制后，为学校自行筹薪、自行聘用教师创造了条件，也成为各类教师同工同酬的基本方式。

自主选择是各学校根据其所属各年级、各班级和各个学科教学需要，从具有较高学历、相应专业和任职资格的应聘人员中自行聘用其所需教学人员的方式。因此，自主选择是学校自我教育教学主体性的体现，也是实现学校教学目的性、针对性的具体要求。但只有自主聘任，容易出现监管缺失和教师任用中的放任自流现象。实行教育行政主管部门聘任教师成为教师聘用工作的新趋势，是英、美等一些西方发达国家公立学校任用教师的普遍做法，也是我国教师职业场域任用教师的长期要求和方式。我国在选聘民办教师、代课教师、支教教师等不同类型非正式教师过程中都有正式文件，强调要加强地方政府的监督、管理作用，不能对非正式教师放任不管。如果行政部门以政治任务方式简单委派支教教师、大学生志愿者，往往会出现学非所用、教非所学的情况。因此，将政府部门审核聘用与任教学校自主选择结合起来，可以避免学校用人过程中的随意性，同时可以避免政府用人过程中的盲目性。

另外，不论什么样的教师都应取得教师资格证书，成为有教师资质、受法律认可的合格的教育工作者。成立于 19 世纪后期的美国等一些西方发达国家的教师组织明确提出：禁止使用不合格教师，禁止安排现任教师从事非专业领域的教学工作。③ 而合格教师的最核心条件是要取得教师资格证书。因此，1993 年，国家制定了《中华人民共和国教师法》，并首次以法律形式规定，国家要实行教师资格证书制度。1995 年，国务院又正

---

① 国家教育委员会政策法规司：《中华人民共和国现行教育法规汇编（1990—1995）（上卷）》，人民教育出版社 1998 年版，第 13 页。

② 郭朝红：《影响教师政策的中介组织》，天津教育出版社 2006 年版，第 101、106 页。

③ 同上书，第 118 页。

式颁布了《教师资格条例》，2001 年国家开始全面实施教师资格制度。教师资格是国家对准备进入教师队伍、从事学校教育教学工作人员的基本要求，是学校教育教学从业人员的必备条件。自国家实行教师资格证书制度以后，只有具备了教师资格证书的人才能被聘任或任命为教师，否则，他将不能和没有资格从事教育教学活动。① 因此，无论正式还是非正式教师，需要参加国家统一的教师资格证书考试，都需要取得教师资格证书，以符合教师条件为任职基本原则。

在教师队伍身份转化方面既要立足于本国实际，又应借鉴国外经验。从国外来看，教师身份转化在日本、法国等许多国家、地区都存在。法国教师中介组织 FEN 的任务之一就是帮助临时代课教师转化为正式教师。日本教师中介组织 JTU 的任务之一也是负责编制内临时聘用教师的转正，而且明确要求废止临时教师转正的考试年龄限制和资格规定。② 但日本新用教师（临时代课教师）都有一年试用期，试用期间合格以后才可以转为正式教师。③ 在美国，受聘教师就职后，一般都有 2—5 年不等的见习期（做临时代课教师）。签订长期聘用合同的教师，若试用期获得学生或学校管理者的好评，可申请转为终身教师（类似中国的正式教师）。④ 多年来，美国许多州一直尝试培养非教育专业的准教师，通过代课方式逐步把他们锻炼成合格教师。联邦政府 2002 财政年度拨款 3500 万美元资助"转行当教师计划"，以资助地方招募优秀人才充实教师队伍。⑤

在我国，教师身份转化需要在政府宏观控制基础上，综合考虑不同主体主观、客观条件，以及社会、个体多方面因素基础上进行。就是说身份转化不能完全依据不同身份教师个人主观意愿和用人单位嗜好进行、不能想转就转，而是在综合考虑影响不同个体、不同地区诸客观因素基础上进行。教师身份转化的社会因素方面主要要考虑社会经济、教育发展水平，个体方面要综合考核个人知识、能力、学历、教龄、专业化程度等因素。

---

① 陈永明：《教师教育研究》，华东师范大学出版社 2003 年版，第 158 页。

② 郭朝红：《影响教师政策的中介组织》，天津教育出版社 2006 年版，第 117—118 页。

③ 马健生：《比较教育》，高等教育出版社 2010 年版，第 252 页。

④ 马立等：《全国中小学教师队伍现状、预测与对策研究》，人民教育出版社 2006 年版，第 189 页。

⑤ 励骅、白华：《国外薄弱学校改进的有效举措探析》，《比较教育研究》2009 年第 6 期。

教师身份转化要以多种因素为依据，有序控制。具体而言，需要从以下三点做好引导和控制工作。

第一，学校层面做好教师身份转化的考核、推荐工作。学校工作是教师身份转化的最基础工作，是影响教师身份转化价值、转化方向和转化方式的最根本性工作。学校转化教师身份的成效如何，直接关系到学校教育教学质量、效率的提高，也影响到学校自身的生存与发展。因此，学校领导和管理机构在日常工作中，需要用教育教学质量的统一性规格标准，对不同身份教师工作成效进行具体考核。教育教学能力强、水平高，达到合格以上教师条件要求的非正式教师，应推荐其顺利转正。不善于教育教学、不会从事教育教学工作和不符合合格教师条件的正式教师，需要引导其向非正式教师自然转轨。

第二，地方教育行政部门需要做好国家教师身份政策的理解、消化、传达工作，也要做好学校教师身份鉴定及其转化的检查、统计、指导工作。地方教育行政部门是国家教师身份转化政策的理解者和贯彻者，是教师身份转化的具体审核和决定者，地方政府对国家教师身份转化政策的理解、贯彻程度直接影响教师身份转化的效率和方向。地方教育行政部门在贯彻国家政策时，要结合地方教育教学及教师实际情况灵活应用，但不能以灵活应用为名而违背政策本质、不顾任教教师实际表现和下属学校意见，以自己的嗜好违规进行身份转化。同时，对学校不同身份教师教育教学情况进行调研，帮助学校分析问题，指导学校以教师身份转化为手段，促进不同身份教师教育教学质量的迅速提高。

第三，在国家层面上做好宏观控制工作。国家层面要分层次、分步骤地对教师身份转化方式、措施进行统筹规划、科学安排，科学制定西部农村不同身份教师学历、年龄、性别、专业等方面的底线要求，为各类教师身份转化提供切实可行的宏观政策依据。具体而言，首先，做好区域间、东西部之间、城乡之间教师身份转化的组织协调工作。东部教师能否顺利实现向西部转化、城乡教师身份能否顺利实现相互转化，直接关系到各地教师其他身份的转化，也影响到教师身份转化的意义与价值的实现。城市、东部地区转化的教师身份主要是支教教师身份的转化。要做好城市和东部地区支教教师的遴选和转化工作，使其学历、专业、年龄等硬性指标与教学水平弹性指标真正达到支教者应有的素质要求。其次，设置新录用和既往各类非正式身份教师转化的最低要求，使身份转化有章有序进行。但教师身份转化不能设置硬性指标，符合条件的都应当顺利转化。

四　农村教师队伍专业结构变迁导向

有人说，教师工作是技艺型专业，专业技能和专业知识、专业情意是支撑教师走向专业成功的三根支柱。[①] 因此，发展专业化教师队伍，减少和消除非师范专业教师比重是教师教育的必然要求，也国际教师教育的总体趋势。1986 年，法国政府规定：小学教师专业化教育分两步进行，前两年先取得普通大学专业知识文凭，然后通过选拔考试，合格者进入师范学院接受两年师范专业教育。尽管 2000 年后，美国出现了教师专业化与非专业化争议，[②] 但美国政府仍然长期规定，非师范专业毕业生即使具有博士学位，也必须到师范学院完成教育学、心理学、教学法等与师范专业相关的课程才能取得教师资格，才可以从教。[③] 澳大利亚政府则规定，小学教师由高等教育学院师范专业毕业生承担，中学教师一般先在大学或高等教育学院取得学位，然后经过专业培训，取得师范专业研究生学历方可从教。[④]

在高校扩招、师范专业学生持续猛增和就业压力不断增大的情况下，减少非专业化教师比重，走向专业化发展也是我国教师队伍和我国西部农村地区教师队伍由数量发展向质量发展的必然要求。在开始不断关注和要求提高教师质量的时代，由于师范院校学生所学知识内容的狭窄和封闭性，其生源质量备受争议。将非师范院校、综合性大学纳入教师教育范畴，对改善教师知识结构，优化教师素质有重要意义。但邀请非师范院校、综合性大学培养师资，并非提倡其仅仅利用非师范专业培养教师，而是在非师范院校、综合性大学同样办起师范专业，以此推动教师专业结构

---

① 李玉峰：《论教师教学专业技能的核心成分及其养成》，《中国教育学刊》2007 年第 1 期。

② 钟秉林、宋萑：《专业化与去专业化：美国教师教育改革悖论——中美教师教育比较研究之一》，《高等教育研究》2011 年第 4 期。

③ 马立等：《全国中小学教师队伍现状、预测与对策研究》，人民教育出版社 2006 年版，第 188—192 页。

④ 王桂：《当代外国教育——教育改革的浪潮与趋势》，人民教育出版社 1995 年版，第 560 页。

的多样化发展。在师范专业毕业生数量严重不足时期，以吸收和补充非师范专业毕业生方式，扩大农村教师队伍，利用非师范专业毕业生发展农村地区基础教育是普及义务教育的要求。在师范专业毕业生可以满足中小学教育需要的情况下，充分利用师范毕业生的专业知识、专业能力和专业意识来提高农村教师队伍的专业素质、提高农村教师队伍的质量，是提高基础教育质量的基本需要。在师范专业毕业生可以满足中小学教育需要的情况下，继续利用非师范专业毕业生从事教育，必然影响基础教育的质量和效率。因此，减少和降低非师范专业教师的比重，逐步实行以双专业化为核心的严格的职业准入制度是促进农村地区教师队伍专业结构发展变化的核心任务。

　　教师队伍专业化发展一方面是要形成与中小学课程设置相对应的具体的学科专业知识、具体的学科情感和能力，另一方面要获得教育教学方面的专业知识、专业能力。学科专业知识是从事教育教学活动的前提和基础，教育专业知识是提高教育质量效率、开展有效教学的基本需要。一般而言，师范毕业生与非师范毕业生都具有具体的学科专业知识，所不同的是师范专业毕业生更具有教育教学专业知识与能力。因此，在教师选拔录用过程中，优先从师范专业选用人员，减少和降低非师范专业教师比例是教育教学发展的基本需要。而教师选用首先是审核其所学具体专业知识储备情况，审核所学专业知识门类、类型及其学习效果，使其在传授未来所授学科知识之前，具备广泛和扎实的专业知识基础，同时具备扎实而深厚的教育教学专业知识。

　　教师队伍专业化发展过程既是师范专业教师比重提升和发展的过程，更是其师范专业毕业生内涵和质量提升的过程。综合国外师范专业毕业学生学习内容、培养方式和西部农村教师专业化发展过程中的经验教训，一方面要增加教师教育学科知识门类，将师范院校师范教育专业仅有的教育学、心理学和教学法课程扩大到教育心理学、教育哲学、教育社会学、教师伦理学、教育科研方法六门以上课程，并注意优化不同学科内容，同时，注意减少教育学理论化、抽象化和空泛化特征，增加具体性、现实性和生动趣味性内容，提高各职业课程内容内在的吸引力。另一方面，要注意相应增加师范专业实习实践课时比重，使师范毕业生至少有半年以上师范专业理论和实习时间，以增加师范专业毕业生因材施教能力、增强其教育价值判断能力，增强其从事教育教学工作的社会责任感和科研意识、科研能力，实现以师范专业教育增强师范生职业意识，形成教育教学专门知识，提高其从事教育教学活动能力的基本目标。

在教师资历方面，要提高教师任职资格，完善聘任制度。迄今为止，世界范围内教师任职资格条件已经调整了好几次，教师任职资格的继续调整提高将是全球教师教育发展趋势。从全球范围看，教师资格调整主要体现在教育专业课学习和教育实习两个方面。在教育专业课程学习方面，目前各国对教师专业课程门类、学分普遍有所增加。教育专业课程门类一般在六门以上，所修学分普遍在 20 分以上，而教育实习则是整个教师教育最核心的课程。美国规定教育实习要占到整个教育训练的 60%—70%。德国则要求有一年以上教育见习和实习，每周实习时间为 12 小时以上，而且，教育专业理论和实习学分修够的才可以获得申请教师资格。① 日本在 80 年代中期就提出，要大幅度增加获取教师资格的学分数，增加实习学分。美国政府在关于师范教育改革的一份报告——《明日的教师》中要求，将教师身份分为"教员"、"专业教师"和"终身专业教师"三个不同等级。其中专业教师必须持有文学或理学学士学位和教育硕士学位，并有一定教学经验；终身专业教师则需在获得"专业教师"职称后，继续钻研专业学科和教育理论和方法，获得博士学位，并且工作突出，方能获得。② 因此，综合国外教师资格认证情况，参考国外教师资格认证方式上的成就与不足，实行教师资格申请前提前完成六门以上教育、心理学类课程学习任务，并有两个月以上教育实习、见习经历，方可获得教师资格制度，是保证教师队伍专业化发展的有效方式，也是保证西部农村地区师范专业毕业教师质量的根本方式。

在教师教育经费保证方面，要继续加大教师教育投入力度，全面实行免费师范生制度，吸引更多的学生加入教师教育行列，为从师范专业毕业的教师队伍提供充足的人力资源基础。同时，大幅度提高西部农村地区教师工资水平，确保教师工资高出国家公务员工资水平，使师范专业毕业学

---

① 董美英、董龙祥：《我国教师资格认证制度改进的构想——针对非师范人员教育专业知识、教育实习欠缺的思考》，《现代教育论丛》2008 年第 5 期。

② 吴文侃、杨汉清：《比较教育学》，人民教育出版社 1989 年版，第 621—622 页。

生都能自觉、自动加入西部教师队伍，逐步提高农村教师专业化水平。在大多数国家，中小学教师的社会地位都比较高，教师的平均工资水平一般也都高于类似的或同等资格的其他职业的平均工资。例如，美国中小学教师的工资一般高出普通公司职员工资额的 25％—35％；日本的中小学教师平均工资比同期毕业的其他行业职员平均工资高出 16％ 左右，教师的工资待遇高于国家公务员水平；法国中小学教师平均工资比高级熟练工平均工资高出近一倍；英国中小学教师的平均工资比一般职员的平均工资高 35％。同时，很多国家通过把教师待遇与公务员待遇联系起来突出对教师职业的重视。如古巴、马来西亚、新加坡以及一些石油输出国的教师享受国家公务员的工资待遇及地位，教师工资水平均高于一般公务员工资的水平。[①] 因此，在西部农村地区实行更加积极有效的经费保障机制，是确保农村教师队伍专业化发展的基本需要。

五　农村教师队伍性别结构变迁导向

　　教师性别结构合理性是合教师性别结构存在目的与合教师性别结构形成规律的统一状态，合学生培养目标与合学生发展规律的统一状态。但是，初中、高中、小学教育培养目的不同，其教育发展规律也不同，因此，在不同教育阶段形成不同教师性别结构标准是教师队伍性别结构合理发展的前提。小学阶段基于学生依赖性强的特点及其身心细心关怀需要，形成较大比例女教师是一种合理性；初中阶段基于学生独立与依赖兼备特点以及知识训练与能力培养并行发展需要，保持男女教师均衡状态，实现"管"、"放"结合方式是一种合理性；高中阶段基于学生自立自主特点和批判性、创造性思维能力发展需要，教师性别结构适度向男性倾斜则是一种合理性。而统筹各教育阶段男女教师比例关系，保持基础教育阶段男女教师性别比重总体平衡发展则是师资队伍生态建设的基本需要。

　　具体而言，小学阶段教师性别以女性为主，以女性占三分之二、男教师占三分之一左右为合理性教师性别结构建构标准。小学生年龄小，生活依赖性强，思维品质以形象具体性为特征。在小学阶段保持较大比例女教师，能顺应儿童身心发展的特点和规律，又可以发挥女教师工作耐心细

---

　　① 李星云：《国外中小学教师工资制度对我国的启示》，《教育与经济》2008 年第 3 期。

致、善于关心照顾孩子、擅长形象思维的性别优势，利于儿童良好习惯的养成，符合小学阶段培养目标。如果女教师占不到较高比例，则不能满足小学生被关心照顾、习惯养成的需要。而女教师比例过高，则不利于小学阶段男女教师基本性别生态结构的形成与发展，也不利于小学生男性性格的养成。有研究者认为，小学阶段男女性比为 3∶7 时就能达到教育生态结构平衡。20 世纪 90 年代至 2000 年前，福建省在小学教师招生录取政策中也规定，男性必须占 30% 以上。① 因此，综合小学教师队伍建设以往实践研究可以认定，在小学教师性别构成中保持男女 1∶3 的比例结构是适当的。

初中教育阶段是人生成长的关键期。初中学生生理上日渐成熟而心理上还很不成熟、容易冲动的特点隐藏了其人生发展中的种种危机。这一时期如果女教师过多，学生经常被迫遭遇大比重女教师天性中不可避免的唠唠叨叨、过多细致性管教要求，往往容易引起其逆反心理。而女教师天性软弱，又难以有效遏制青春期部分少年男性的暴烈性格。如果男教师过多，男教师普遍相对过度严厉的品性，也会造成青春期学生的叛逆心理。男教师教育活动中的相对粗放行为和放任不管态度，又会引起部分学生放荡不羁的行为。因此，初中教育阶段教师性别构成以男女对半为宜。形成平等、和谐、均衡的教师性别结构，将男教师的严厉与女教师的柔和，男教师的刚强与女教师的阴柔，男教师的智商与女教师情商，男教师的粗放、宽容管理要求与女教师细心关心方式结合起来，是克服男女教师各自缺陷，促进青春期学生顺利过渡的合理方式，也是满足初中生身心发展的需要，实现初中教育目标的合理方式。

高中阶段是学生独立人格初步确立期，也是其世界观、人生观形成期。高中生普遍形成了辩证逻辑思维能力，其批判和创造性思维能力得到了高度发展，但其综合、分析和抽象概括思维能力尚需要进一步发展。② 如果在高中教师队伍中形成较大比例男性，可以广泛发挥男教师抽象思维和理论分析上的优势，最大可能地渗透男教师在学生人格、智力发展上的

---

① 吴郁葱：《一个应令人警觉的问题——从乐清师范招生男女生比例看教育生态环境的平衡》，《教学与管理》2000 年第 11 期。

② 朱智贤：《儿童心理学》，人民教育出版社 1995 年版，第 546—559 页。

独特作用，尽可能地满足和实现此阶段学生成长的最大和最主要需要。但是女教师在教育和特定学科教学上也有其独特优势。如果过度削弱女教师比例，也不能有效发挥其比例上的合理功能，对学生情感发展、多方面能力形成和品格发展无疑会产生消极影响。因此，高中阶段教师性别构成以男教师为主，以男教师占三分之二、女教师占三分之一为合理性标准。此比例关系顺应了学生身心发展特点，满足了高中生对男女教师教育教学上的不同需要，也可以更好地发挥该阶段所需要的男女教师的教育优势。

为形成合理的教师性别结构，需要从政治、经济、文化以及教育自身几方面采取具体措施。由于农村地区中小学女教师性别比例长期不足的根本原因是地方经济力量不足，因此，要改善农村教师性别结构，首先需要从大力发展农村经济入手。以经济手段影响和带动西部农村传统文化观念的变革，促进农村家庭教育投资比例的快速增长，进而促进女性受教育层次、受教育人数的全面提高，以及女教师比例的提高。落后的经济条件和生产方式是传统观念赖以存在的理由，也是家庭投入不能向女性和弱势倾注的根本原因。因此，经济是变革传统观念的动力，也是提高农村家庭教育投资力度的基本保障。而发展西部农村地区经济的根本方式是在农业中努力注入工业化生产方式，通过促进传统农村生产方式向现代农业生产方式转变、传统农业向现代农业转型，迅速提高农业生产效率和农民收入，才可能会从根本上解决农村性别偏见和教师性别比例问题。

从政府和教育行政部门层面看，需要继续采取有效措施，维持女教师基本的增长速度。但在维持农村中小学女教师数量既在增长速度的同时，应避免女教师增长速度过快和增长比例过高现象的同时发生。按 M 县中小学女教师近十年增长速度，未来十年其小学女教师将达到和超过男教师，未来 15—20 年其中学女教师数量将逐渐接近男教师，中小学男女教师比值将趋向合理化。女教师在当地将可以真正发挥半壁江山的作用。为此，教育行政部门在师范生报名招生、教师招考录用等方面，通过设置男女不同分数线等方式。在教师退休方面采取延长性别不足或缩短性别比例过高的一方工作年限的方式，随时做好教师性别比例的监督和调控工作。在确保女教师数量、比重持续稳定增长的同时，也要避免女教师数量增长过快和男教师数量下降速度过快现象的相应发生，避免出现新的教师性别比例失衡和教师队伍女性化发展趋势。

从农村地区教师性别当下发展状况看，合理调整女教师分布情况，是促进城乡之间、区域内不同层级学校之间教师性别结构合理化、均衡化分布的有效方式。将各地区女教师资源分布到尽量多的农村中小学，使她们发挥最广泛的性别影响力和整体性性别结构功能。逐渐杜绝在西部中小学女教师总量不多的情况下，城市、乡镇及以上学校集中和以高比例使用女教师，行政村以下农村基层学校缺少女教师进行教育教学情况的发生。由于城乡女教师比例失调发展的一个重要原因是乡村学校安全环境不好。农村学校教学人员稀少、教育经费和住宿条件严重不足，无力聘请专职安保人员。教育行政部门为防止发生人身安全隐患，不愿意将女教师分到农村学校任教。而女同志为了自身安全和生活方便，也不愿意到农村学校任教，从而导致农村学校女教师比例偏低。因此，保证女教师的人身安全是推动女教师在农村基层学校安心教学的重要条件。为此，政府部门应协调公安、司法等部门优化农村就业环境，消除教育行政部门、基层学校领导及女性自身对就业环境的担心和疑虑。农村地区学校应增设保安人员编制，或者整合后勤人员，形成保安、门卫一体化人员，并消除其中老、弱、病、残人员，提高保卫人员工作质量和效率，积极为女教职工提供安全的就业条件，是协调男女教师性别比例的重要方面。另外，也可以借鉴历史经验，将夫妻教师双方合理有效地安排在同一地区、同一学校，既便于其工作、生活，也是稳定和调节教师性别结构的合理性方式。

从教育内部看，消除性别角色刻板印象，实施无性别偏见的自然主义教育，是消解性别结构变迁负向功能的根本方式。联合国妇女大会在《性别非正式接触组织报告》中指出，女人和男人的角色和社会地位是社会性地建构起来的。[①] 从性格习得性理论看，男女性格的差异也不是先天的，而主要是后天环境和教育的结果。因此，男教师可以形成女性气质性格，女教师也可以获得男性气质性格。为此，消除性别角色刻板印象，实施无性别差异的自然主义教育，消除教师性别比重对儿童、对教育教学活动的负面影响。在个体成长的早期阶段，抚养者应有意识教给儿童两个性别角色行为。鼓励女孩子在游戏角色中参与传统男孩项目，鼓励男孩子在游戏中参与传统女孩子节目，在跨传统性别的游戏活动中，使他们

---

① ［美］朱迪斯·巴特勒：《消解性别》，郭洁译，上海三联书店 2009 年版，第 187 页。

性别、气质发生一定转移,[①] 从而避免其长大做了教师之后,形成男女不同的性格、气质特征,以及由于男女教师比例失调对学生的负面影响。

六　农村教师队伍年龄结构变迁导向

合理性教师年龄结构标准以同一单位不同年龄段恰当的教师人数比例为依据计算。各年龄阶段教师比例适中,则其年龄结构合理;某一年龄阶段教师比重过高而另一年龄阶段教师比例过低,则其年龄结构不合理。从习惯性方式看,合理性教师年龄标准一般以教师队伍中"老"、"中"、"青"的适当比例计算。但在教育行政部门的日常统计和教育统计学上,普遍采用的是 25 周岁以下、25—35 周岁、36—45 周岁、40 周岁以上和 50 周岁以上这样具体年龄阶段的人数比例标准。而各个年龄阶段人数比例标准依据的是该年龄阶段教学年限在总教龄段中所占比例。在不同历史时期,由于教师入职年龄起点不同,各年龄阶段教师数量、比重也会不同。20 世纪五六十年代,各教育阶段受教育年限普遍很短,许多小学教师初师或中师毕业,十五六岁就开始从教。如果按男女教师平均 57 周岁退休,其平均教学年限以 42 年左右计算,25 周岁以下、26—35 周岁、36—45 周岁、40—50 周岁小学教师人数比例分别达到 23.8% 左右、50 周岁以上小学教师人数比例占 16.68% 为合理性标准。按照 20 世纪七八十年代小学教师从 20 周岁开始从教,男女教师平均 57 周岁退休,每人平均教龄 37 周年计算,25 周岁以下教师比例占 13.5% 、35 周岁以下教师占 40.54% 、40 周岁以上教师占 45.94% 左右为合理性标准。而由于初中教师比小学教师晚三年从教、高中教师比初中教师晚四年从教,其从教年限分别比小学、初中短 3—7 年,其 25 周岁以下教师比重相应减小、30 周岁以上教师比例相应增大为合理性标准。如果按照 2005 年后中小学教师大学毕业后普遍从 23 周岁左右从教到男教师 60 周岁退休、女教师 55 周岁退休,男女退休平均年龄 57 周岁左右,一个人的从教年限普遍集中在 35 周年左右计算的话。那么 25 周岁以下(含 25 周岁)教师占教师总数的 8.57% ,30 周岁以下、50 周岁以上教师分别占七年(20%),合计 15 年(40%)左右,而 26—35 周岁、36—45 周岁或者 30—40 周岁、40—

---

①　时蓉华:《现代社会心理学》,华东师范大学出版社 1989 年版,第 154 页。

50 周岁各占 28.57% 左右为合理性教师年龄结构标准。

    如果按照习惯上的"老"、"中"、"青"比例计算教师年龄结构标准，多数人认为合理的教师年龄结构应当是"老"、"中"、"青"分别占 30%、40% 和 30% 左右。以发挥中间力量的带头作用，同时可以避免两头人员教学工作中的不足。但从教师队伍规模相对稳定和年轻教师循序渐进补录原则来看，这一比例随着时间推移，阶段性表现出"三四三"、"三三四"、"四三三"几种不同年龄结构，而不是一种持续稳定的年龄结构状况。如果按照国内不同教育阶段普遍以 35 周岁以下界定为青年教师，36—50 周岁界定为中年教师，50 周岁以上为老年教师，青年期的任教年限为 13 年、中年期为 15 年、老年期男女教师平均任教年限为 7 年。那么，青年期教师占 37% 左右、中年期教师占 43% 左右、老年期教师占 20% 比较合适。随着本科教育的普及、研究生教育快速发展和教师岗前受教育时间的延长，教师的入职时间将继续向后推移。未来十年西部农村地区 25 周岁以下教师还会大大减少，25 周岁以下教师的统计意义大大减小，教师年龄结构中的低龄底线将可能以 30 周岁为标准，教师年龄阶段及其标准划分将随之变化。

    由于教师年龄结构变化要受教育政策、制度，社会经济、人口以及教育发展水平等多方面因素制约，其中经济、人口以及教育水平是教师年龄变化的基础，政策制度是教师年龄结构变化的关键。因此，农村地区教师年龄结构变化的控制也需要以社会经济和教育发展水平为基础，以教师年龄结构标准为依据，以政策制度为手段，及时补充所需年龄阶段的教师，推动教师队伍年龄构成的平衡、有序和动态化发展。具体而言，为形成和长期保持稳定合理的教师年龄结构，首先，要保持稳定的教育规模和速度，避免教育过快增长带来的低龄化状况。同时，也要避免教育规模锐减、教育速度减缓带来的教师年龄结构的老龄化现象。其次，在教师队伍补给过程中，要随时考虑教师队伍年龄结构的需要，并依据年龄结构标准补充所需教师。再次，要有效利用经济手段增加年龄结构短缺方的教师比重，抑制年龄比重过高一方比例的继续增长，指导年龄结构的合理变化。

    总之，教师队伍需要形成合理的年龄结构，以促成教师队伍年龄结构正向功能的最大化。如果教师队伍处于同一年龄阶段，一方面，有可能使教师队伍产生相互不服气的内耗力，不利于教师的成长及其工作的展开。另一方面，由于受人员定编限制，青年教师补充不进来，影响教师队伍发展后劲。[①] 教师队伍合理性年龄结构的形成要有长期计划和安排。教师队伍发展是一个连续性过程，教师队伍补给也是一个连续性过程。因此，教师队伍补给调整过程中需要避免急功近利、忽快忽慢、集中大量补给或者长期不补给行为的发生。同时，注意县域内不同学校之间教师年龄结构的合理调配，避免一些学校教师年龄老龄化和另一些学校教师年龄低龄化现象同时发生。

教师结构不同，其发展变化的特点、原因、趋势不同，其结构标准不同，引导和控制教师结构变化的方式也不同。引导西部农村教师结构变迁，需要针对各个具体结构的不同状况分别进行。但是，各种教师结构变化又有相同或者相似性原因，各种教师结构变化都是在政治、经济、教育现状和教师结构矛盾基础上进行的。因此，引导教师结构变迁也可以采取一些共同的政治、经济、教育措施，以共同的方式进行。

小　结

从近十年、特别是近五年 M 县教师队伍地缘结构数量与比值变化情况来看，本地教师已经成为并将可能继续成为西部农村地区中小学教师队伍绝对主体，外县籍小学教师地缘比重在未来十年内将会继续维持在现有的水平上。农村地区外县籍初高中教师数量及其比值在保持现状的基础上，还存在适度提高的可能性，但大幅度提升的可能性不大，而外省籍小学教师比重可能还要继续下降。从 1998 年至今我国西部小学教师学历发展情况看，西部农村地区小学教师学历顺应了国际、国内潮流，总体已经呈本科化趋向。未来十年，西部农村地区小学教师队伍将逐步形成以专科学历为主，以一定比例本科学历教师和少量中专学历教师发挥辅助作用的局面。未来 20 年后，随着中专学历教师完全退出学校和专科学历教师大幅度减少，西部农村小学将是以本科教师为绝对主体的局面。而西部农村地区初中教师学历本科化、高中教师学历研究生化是总体趋向。从西部农

---

①　陈永明等：《教师教育研究》，华东师范大学出版社 2003 年版，第 194 页。

村地区教师身份转化历程看，教师身份正式化、多元化是教师身份发展的永恒目标和必然趋势，但非正式教师还将长期存在。从农村教师专业化特点看，师范专业的自主化、人性化选择将是教师职业未来选择的基本趋势，也是教师专业精神不断提高，专业结构变迁实际功能有效增强的根本趋势。强迫从事教育事业不能换来对教育事业的真正热爱，没有热爱就没有教学质量的真正提高。但短期内农村非师范专业毕业教师将会继续补入，农村师范与非师范专业毕业教师共存的结构还会长期存在。从农村教师性别结构变化特点看，未来十年西部农村小学教师性别结构将日趋合理化，中学教师不合理的性别比例结构还将延续。随着"男退女进"情况的延续，十年后小学男女教师比例均衡化将成为可能。未来五到十年，西部农村初中教师实现性别结构均衡化与合理化成为可能。20 年后，男性教师占主体地位的高中教师队伍更新换代，西部农村地区普通高中男女教师比例将日趋接近。从年龄结构变化特点看，十年后农村小学教师老龄化比重将会不断加大。十年后农村初中教师中老龄化速度会加快，十年后西部农村地区 50 岁以上高中教师比重也会继续加大。

　　为引导教师结构合理化发展，需要根据教师地缘、学历、专业、身份上的应然状态，以及教师年龄、性别等结构标准，在政治、经济、文化、教育等方面采取相关针对性政策措施加以改进。其中，在教师地缘结构方面要依赖和信赖本地教师，让本地教师发挥核心作用。同时，要让外省、外县、外地的优秀骨干教师进得来、留得住和干得好，能发挥引领和带动作用。学历方面要将学历数量提高与学历质量提高结合起来，学历提高与敬业奉献精神结合起来。教师身份方面强调同工同酬、自主选择，既要发挥正式教师的正面功能，也要发挥非正式教师的积极功效。教师队伍专业化发展方面强调师范专业教师比重的提升、发展与师范毕业生内涵和质量提升的统一，抑制非师范专业毕业教师的继续存在。在教师性别结构方面，要依据教师性别结构标准，合理调整区域内男女教师分布情况，并通过制定实施男女教师不同的职前、职后发展政策，通过实施无性别偏见的自然主义教育，以消除性别角色刻板印象等方式，逐步消解性别结构的负面影响，增强其正面功效。在教师队伍年龄结构方面，要依据教师年龄结构标准和发展趋势，注意教师队伍补给调整过程中的急功近利、忽快忽慢、集中大量补给或者长期不补给行为的发生。同时，注意县域内不同学校之间教师年龄结构的合理调配，避免一些学校教师年龄老龄化和另一些学校教师年龄低龄化现象的发生。

结　语

　　西部地区是一个充满矛盾和困惑的地区，也是一个充满了生机和希望的地区。发展西部地区的关键在于教育，在于通过教育提高当地人口的基本素质上。但发展西部地区教育不能仅仅停留在政策口号上，也不能仅仅停留在教育现状的普遍性调查或对现实问题的解释上。不同学者对西部地区、西部农村地区教育发展的分析无疑都有合理性，但真正从根本上发展和解决西部地区教育以及西部农村地区教育，需要从西部地区和西部农村地区教育历史演绎的逻辑中去寻找，特别需要从西部农村地区教师队伍结构的变迁中去寻找。因为教育质量变化的核心反映在教师队伍组织结构的变化中。因此，以一个西部农村县为例，分析和研究西部农村教师队伍结构50多年变迁的过程与特点、变迁的方式与方法，分析和总结引起农村教师队伍结构变化的因素，探求和发现西部农村不同时期教师队伍结构的功能及其合理与非合理性原因，总结和探求农村教师队伍结构变化趋向，对于引导和控制农村教师队伍结构变化有重要意义。

　　教师结构是指教师队伍或教师群体的基本构成及其相互地位与相互关系，是一个地区、一所学校教师总体功能的潜在形式。教师结构在总体上体现了一所学校、一个地区师资队伍的整体水平，也在整体上制约和决定着一个地区、一所学校的办学水平。教师结构包括层次上的学历、职称、年龄结构，也包括类型上的地缘、专业、身份、性别结构。从发展眼光看，教师结构的任何方面都不是静止状态，而是动态的发展演变状态。但教师结构任何方面的发展可以满足学校教育教学发展的需要，可以满足学生发展的需要，同时可以满足教师个体及其群体发展的需要。因此，教师结构变迁具有教育教学发展的工具价值，学生发展的社会价值、工具价值及其自身发展的内在价值。

　　但是，本书运用文献资料法、田野调查统计、访谈、历史比较和推理计算法，通过对西部农村一个县教师地缘、学历、性别、专业、身份、年龄结构50多年变化情况的研究发现，受政治、经济、文化、教育、人口及其相关政策，以及社会环境、自然因素、历史因素的影响，50多年来，西部农村地区教师地缘构成方面，外省、外县籍教师比例总体在持续减小，本地教师数量及比重总体在持续增大。在西部农村教师学历构成方面，小学中专学历教师比重总体在下降，中学本专科学历教师比重在20世纪80年代之前变幻不定，80年代后呈上升趋势。农村教师身份结构方面，20世纪80年代前，公立中小学正式教师比重总体呈下降趋势。其中，小学正式教师比重下降幅度大、下降趋向明显，中学正式教师比例下降幅度小；20世纪80年代后，中小学正式教师比重总体呈上升趋向。其中，小学正式教师比例上升幅度更大、上升趋向更显著，中学正式教师比例上升幅度小、变化幅度小。相反，20世纪80年代前，其公立中小学非正式教师比重总体呈上升趋势。其中，小学非正式教师上升幅度大、趋向明显，中学教师上升幅度小；20世纪80年代后，公立中小学非正式教师比重总体呈下降趋势。其中，小学非正式教师比例下降幅度大、下降趋向显著，中学非正式教师比例下降幅度小、变化趋势相对小。在教师性别结构方面，西部农村义务教育阶段女教师数量增长幅度高于男教师，而高中阶段男教师人数增长幅度高于女教师。西部农村中小学教师性别变化过程的共同特点是，不论中学还是小学教育阶段，男教师总量在任何时期都超过了女教师，而男女教师性别比总体呈下降和减小趋向。目前西部农村地区男女教师性别比达到了历史最小值。在教师专业结构方面，20世纪90年代前，农村地区师范专业毕业的小学教师人数比例呈下降趋势，以后呈增长趋势。其非师范专业毕业的小学教师人数比例呈相反的发展趋向。而2000年前，农村地区初、高中师范专业毕业教师比重一直呈上升趋势，其非师范专业毕业教师比重都呈现下降趋势；2000年后，师范专业毕业教师比重开始下降，非师范专业毕业教师比例则在增加。同时可以看出，高中教师的师范专业化程度高于初中教师，初中教师师范专业化程度高于小学教师。在西部农村教师年龄结构方面：（1）50多年来，25岁以下西部农村小学教师比例不稳定，但25周岁以下小学教师高于初中教师比例，初中教师比值高于高中教师。（2）西部农村地区26—35岁小学教师比重较为稳定，但中学教师比例不稳定；36—45 岁小学、高中教师比例不稳定，初中教师比例除 80 年代外总体平稳。（3）西部农村地区 40 岁以上小学教师比例在 20 世纪 80 年代前持续下降、40 岁以上初中教师比重在 2000 年前持续下滑；40 岁以上小学教师比例在 80 年代后、初中教师比例在 2000 年后持续增长，40 岁以上高中教师比重一直保持了增长态势。（4）西部农村地区 50 岁以上小学教师比例持续增加，50 岁以上初中教师在 90 年代前减少、在 90 年代后持续增加，50 岁以上高中教师比例总体一直在下降。表明西部农村地区小学教师老龄化趋势明显，这与我国农村小学教师年龄结构总体变化状况基本吻合。而初中教师老龄化仅仅是近一二十年的事情，高中教师中年化趋向明显，但老龄化趋向在减少。（4）从农村地区教师年龄结构分布差距看，城镇学校 40 岁以上教师较多，城镇教师年龄普遍偏大、老龄化现象严重；乡村 40 岁以下中学教师居多，乡村中学教师普遍年轻。乡村中心小学教师年龄结构适中，但最基层的农村小学教师老龄化现象更突出。教师队伍各个方面结构关系中，其专业、学历、年龄结构既有向前发展、变化的特点，也存在倒退情况，而其性别、身份结构总体呈现改善趋势。

在不同时期，农村教师地缘、学历、身份、年龄、性别、专业结构变化对学校教育教学活动、学生和教师的发展可能具有不同影响。但一般在某个阶段产生积极的正向功能，在另一个阶段产生负向功能或者零功能，或者有些教师结构的功能总体在不断增强，而另一些教师结构功能总体在不断减弱。因此，教师结构变化在一个时期具有积极合理的一面，在另一个时期、另一个阶段却存在发展的不合理性。因此，为推动不同教师结构功能的正向化和合理化发展，本书针对农村教师不同结构变化趋势和不同教师结构基本标准，提出了切合西部农村教育和教师实际的政治、经济、文化、人口以及教师教育政策。

附　录

附录一　调查问卷

西部农村教师结构变迁情况调查统计表

为客观准确地了解半个世纪以来西部农村教师组织结构的变化情况，特制定此统计调查量表。

该调查统计表数据内容涉及县域内中小学教师结构 50 多年来发展变化情况，其中包括农村教师的学历结构、专业结构、年龄结构、地缘（户籍来源）结构、性别结构、职业身份结构等方面的变化情况。

此次调查统计数据主要是教师队伍结构状况的一个客观事实呈现。调查中为了消除被调查县教育行政部门对调查后果的担忧，特意隐去了该县的真实名称。其次，本调查对该县农村教师结构变迁的原因、变迁的功能效果将作出理性分析，对教师结构变化效果及其合理性作出判断，对教师结构变化趋向要作出一个基本预测，这为该县制定和修改教师队伍发展政策，有效改善当地教师基本结构提供客观合理依据。因此，希望相关学校及教育行政部门给予支持，顺利完成此次调查任务。

表 1　20 世纪 50 年代以来，每十年期间教师学历、职称、地缘、专业结构实况

项　目 ＼ 变化情况		（1958 年）			（1968 年）			（1978 年）		
		高中	初中	小学	高中	初中	小学	高中	初中	小学
学历结构	研究生									
	本科									
	大专									
	中专及高中									
	初中及以下									
地缘结构	本县教师									
	本省教师									
	外省教师									
专业结构	师范专业									
	非师范专业									

续表 1

项　　目	变化情况	（1988 年）			（1998 年）			（2008 年）		
		高中	初中	小学	高中	初中	小学	高中	初中	小学
学历结构	研究生									
	本科									
	大专									
	中专及高中									
	初中及以下									
地缘结构	本县教师									
	本省教师									
	外省教师									
专业结构	师范专业									
	非师范专业									

表 2　20 世纪 50 年代以来, 每十年期间教师年龄、身份、性别、本科比重结构实况

项　目 \ 变化情况	（1958 年）			（1968 年）			（1978 年）		
	高中	初中	小学	高中	初中	小学	高中	初中	小学
年龄结构 25 岁以下									
25—35 岁									
35—45 岁									
40 岁以上									
50 岁以上									
职业身份结构 公办教师									
民办教师									
代课教师									
支教教师									
特岗教师									
本科学历来源及比重 一次性									
函授									
自考									
夜大									
电大									
性别结构 男性									
女性									

变化情况 项　目	（1988 年）			（1998 年）			（2008 年）		
	高中	初中	小学	高中	初中	小学	高中	初中	小学
年龄结构　25 岁以下									
25—35 岁									
35—45 岁									
40 岁以上									
50 岁以上									
职业身份结构　公办教师									
民办教师									
代课教师									
支教教师									
特岗教师									
本科学历来源及比重　一次性									
函授									
自考									
夜大									
电大									
性别结构　男性									
女性									

附录二　访谈提纲

一　校长、教育局长访谈提纲

1. 您如何看待目前的教师队伍结构情况？

2. 教师队伍结构变化有哪些功能影响？试具体说明。

3. 历史上什么时期教师队伍结构合理，其主要原因是什么？当时建设教师队伍的措施是什么？

4. 历史上什么时期教师队伍结构最不合理，其主要原因是什么？那时建设教师队伍的措施是什么？

5. 教师学历、身份、职称、年龄等结构出现明显变化的原因是什么？

6. 教师结构什么时候变好了，什么时候变坏了？为什么？

二　中小学教师访谈提纲

1. 您从事教师职业的目的、缘由、方式是什么？

2. 如何看待不同身份、学历、性别、地缘、专业教师教育的影响力。

3. 您职业身份、工作地变化的原因、方式是什么？

4. 您如何看待您原来（现在）所在学校教师队伍的发展情况，现在的队伍状况对您个人有没有影响？

三　学生家长访谈提纲

1. 您如何看待当地教师队伍情况？

2. 您认为现在的教师与过去相比较如何，为什么？

3. 您选择或放弃让孩子在此读书的原因有哪些？主要原因是什么？

四 学生访谈提纲

1. 你认为男教师与女教师教学效果的差异在什么地方，一个学校男教师多了好还是女教师多了好？

2. 年轻教师、中年教师与老教师的教学效果有何不同？你喜欢年轻教师还是中年教师或者老年教师？

3. 你觉得代课教师、特岗教师、支教教师、公办教师的教学效果有何不同？为什么？

4. 你认为本地教师与外地教师教学效果有何不同？为什么？

5. 你知道的任课教师中，高学历教师的教学效果好还是教学效果与教师学历没有关系？为什么？

参考文献

一　著作类

（一）外文著作

1. ［波］彼得什托姆普卡：《默顿学术思想评传》，林聚任译，北京大学出版社 2009 年版。

2. 《马克思恩格斯文选》，外国文书籍出版局 1954 年版。

3. ［德］马克斯·韦伯：《社会科学方法论》，韩水法、莫茜译，中央编译出版社 1998 年版。

4. ［德］乌塔·格哈特：《帕森斯学术思想评传》，李康译，北京大学出版社 2009 年版。

5. ［美］埃文·塞德曼：《质性研究中的访谈：教育与社会科学研究者指南》，周海涛译，重庆大学出版社 2009 年版。

6. ［美］T. 帕森斯：《社会行动的结构》，张明德等译，译林出版社 2003 年版。

7. ［美］C. 赖特·米尔斯：《社会学的想像力》，陈强等译，生活·读书·新知三联书店 2001 年版。

8. ［美］R. K. 默顿：《十七世纪英国的科学技术与社会》，范岱年等译，四川人民出版社 1986 年版。

9. ［美］马里斯·特雷莎·西尼斯卡尔科：《世界教师队伍统计概览》，丰继平、郝丽平译，华东师范大学出版社 2007 年版。

10. ［美］莎兰·B. 麦瑞尔姆：《质化方法在教育研究中的应用：个案研究的扩展》，于泽元译，重庆大学出版社 2008 年版。

11. ［美］劳伦斯·纽曼：《社会研究方法——定性和定量的取向》，郝大海译，中国人民大学出版社 2007 年版。

12. ［美］J. C. 亚历山大：《新功能主义及其后》，彭牧等译，译林出版社 2003 年版。

13. ［美］朱迪斯·巴特勒:《消解性别》，郭洁译，上海三联书店 2009 年版。

14. ［美］劳埃德·拜厄斯、莱斯利·鲁:《人力资源管理》，李业昆译，人民邮电出版社 2004 年版。

15. ［美］罗纳德·W. 瑞布：《教育人力资源管理》，褚宏启等译，重庆大学出版社 2003 年版。

16. ［美］Ralph Fessler Judith Christensen：《教师职业生涯周期——教师专业发展指导》，董丽敏、高耀明等译，中国轻工业出版社 2005 年版。

17. ［英］安东尼·吉登斯：《社会学》，李康译，北京大学出版社 2003 年版。

18. ［英］安东尼·吉登斯：《社会的构成》，李康等译，生活·读书·新知三联书店 1998 年版。

19. ［英］戴维（David，M.）、萨顿（Sutton，C.D）：《社会研究方法基础》，陆汉文等译，高等教育出版社 2008 年版。

20. ［英］杰西·洛佩兹、约翰·斯科特：《社会结构》，允春喜译，吉林人民出版社 2008 年版。

21. ［英］莱恩·多亚尔：《人的需要理论》，汪淳波等译，商务印书馆 2008 年版。

22. ［英］阿兰·德波顿：《身份的焦虑》，陈广兴、南治国译，上海译文出版社 2009 年版。

23. ［英］罗博·麦克布莱德：《教师教育政策：来自研究和实践的反思》，洪成文译，北京师范大学出版社 2009 年版。

（二）中文著作

1. 白晓明、柳国梁：《基础教育教师发展：政策与制度》，浙江大学出版社 2011 年版。

2. 陈永明：《教师教育研究》，华东师范大学出版社 2003 年版。

3. 陈永明：《现代教师论》，上海教育出版社 1999 年版。

4. 常乃光：《中国人口》（H 分册），中国财政经济出版社 1988 年版。

5. 啜大鹏：《女性学》，中国文联出版社 2001 年版。

6. 崔文香、刘本固：《中学教师学历的国际比较，中小学教师队伍建设》，东北师大出版社 1993 年版。

7. 丁念金：《研究方法的新进展》，教育科学出版社 2004 年版。

8. 杜晓利：《教师政策》，上海教育出版社 2012 年版。

9. 段尔煜：《社会调查方法》，国家行政学院出版社 2005 年版。

10. 范良火：《教师教学知识发展研究》，华东师范大学出版社 2003 年版。

11. 范先佐等：《中国中西部地区农村中小学合理布局结构研究》，社会科学文献出版社 2009 年版。

12. 费孝通：《江村经济》，上海人民出版社 2007 年版。

13. 费孝通：《社会调查自白：怎样做社会研究》，上海人民出版社 2009 年版。

14. 冯增俊：《教育人类学》，江苏教育出版社 2001 年版。

15. 傅道春：《教师的成长与发展》，教育科学出版社 2001 年版。

16. 顾明远、檀传宝：《2004：中国教育发展报告——变革中的教师与教师教育》，北京师范大学出版社 2004 年版。

17. 固原地区统计局：《回首五十二年（1949—2001）》（内部资料），2002 年。

18. 固原地区教育处：《固原地区教育统计资料汇编（1978—1990）》（内部资料），1991 年。

19. 国家西部地区"两基"攻坚领导小组办公室编：《民生之本强国之基：西部地区"两基"攻坚报告》，人民教育出版社 2008 年版。

20. 国家教育委员会计划建设司：《中国教育统计年鉴》（1988），北京工业大学出版社 1989 年版。

21. 国家教育委员会政策法规司：《十一届三中全会以来重要教育文献选编》，教育科学出版社 1992 年版。

22. 郭朝红：《影响教师政策的中介组织》，天津教育出版社 2006 年版。

23. M 县教育志编纂委员会：《M 县教育志》，兰州大学出版社 2003 年版。

24. M 县教育局教育志编写组：《M 教育志》（内部资料），1991 年。

25. 《M 县志》编纂委员会：《M 县志》，宁夏人民出版社 1999 年版。

26. 《M 县财政志》编纂委员会：《M 县财政志》（1988—2005），（内部资料），2007 年。

27. M 县兴仁中学校志编审委员会：《M 县兴仁中学校志》（内部资料），2008 年。

28. M 县兴仁小学校志编写组：《M 县兴仁小学校志》（内部资料），1998 年。

29. M 中学校史编写组：《M 中学五十年》（内部资料），1995 年。

30. 韩建军、解光穆：《M 县第一中学校史》，宁夏人民出版社 2005 年版。

31. 郝文武：《教育哲学研究》，教育科学出版社 2009 年版。

32. 和福生、李慧勤：《中国西部区域教育现代化发展研究》，云南教育出版社 2002 年版。

33. 侯力、左伟清：《新编社会学》，华南理工大学出版社 2006 年版。

34. 黄平：《西部经验：对西部农村的调查与反思》，北京科学文献出版社 2006 年版。

35. 黄白：《农村教师问题研究：教师专业化视角》，山西教育出版社 2009 年版。

36. 教育部基础教育司：《新编基础教育文件汇编》，北方交通大学出版社 2003 年版。

37. 教育部发展规划司：《中国教育统计年鉴》，人民教育出版社 2008 年版。

38. 金观涛、唐若昕：《西方社会结构的演变》，四川人民出版社 1985 年版。

39. 金一鸣：《中国教育类别与结构的研究》，广西教育出版社 1999 年版。

40. 雷万鹏：《中国农村教育焦点问题实证研究》，华中科技大学出版社 2007 年版。

41. 李傲、罗英：《中国性别平等状况调查报告》，社会科学文献出版社 2008 年版。

42. 李江源：《我是一个工农兵学员：泛政治化教育中的受教育者》，福建人民出版社 2006 年版。

43. 李强：《中国社会变迁 30 年》，社会科学文献出版社 2008 年版。

44. 李培林、李强、孙立平：《中国社会分层》，社会科学文献出版社 2004 年版。

45. 李水山：《农村教育史》，广西教育出版社 2007 年版。

46. 李少元：《农村教育论》，江苏教育出版社 1996 年版。

47. 李小江：《关于女人的答问》，江苏人民出版社 1998 年版。

48. 李小江、朱虹、董秀玉：《批判与重建》，生活·读书·新知三联书店 2000 年版。

49. 廖其发：《中国农村教育问题研究》，四川教育出版社 2006 年版。

50. 刘少杰：《国外社会学理论》，高等教育出版社 2006 年版。

51. 鲁杰、吴康宁：《教育社会学》，人民教育出版社 1990 年版。

52. 陆学艺：《社会结构的变迁》，社会科学文献出版社 1997 年版。

53. 陆学艺：《当代中国社会流动》，社会科学文献出版社 2004 年版。

54. 陆学艺：《当代中国社会结构》，社会科学文献出版社 2010 年版。

55. 卢乃桂、操太圣：《中国教师专业发展与变迁》，教育科学出版社 2009 年版。

56. 罗树华：《教师发展论》，山东教育出版社 2002 年版。

57. 马立等：《全国中小学教师队伍现状、预测与对策研究》，人民教育出版社 2006 年版。

58. 马戎、龙山：《中国农村教育问题研究》，福建教育出版社 2000 年版。

59. 马戎、龙山：《中国农村教育发展的区域差异》，福建教育出版社 1999 年版。

60. 毛祖桓：《教育学的系统观与教育系统工程》，四川教育出版社 1988 年版。

61. 母国光、翁史烈：《高等教育管理》，北京师范大学出版社 1995 年版。

62. 孟慧：《职业心理学》，中国轻工业出版社 2009 年版。

63. 宁夏回族自治区教育委员会：《迈向新世纪——全国教育工作会

议暨全区教育大会文件汇编》（内部资料），1999 年。

64. 宁夏教育年鉴编写组：《宁夏教育年鉴》，宁夏人民出版社 1988 年版。

65. 裴娣娜：《教育研究方法导论》，安徽教育出版社 1995 年版。

66. 瞿葆奎：《教育学文集：教师》，人民教育出版社 1991 年版。

67. 时蓉华：《现代社会心理学》，华东师范大学出版社 1989 年版。

68. 司晓宏：《面向现实的教育关怀》，安徽教育出版社 2008 年版。

69. 司洪昌：《嵌入村庄的学校——仁村教育的历史人类学探究》，教育科学出版社 2009 年版。

70. 陕西省陶行知研究会：《陶行知论乡村教育改造》，陕西师范大学出版社 1989 年版。

71. 孙立平：《转型与断裂——改革以来中国社会结构的变迁》，清华大学出版社 2004 年版。

72. 宋林飞：《西方社会学理论》，南京大学出版社 1997 年版。

73. 唐松林：《中国农村教师发展研究》，浙江大学出版社 2005 年版。

74. 田方、林发棠：《中国人口迁移》，知识出版社 1986 年版。

75. 滕星、胡鞍钢：《西部开发与教育发展博士论坛》，民族出版社 2001 年版。

76. 王嘉毅、吕国光：《西北少数民族基础教育发展现状与对策研究》，民族出版社 2006 年版。

77. 王桂：《当代外国教育——教育改革的浪潮与趋势》，人民教育出版社 1995 年版。

78. 王金玲：《女性社会学》，高等教育出版社 2005 年版。

79. 王文礼：《中国西部农村"教育反贫困"战略报告》，社会科学文献出版社 2006 年版。

80. 王嵘、张强、王炳刚：《贫困民族地区教师队伍建设研究》，沈阳出版社 2000 年版。

81. 王献玲：《中国民办教师始末》，知识产权出版社 2008 年版。

82. 王秀云、从春侠：《西部基础教育现状与发展研究》，民族出版社 2001 年版。

83. 韦宝宁、蔡金花：《制度变迁中的教师问题》，载劳凯声《中国教育改革 30 年》（政策与法律卷），北京师范大学出版社 2009 年版。

84. 翁定军、何丽：《社会地位与阶层意识的定量研究——以上海地区的阶层分化为例》，上海人民出版社 2007 年版。

85. 翁乃群：《村落视野下的农村教育——以西南四村为例》，社会科学文献出版社 2009 年版。

86. 吴德刚：《西部教育》，中共中央党校出版社 2001 年版。

87. 吴贵明：《中国女性职业生涯发展研究》，中国社会科学出版社 2004 年版。

88. 吴康宁：《教育社会学》，人民教育出版社 1997 年版。

89. 吴文侃、杨汉清：《比较教育学》，人民教育出版社 1989 年版。

90. 西部大开发中的人口问题课题组：《西部大开发中的人口问题》，中国统计出版社 2005 年版。

91. 萧垠：《论农村基础教育改革》，中国文史出版社 2004 年版。

92. 杨凤城：《中国共产党的知识分子理论与政策研究》，中共党史出版社 2005 年版。

93. 杨军：《西北少数民族地区基础教育均衡发展研究》，民族出版社 2006 年版。

94. 叶齐茂：《发达国家乡村建设考察与政策研究》，中国建筑与工业出版社 2008 年版。

95. 袁桂林等：《中国农村教育发展指标研究》，经济科学出版社 2009 年版。

96. 曾晓东、曾娅琴：《中国教育改革 30 年：关键数据及国际比较卷》，北京师范大学出版社 2009 年版。

97. 张济洲：《文化视野下的村落学校与国家——一个地方社区基础教育变迁的历史人类学考察》，教育科学出版社 2011 年版。

98. 张锦华、吴方卫：《中国农村教育平等问题研究》，上海财经大学出版社 2008 年版。

99. 张静：《社会身份认同研究》，上海人民出版社 2006 年版。

100. 张静：《法律身份与社会身份：未经区分的重叠认同》，载张静《社会身份认同研究》，上海人民出版社 2006 年版。

101. 张立文：《传统学引论——中国传统文化的多维反思》，中国人民大学出版社 1989 年版。

102. 张神根：《改革开放 30 年重大决策始末：1978—2008 年》，四川人民出版社 2008 年版。

103. 张青、解光穆：《M 县第一小学校志》，宁夏人民出版社 2006年版。

104. 郑新蓉：《性别与教育》，教育科学出版社 2005 年版。

105. 郑有贵、李成贵：《一号文件与中国农村改革》，安徽人民出版社 2008 年版。

106. 钟海青：《西部视角——广西小学教师教育研究报告》，广西师范大学出版社 2005 年版。

107. 中国教育年鉴编辑部：《中国教育年鉴》（1994 年），人民教育出版社 1994 年版。

108.《中国教育年鉴》编辑部：《中国教育年鉴》（1949—1981），中国大百科全书出版社 1984 年版。

109. 中国社会调查事务所教育调查部：《教师队伍建设与学校发展》，北京广播学院出版社 2004 年版。

110. 中华人民共和国教育部发展规划司：《中国教育统计年鉴》（1998），人民教育出版社 1999 年版。

111. 中华人民共和国教育部人事司：《全国中小学人事制度改革工作指导》，教育科学出版社 2007 年版。

112. 中华人民共和国教育部发展规划司：《中国教育统计年鉴》（2008），人民教育出版社 2009 年版。

113. 中央教育科学研究所：《中华人民共和国教育大事记》，教育科学出版社 1983 年版。

114. 周南照等：《教师教育改革与教师专业发展》，华东师范大学出版社 2007 年版。

115. 周卫：《教育沉思录》，宁夏人民出版社 1999 年版。

116. 周险峰等：《农村教师研究 30 年：回顾与反思》，华中科技大学出版社 2011 年版。

117. 周艳：《教育社会学与教师研究》，华中科技大学出版社 2008年版。

118. 朱新山：《乡村社会结构变动与组织重构》，上海大学出版社 2004 年版。

119. 朱旭东、胡艳：《中国教育改革 30 年》（教师教育卷），北京师范大学出版社 2009 年版。

120. 祝怀新：《封闭与开放——教师教育政策研究》，浙江教育出版社 2007 年版。

121. 转型期中国重大教育政策案例研究课题组：《缩小差距——中国教育政策的重大命题》，人民教育出版社 2005 年版。

二　论文类

1. 安雪慧、丁维莉：《代课教师：合理存在还是应该清退——兼论代课教师规范管理制度》，《教育研究》2011 年第 7 期。

2. 常宝宁、吕国光：《西北贫困地区中小学教师流失意向调查研究——以甘肃省为个案》，《教育科学》2006 年第 6 期。

3. 柴江：《中西部地区农村教师队伍的现状、差异与思考——以甘肃、山西两省为例》，《教育测量与评价》2009 年第 5 期。

4. 陈鹏：《义务教育教师均衡配置的法理探源与法律重构》，《陕西师范大学学报》（哲学社会科学版）2010 年第 1 期。

5. 陈鹏：《师范教育的市场危机与国家的有限干预》，《陕西师范大学学报》（哲学社会科学版）2008 年第 6 期。

6. 陈富：《西北地区中小学教师队伍结构与质量变化调查研究》，《基础教育研究》2009 年第 4 期。

7. 陈坚、陈阳：《我国城乡教师流动失衡的制度分析》，《教育发展研究》2008 年第 Z1 期。

8. 邓见兰、朱家德、宋宜梅：《从中小学教师经济地位的变迁谈教师专业化》，《教师教育研究》2006 年第 8 期。

9. 董美英、董龙祥：《我国教师资格认证制度改进的构想——针对非师范人员教育专业知识、教育实习欠缺的思考》，《现代教育论丛》2008 年第 5 期。

10. 杜军：《小学非师范专业毕业教师的工作满意度研究》，《陇东学院学报》2012 年第 1 期。

11. 杜屏、赵汝英：《美国农村小规模学校政策变化分析》，《教育发展研究》2010 年第 3 期。

12. 方向东：《论需要》，《安徽师大学报》（哲学社会科学版）1998 年第 3 期。

13. 傅松涛、杨彬：《美国农村社区基础教育现状与改革方略》，《比较教育究》2004 年第 9 期。

14. 冯大鸣：《处境变迁与文化回应——研究中国西部农村教师专业发展的一个视角》，《教育理论与实践》2009 年第 12 期。

15. 高磊、姜远平：《美国高校教师结构优化的趋势及启示》，《现代大学教育》2004 年第 3 期。

16. 葛孝亿：《农村教师专业发展范式转换——"地方性知识"的视角》，《中国教育学刊》2012 年第 3 期。

17. 顾明远：《学历主义与教育》，人大复印资料《教育学》1999 年第 7 期。

18. 谷生华：《西部农村地区基础教育教师队伍现状调查》，《重庆教育学院学报》2004 年第 4 期。

19. 国家教育行政学院课题组：《关于农村中小学教师队伍现状的调研报告——来自64 个地市教育局长的信息及分析》，《上海教育科研》2004 年第 3 期。

20. 郭志明：《专业化视角下美国教师性别结构变迁研究》，《天津师范大学学报》（社会科学版）2010 年第 4 期。

21. 郝文武：《价值理性、工具理性视角观照下的农村教育问题》，《陕西师范大学学报》（哲学社会科学版）2005 年第 4 期。

22. 郝文武：《复杂关系中合理性教育需要的建构》，《陕西师范大学学报》（哲学社会科学版）2009 年第 1 期。

23. 郝文武：《从教师教育的变革看教育学的专业改造》，《教师教育研究》2010 年第 1 期。

24. 胡伶：《城镇教师支援农村教育政策研究——基于公共选择理论的视角》，《教育发展研究》2008 年第 22 期。

25. 胡爱林：《略谈合理的职称结构》，《菏泽师专学报》1991 年第 1 期。

26. 胡金平：《从学校组织类型的变化看我国教师身份的变迁》，《高等教育研究》2007 年第 11 期。

27. 黄瑾：《走向文化生态取向的教师发展研究——来自人类发展文化本质理论的启示》，《学前教育研究》2009 年第 1 期。

28. 黄路阳：《中国大陆、中国香港、美国教师专业伦理比较》，《安康学院学报》2007 年第 2 期。

29. 惠中、韩苏曼：《论我国中小学教师队伍建设中的性别结构失衡问题》，《全球教育展望》2011 年第 10 期。

30. 江历明：《教师职业生涯危机与管理》，《福建论坛》（人文社会科学）2006 年第 8 期。

31. 蒋荣椿：《巴班斯基教学过程最优化理论的基础》，《上海师范大学学报》（哲学社会科学版）1984 年第 2 期。

32. 姜磊、张彤玉：《女性就业人员比重和劳动收入份额——基于中国省级面板数据的分析》，《当代经济研究》2008 年第 12 期。

33. 金东海等：《西北民族地区农村义务教育阶段学校教师资源配置效率现状调查》，《当代教育与文化》2010 年第 2 期。

34. 景晓强、景晓娟：《身份建构过程中行为体的施动性——基于社会化理论与社会身份理论的比较研究》，《外交评论》2010 年第 1 期。

35. 李华：《系统论视野下的高校教师队伍结构优化研究》，《长治学院学报》2006 年第 4 期。

36. 李红：《教师队伍的结构与教学效果相关性研究》，《医学教育》2001 年第 5 期。

37. 李国强、李忠：《透视农村学校文化，促进农村教师专业发展》，《教育探索》2009 年第 12 期。

38. 李江生：《结构比例：中小学教师职称改革的趋势》，《山西教育》1999 年第 3 期。

39. 李均：《我国教师资源配置结构性失衡现象考察——兼论当前农村教师队伍建设的制度选择》，《深圳大学学报》（人文社会科学版）2008 年第 1 期。

40. 李娟、秦玉友：《美国农村教育师资队伍建设探析》，《教育发展研究》2009 年第 2 期。

41. 李来柱：《教师人生追求的变迁及其价值观的重建》，《山西社会主义学院学报》2007 年第 3 期。

42. 李丽峰：《近十年中国近代乡村社会流动研究综述》，《山西大学学报》（哲学社会科学版）2001 年第 6 期。

43. 李茂森：《教师身份认同的影响因素分析》，《教育发展研究》2009 年第 6 期。

44. 李森、杨正强：《关于教师流动的理性认识与管理策略》，《宁波大学学报》（教育科学版）2008 年第 2 期。

45. 李尚卫、袁桂林：《我国农村教师教育制度反思》，《教师教育研究》2009 年第 3 期。

46. 李素立：《从知识人的视角看教师角色变迁》，《河南师范大学学报》（哲学社会科学版）2007 年第 3 期。

47. 李星：《教师男女比例失调造成的负面影响》，《云南师范大学学报》（哲学社会科学版）2005 年第 6 期。

48. 李星云：《国外中小学教师工资制度对我国的启示》，《教育与经济》2008 年第 3 期。

49. 李晓波、张莉：《我国应适当提高基础教育师资学历标准》，《内蒙古师范大学学报》（教育科学版）2010 年第 6 期。

50. 李玉峰：《论教师教学专业技能的核心成分及其养成》，《中国教育学刊》2007 年第 1 期。

51. 李尚明：《教师专业化发展趋势及现代教师培养方式研究》，《教育与职业》2007 年第 17 期。

52. 栗洪武：《"教师教育"不能取代"师范教育"》，《教育研究》2009 年第 5 期。

53. 励骅、白华：《国外薄弱学校改进的有效举措探析》，《比较教育研究》2009 年 6 期。

54. 廖龙龙等：《农村教师专业发展存在的问题及对策研究》，《教育探索》2005 年第 11 期。

55. 刘冠生：《城市、城镇、农村、乡村概念的理解与使用问题》，《山东理工大学学报》（社会科学版）2005 年第 1 期。

56. 刘克兴：《优化教师队伍结构促进教育均衡发展——溆浦县教师

队伍建设情况调查》，《遵义师范学院学报》2010 年第 1 期。

57. 刘新科：《西部农村教育现状、问题及其思考》，《教育理论与实践》2005 年第 3 期。

58. 刘欣、姚琳：《试论农村贫困地区教师队伍建设——以湖北省长阳县为个案》，《华中师范大学学报》（人文社会科学版）2006 年第 4 期。

59. 刘燕、尚继武：《农村小学青年教师发展"返贫"问题研究》，《中国教育学刊》2010 年第 4 期。

60. 刘旭东：《教师实践性知识的反思与重建》，《教育科学研究》2008 年第 10 期。

61. 刘旭东：《对教育与生活关系的思考》，《教育研究》2007 年第 8 期。

62. 刘双胤：《不合理的合理性哲学意蕴——马克斯·韦伯社会政治哲学解读》，《河南师范大学学报》（哲学社会科学版）2009 年第 4 期。

63. 柳海民、史宁中：《专业化教师教育课程的理论样态与基本结构》，《课程·教材·教法》2004 年第 4 期。

64. 龙宝新：《教育观念能撑起教师教育的大厦吗——对专业型教师教育核心理念的质疑与反省》，《教师教育研究》2008 年第 4 期。

65. 卢乃桂、王夫艳：《当代中国教师教育改革与教师专业身份之重建》，《教育研究》2009 年第 4 期。

66. 罗兴才、王坤：《解开优化农村教师队伍的三个结》，《中国教师报》2006 年 7 月 19 日第 C04 版。

67. 潘先锋：《优化教师结构的实践探讨》，《现代教育论丛》1997 年第 4 期。

68. 庞丽娟、韩小雨：《我国农村义务教育教师队伍建设：问题及其破解》，《教育研究》2006 年第 9 期。

69. 庞丽娟、韩小雨：《我国农村代课教师：现实状况及政策建议》，《教育发展研究》2007 年第 2B 期。

70. 彭小虎：《小学教师专业发展的社会背景变量分析》，《教育研究与实验》2011 年第 6 期。

71. 秦玉友：《美国、印度、日本农村教育发展中的主要问题及启示》，《外国教育研究》2007 年第 12 期。

72. 秦新林：《历史比较研究方法在教学中的运用》，《殷都学刊》1997 年第 1 期。

73. 任福、刘海燕：《论新课程改革中教师队伍年龄结构的优化》，《中国成人教育》2007 年第 4 期。

74. 史东明：《经济学的人性基础》，《河北师范大学学报》（哲学社会科学版）2003 年第 5 期。

75. 史晓龙：《民盟中央：西部农村师资分担体制需完善》，《中国税务报》2006 年 3 月 15 日第 7 版。

76. 申继亮、费广洪、李黎：《关于中学教师成长阶段的研究》，《天津师范大学学报》（基础教育版）2002 年第 3 期。

77. 邵平：《非师范本科专业建设存在的问题与对策——对玉林师范学院非师范专业建设的思考》，《玉林师范学院学报》2009 年第 6 期。

78. 司晓宏：《优化教育资源配置，促进西部农村义务教育优质发展》，《教育研究》2009 年第 6 期。

79. 司晓宏、杨令平：《当前我国西部地区农村义务教育形势分析》，《教育研究》2010 年第 8 期。

80. 孙刚成、乔刚：《谈西部农村学校教师知识结构的失衡与优化》，《教育探索》2010 年第 2 期。

81. 孙来勤、秦玉友：《校本教研与西部农村教师专业发展的契合及促进》，《教育理论与实践》2012 年第 2 期。

82. 孙玲：《教师身份的历史变迁——变革中的深层反思》，《天津师范大学学报》（基础教育版）2010 年第 1 期。

83. 宋晶、谷苗：《人性假设：传统经济学、新制度经济学及管理学的比较》，《财经问题研究》2008 年第 10 期。

84. 苏连福：《关于我国教师职业专业化的思考》，《高等师范教育研究》2000 年第 5 期。

85. 唐松林：《中国农村教师发展面临的基本问题（一）》，《云梦学刊》2005 年第 6 期。

86. 唐松林：《中国农村教师发展面临的基本问题（二）》，《湖南农业大学学报》（社会科学版）2005 年第 6 期。

87. 唐松林：《解决中国农村教师发展问题的理论框架》，《河南师范大学学报》（哲学社会科学版）2006 年第 3 期。

88. 陶西平、袁振国：《加强统筹协调、促进教育公平》，《教育研究》2010 年第 7 期。

89. 田静、王凌：《美国农村高素质师资短缺的原因及对策》，《世界教育信息》2004 年第 4 期。

90. 田慧生：《关于农村教师发展问题的思考》，《教育研究》2003 年第 8 期。

91. 田正平、杨云兰：《建国以来中学教师工资制度的改革》，《教育评论》2008 年第 6 期。

92. 涂有明：《社会身份理论概述》，《延边党校学报》2009 年第 5 期。

93. 王安全：《贫困地区教师政策建议》，《教育发展研究》2005 年第 1 期。

94. 王安全：《我国贫困地区教师问题的政策建议》，《教学与管理》2005 年第 3 期。

95. 王安全：《关于稳定贫困地区教师队伍的思考》，《教育探索》2005 年第 9 期。

96. 王安全：《影响西部农村贫困地区学生就学的师资政策因素》，《中小学教师培训》2008 年第 1 期。

97. 王安全：《西部农村地区教师专业化发展的制度变革》，《现代教育科学》2008 年第 5 期。

98. 王安全：《中小学教师人性的放逐与完善方式》，《全球教育展望》2011 年第 1 期。

99. 王安全：《M 县农村教师地缘结构变迁研究》，《教育学报》2011 年第 4 期。

100. 王安全：《特岗教师政策合理性审思》，人大复印资料《中小学教育》2011 年第 12 期。

101. 王安全：《非正式教师存在的合理性及其合理性原则》，《教育理论与实践》2012 年第 3 期。

102. 王安全：《教师学历功能及其正向化方式》，《中国教育学刊》2012 年第 2 期。

103. 王安全：《农村教育质量与效率的失衡与调整》，《学术交流》2012 年第 6 期。

104. 王安全：《教师自我学科知识功能价值误解的过程与消除》，《江苏高教》2012 年第 2 期。

105. 王安全：《教师队伍师范专业化的价值诉求与实践动向》，《大学教育科学》2012 年第 4 期。

106. 王斌发：《教师追求的变迁》，《中小学管理》1997 年第 4 期。

107. 王丽君：《教师角色变迁的历史透视》，《中国高等教育》2006 年第 8 期。

108. 王笑梅：《关于青年教师成长规律的研究》，《教育探索》2003 年第 3 期。

109. 吴康宁：《地位与利益：教师教育改革的两大制约因素》，《当代教师教育》2009 年第 9 期。

110. 吴康宁：《教师是社会代表者吗——作为教师的"我"的困惑》，《教育研究与实验》2002 年第 2 期。

111. 武中哲：《单位体制下男女平等就业的政治过程及其局限性》，《文史哲》2007 年第 6 期。

112. 邬志辉：《农村义务教育基本价值追求的政策表达》，《湖南师范大学学报》（教育科学版）2011 年第 5 期。

113. 徐莉：《论教师发展的文化机制》，《西北师大学报》（社会科学版）2007 年第 5 期。

114. 徐玉斌、李迤航：《构建教师共同体，优化农村教师资源配置》，《河南教育学院学报》（哲学社会科学版）2008 年第 2 期。

115. 谢姗姗、谢静菊：《略论教师职业生涯发展的年龄段特点》，《福建论坛》（人文社会科学版）2007 年专刊。

116. 阎光才：《教师"身份"的制度与文化根源及当下危机》，《北京师范大学学报》（社会科学版）2006 年第 4 期。

117. 于伟：《我国农村义务教育教师队伍的结构问题与对策》，《中国教师》2007 年第 7 期。

118. 于鸣超：《现代国家制度下的中国县制改革》，《战略与管理》2002 年第 1 期。

119. 喻学林：《制度建设视域下的教师专业道德发展问题论析》，《广西教育学院学报》2009 年第 1 期。

120. 袁桂林：《我国农村教师教育制度反思》，《教师教育研究》2009 年第 3 期。

121. 袁桂林：《农村中小学教师问题浅议》，《中国教师》2007 年第 Z51 期。

122. 袁梦醒、赵振军：《恢复人的尊严：马斯洛需要—动机理论探微》，《社会工作》2007 年第 8 期。

123. 张乐天：《我国农村教育政策 30 年的演进与变迁》，《南京师大学报》（社会科学版）2008 年第 6 期。

124. 张乐天：《我国农村教育结构演进六十年》，《教育学》（人大复印资料）2009 年第 11 期。

125. 张爱琴等：《吉登斯结构化理论与教师素质结构的重建》，《内蒙古师范大学学报》（教育科学版）2010 年第 1 期。

126. 张如珍、张学强：《我国教师职业的历史变迁》，《教育评论》2000 年第 1 期。

127. 张晓华：《优化教师队伍结构与人事调配工作》，《大连民族学院学报》2001 年第 2 期。

128. 张世富：《人本主义心理学与马斯洛的需要层次论》，《学术探索》2003 年第 9 期。

129. 张玉昆：《借鉴巴班斯基最优化理论，探索初中最优化发展的模式》，《外国中小学教育》1993 年第 3 期。

130. 堪启标：《英国教师供给危机及其质量保证》，《外国教育研究》2003 年第 1 期。

131. 堪启标：《新加坡教师专业主义传统与变迁》，《基础教育参考》2004 年第 6 期。

132. 赵世超、司晓宏：《关于在西部地区建立教师特殊津贴制度的思考与建议》，《教育研究》2002 年第 5 期。

133. 赵世超、司晓宏：《为西部地区教师设特殊津贴》，《教育科学论坛》2002 年第 1 期。

134. 赵宏杰：《我国西部地区教师教育存在的问题及对策》，《高教论坛》2009 年第 1 期。

135. 郑新蓉：《教师的阶层身份、社会功能与专业化——西方马克思主义关于教师的研究》，《教育学报》2005 年第 6 期。

136. 钟秉林、宋萑：《专业化与去专业化：美国教师教育改革悖论——中美教师教育比较研究之一》，《高等教育研究》2011 年第 4 期。

137. 周建伟：《中小学教师性别结构失衡成因及其对策》，《教学与管理》2007 年第 6 期。

138. 周新力：《师资短缺与"矩阵制"教师队伍结构》，《现代大学教育》2005 年第 5 期。

139. 周卫勇：《山东省普通高中教师来源结构调查与相关政策分析》，《教师教育研究》2010 年第 3 期。

140. 朱旭东：《论我国农村教师培训系统的重建》，《教师教育研究》2011 年第 6 期。

141. 朱旭东、康晓伟：《弱势群体教师：内涵、问题、原因及其策略研究》，《教育科学》2011 年第 1 期。

142. 朱旭东：《论教师专业发展的五个基础》，《当代教师教育》2010 年第 3 期。

143. 朱旭东：《教师教育标准体系的建立：未来教师教育的方向》，《教育研究》2010 年第 6 期。

144. 朱俊杰：《中小学教师职务结构初探》，《教育研究》1997 年第 2 期。

145. 褚宏启：《西部教育现代化应注意的若干问题》，《中央民族大学学报》（哲学社会科学版）2002 年第 2 期。

146. 邹云龙：《高师院校非师范专业学生就业模型》，《中国大学生就业》2004 年第 4 期。

三　学位论文类

1. 卜延文：《教师专业化的系统分析与对策研究》，博士学位论文，天津大学，2004 年。

2. 陈方：《影响我国教师专业发展的社会因素分析》，硕士学位论文，上海师范大学，2005 年。

3. 陈振中：《论教育身份》，博士学位论文，华东师范大学，2005年。

4. 苌庆辉：《教育与乡村社会结构变迁的功能关系研究——以河北省定州为例》，博士学位论文，南开大学，2009年。

5. 丁金泉：《我国义务教育均衡发展问题研究》，博士学位论文，华东师范大学，2005年。

6. 冯大鸣：《处境变迁与文化回应——西部农村教师专业发展研究》，博士学位论文，华东师范大学，2008年。

7. 郭朝红：《影响教师政策的中介组织》，博士学位论文，华东师范大学2004年。

8. 黄瑾：　《农民城的教师》，博士学位论文，华东师范大学，2008年。`

9. 金美福：《教师自主发展论》，博士学位论文，东北师范大学，2003年。

10. 金香花：《中韩女性教育比较研究》，博士学位论文，东北师范大学，2007年。

11. 刘衍玲：《中小学教师情绪工作的探索性研究》，博士学位论文，西南大学，2007年。

12. 马福云：《当代中国户籍制度变迁研究》，博士学位论文，中国社会科学院研究生院，2001年。

13. 石长林：《中国教师政策研究》，博士学位论文，华中师范大学，2005年。

14. 孙二军：《教师专业发展中的自我认同》，博士学位论文，陕西师范大学，2009年。

15. 涂怀京：《新中国中小学教师法规研究（1949—2000）》，博士学位论文，华东师范大学，2003年。

16. 王力娟：《中小学教师焦虑状态研究》，博士学位论文，西南大学，2008年。

17. 王强：《美国农村普及教育史研究》，博士学位论文，华东师范大学，2007年。

18. 薛正斌：《西北地区中小学教师流动问题研究》，博士学位论文，陕西师范大学，2011 年。

19. 杨娟：《苏南乡村教育研究（1905—1937）》，博士学位论文，华东师范大学，2009 年。

20. 于维涛：《县域教师发展支持体系建设研究》，博士学位论文，华东师范大学，2009 年。

21. 赵全军：《中国农村义务教育供给制度研究（1978—2005）——行政学的分析》，博士学位论文，复旦大学，2006 年。

22. 周芬芬：《效率与公平：农村中小学布局调整的目标冲突与协调》，博士学位论文，华中师范大学，2008 年。

23. 周小虎：《利益集团视角下的美国教师组织对教育政策的影响研究》，博士学位论文，东北师范大学，2006 年。

24. 朱金花：《教育公平：政策的视角》，博士学位论文，吉林大学，2005 年。

25. 朱新民：《改革开放以来农村小学教师待遇政策变迁研究——以 P 县为个案》，博士学位论文，南京师范大学，2008 年。

26. 朱永坤：《教育政策公平性研究——基于义务教育公平问题的分析》，博士学位论文，东北师范大学，2008 年。

27. 刘欣：《由教育政策走向教育公平——我国基础教育政策的公平机制研究》，博士学位论文，华中师范大学，2008 年。

28. 武中哲：《单位制变革与劳动力市场中的性别不平等》，博士学位论文，上海大学，2005 年。

四　外文文献部分

1. Bernadette Robinsona, Wenwu Yi, "The role and status of non – governmental ('daike') teachers in China's rural education", *International Journal of Educational Development*, Vol. 28, 2008.

2. Hargreaves, A, & Fullan, M. G., *Understanding Teacher Development*, New York: Teachers College Press, 1993.

3. Rogoff, B., *The Cultural Nature of Human Development*, Oxford University Press, 2003.

4. Melissa Coulthard, "Solving the teacher recruitment crisis", *Education*

Today, No. 50, 2002.

5. J. Barrs, "Factors contributed by coMunity organizations to the motivation of teachers in rural Punjab, Pakistan, and implications for the quality of teaching", *International Journal of Educational Development*, 2005.

6. Ken Harley, FredBarasa, "'The real and the ideal': teacher roles and competences in South African policy and practice", *International Journal of Educational Development*, Volume 20, Issue 4, July 2000.

7. Collins, Timothy, "Attracting and Retaining Teachers In Rural Areas. ERIC Digest. ERICERIC Clearinghouse on Rural Education and Small Schools Charleston WV", *Identifier*: ED438152, 1999.

8. Jennifer Imazeki, "Teacher salaries and teacher attrition", *Economics of Education Review*, Volume 24, Issue 4, August 2005.

9. Allensworth, Elaine; Ponisciak, Stephen; Mazzeo, Christopher, "The Schools Teachers Leave: Teacher Mobility in Chicago Public Schools", *Consortium on Chicago School Research*, 2009.

10. Bao Chuanyou, "The problems of urban - rural teachers exchange policy and reforms in China", *Procedia - Social and Behavioral Sciences*, Volume 2, Issue 2, 2010.

11. Patricia L. Hardré, David W. Sullivan, "Teacher perceptions and individual differences: How they influence rural teachers' motivating strategies" *Teaching and Teacher Education*, Volume 24, Issue 8, November, 2008.

12. Einar M. Skaalvik, Sidsel Skaalvik, "Teacher self - efficacy and teacher burnout: A study of relations", *Teaching and Teacher Education*, Volume 26, Issue 4, May 2010.

13. Chengzhi Wang, "Minban education: the planned elimination of the 'people - managed' teachers in reforming China", *International Journal of Educational Development*, Volume 22, Issue 2, March 2002, Pages 109—129.

14. Mingxing Liu, Rachel Murphy, "Education management and performance after rural education finance reform: Evidence from Western China", *International Journal of Educational Development*, Volume 29, Issue 5, September 2009.

15. François Munoz, Franz Bogner, "Teachers' conceptions of nature and environment in 16 countries", *Journal of Environmental Psychology*, Volume 29, Issue 4, December 2009.

16. Paul W. Richardson, Helen M. G. Watt, "'I've decided to become a teacher': Influences on career change", *Teaching and Teacher Education*, Volume 21, Issue 5, July 2005.

17. Jean KiMel, "Rural wages and returns to education: Differences between whites, blacks, and American Indians", *Economics of Education Review*, Volume 16, Issue 1, February 1997.

18. Philip H. Brown and Albert Park, "Education and poverty in rural China", *Economics of Education Review*, Volume 21, Issue 6, December 2002.

19. Linda Hargreaves, Rune Kvalsund, "Reviews of research on rural schools and their coMunities in British and Nordic countries: Analytical perspectives and cultural meaning", *International Journal of Educational Research*, Volume 48, Issue 2, 2009.

20. John M. Krieg, "Teacher quality and attrition", *Economics of Education Review*, Volume 25, Issue 1, February 2006.

21. N. J. Demerath, "Who Now Debates Functionalism? From System, Change and Conflict to 'Culture, Choice, and Praxis'", *Sociological Forum*, Vol. 11, No. 2, 1996. 22. Steven Vago, *Social Change*, 北京大学出版社 2005 年版。

22. Carter. K, Sabers. D, Cushing. K, Pinnegar. S, Berliner. D, "Expert – novice Differences inPerceiving and Processing Visual Classroom Infor – mation", *Journal of Teacher Education*, Vol. 39, No. 3, 1988.

五 电子期刊

1. 北京市昌平区教委所属事业单位招聘简章，2011 年 1 月 5 日，国家公务员网（http://www. gjgwy. org）。

2. M 县教育局：《M 县特岗教师花名册》（2006—2010 年）。

3. 孙云晓：《拯救男孩：男孩为何需要男教师》（九），2010 年 3 月 3 日（http://chuzhong. eol. cn）。

4. 江苏省睢宁县教育局公办教师招聘简章，2011 年 5 月 9 日，国家公务员网（http：//www. gjgwy. org/）。

5. 山东省青岛开发区教育体育局 2011 年教师招聘信息，2011 年 5 月 10 日，中华考试网（www. examw. com）。

6. 山东省 M 县教育局 2011 年招聘教师简章，2011 年 8 月 3 日（http：//teacher. eol. cn 中国教育在线教师频道）。

7. 浙江平阳县教育局 2011 年教师招聘，2011 年 5 月 31 日，安徽人事人才网。

8. 浙江省云和县教育局 2010 年中小学教师招聘公告，2010 年 6 月 7 日国家公务员网（http：//www. chinagwy. org）。

六　口述资料

1. 洪元钊口述
2. 溥太口述
3. 柳程口述
4. 王兴玛口述
5. 郡里文口述
6. 魁永里口述
7. 万发柱口述
8. 李中樟口述
9. 虎天延口述
10. 田桂延口述
11. 达凡口述
12. 段应吉口述
13. 许卯键口述
14. 江克青口述
15. 常国威口述
16. 程章龙口述
17. 田生明口述
18. 石玛珍口述
19. 田录兆口述

20. 贺千子口述

21. 陈杨口述

22. 林中口述

23. 河北保定籍特岗教师 Z 某口述

24. 关桥非师范专业 L 老师口述

25. 关桥多重身份的 M 老师口述

26. 关桥、贾躺师专毕业雇佣教师口述

致　谢

　　进入师大校园求学以后，每天清晨跑步的时候，都在考虑如何写好毕业结束语，并经常构思着结束语的内容。然而，在陕西师范大学学习生活即将结束的时候，却仍然充满了茫然和遗憾：既定的学术目标没有实现，该做的、该完成的任务和事项还是没有很好地完成，一个令人满意的结束语从根本上写不出来。但回首走过的路程，对老师、同行、同学、同事、家人等还是充满了感激之情。

　　要特别感谢我的导师郝文武先生。郝先生平时话语不多，但正式场合的正式话语往往极具震撼和洞穿力。他的反思批判精神更是我所见学者中最突出的一位。他的反思批判和辩证思维方式深深影响了我的科研思维方式和学术成长。他在学术上孜孜不倦的追求精神和累累硕果给我树立了一个丰碑。郝先生期末给学生打成绩时说过，80 分以上是及格，80 分以下不及格，说明他对学生要求很高。但在牵扯学生个人重大利益时，他往往也会心软起来，这体现了先生"刀子嘴、豆腐心"的特点。

　　感谢陕西师范大学司晓宏教授、陈鹏教授、栗洪武教授、刘新科教授、李国庆教授、陈晓端教授、张立昌教授、田建荣教授、郝喻教授和高宝立教授。司晓宏、陈鹏、田建荣、刘新科、李国庆教授是我本科至研究生阶段的老师，他们都不同程度地给予了我学业、为人方面长时间的关注和指导。司晓宏教授做事过程中的热情、灵活、大家风范及其学术研究与行政管理工作上的位置令人感叹，陈鹏教授科研方面的"快手"及其"诊断问题"的能力令人赞叹，田建荣教授平和儒雅的风格，李国庆教授全面发展的行为与理念、刘新科教授勤奋敬业的精神都给我留下了深刻影响。尽管郝喻、栗洪武、陈晓端、张立昌教授在博士期间才给予了我具体指导，但郝老师将外语研究与教育学研究都做得如此好，栗老师研习中国教育史过程中形成的传统儒家风范，张老师的平和、低调风格，陈老师的气度非凡的行为品质以及学术讲评过程中挥洒自如的行为方式深深影响了我的发展与进步。

感谢华东师范大学陆有铨教授、丁钢教授、马和民教授、熊川武教授，西北师范大学刘旭东教授，北京师范大学郑新蓉教授、朱旭东教授、康永久教授，安徽师范大学周兴国教授，他们在开题、写作和答辩过程中给了许多具体而有价值的建议，既使我坚定信心将该题目认真做下去，又指明了论文进一步修订、完善之方式。特别是我的访学导师陆有铨教授对我学术上的系统指导及我的科研发展起了奠基作用，他的人品更令人钦佩。

感谢单位领导石文典教授、高石钢教授以及同事兼乡党李文军博士，同事兼同学马娥博士、马志颖博士、马晓凤博士、何晓丽博士、丁凤琴博士、关荐博士以及安旺国、黄兰芳老师。是单位领导的鼎力支持和关心，才促使我继续走上了求学之路；是领导的帮助，才让我安心学业，并获得工作上的发展。而同事之间生活上的相互关心、学业上的相互探讨让我受益颇多。其中要特别感谢宁夏大学外语学院的李文军博士，他为本书英文翻译做了大量工作。同时要特别感谢宁夏教育厅教科所解光穆先生，他对本研究县域教育发展历史的前期研究为本书研究奠定了扎实基础，而且，他为本书前期研究特意提供了许多重要信息以及第一手资料。

感谢调查县卯建旭、袁兆洪、太璞、刘成、马兴旺、马天生、李文俊、李永奎、朱万发、张立忠、田颜虎、田颜贵、范达、段继英、张克庭、郭为常、张成龙、马世珍、赵天录、钱志和、杨成、钟林老师，他们为我的调查研究提供了许多最真实、最具体的材料，也为我提供了许多重要的研究线索，也感谢同室好友——青海师范大学马俊博士，他为本书表格制作、调试提供了技术指导。

感谢师兄师姐孙峰博士、冯铁山博士、高志东博士、郭祥超博士、高洁博士、张清博士、胡俊生博士、邓飞博士、海存福博士、薛正斌博士、龚孟伟博士、任宝贵博士、闫宁博士。他们学业上的成就一直激励和鞭策着我的发展，他们开题答辩的方式、方法及内容给了我许多学习机会，也推动了我学术上的成长。

感谢同学李少梅博士、程秀兰博士、李创斌博士、杨令平博士、宋艳梅博士、范铭博士、高岩博士、杨爱君博士、罗玉佳博士、贺滢博士，以及胡军良、周先进博士后。一同的学习生活对我启迪不少，他们给予我在学习、生活上的许多具体帮助，又让我得以顺利完成学业。特别是班长范铭对学院以及各位同学各方面发展操心不少。

最后感谢我的父母、兄妹以及妻子。父母大人年愈八旬。自我上小学期间，父亲一直激励和要求着我学业成长，他最自豪的是儿孙学业、事业上的成就。母亲则是中国传统上吃苦耐劳、勤俭节约妇女的典型，她的善良品格和吃苦精神也深深影响着我相应人格特征的形成，而她在电话中经常提醒"不要太累着，要注意身体"。极其简朴的话，体现了老人对子女永远的关心。而我的哥哥王建全、王海全，妹妹王红霞帮我借阅当地文献资料、联系访谈人等方面都起了重要作用。妻子杨淑霞平日里既非常认真敬业地承担着普通高中数学教学任务，在我工作调动和离家读书期间，一个人又带孩子、做饭，默默承担着家庭重任，毫无怨言，对我学业、事业上的成就起到了奠基作用。